大数据技术与应用专业规划教材

商务智能与数据挖掘（第2版）

◎ 蔡晓妍 杨黎斌 张晓婷 李梅 编著

清华大学出版社

北京

内 容 简 介

商务智能与数据挖掘是近年来企业信息化的热点研究内容。本书共分为9章，包括商务智能概述、商务智能中的核心技术、数据挖掘概述、分类分析、关联分析、聚类分析、深度学习、Web挖掘技术、数据挖掘在电子商务中的应用等内容，它汇集了统计学、机器学习、数据库、人工智能等学科，具有多学科交叉以及技术与管理融合等特点。

本书内容全面，案例丰富，适合作为计算机应用、软件工程、信息管理、电子商务和管理科学等相关专业的本科生和研究生教材，也可作为企事业单位、政府部门、研究机构等从事商务智能理论研究工作的相关人员的参考资料。

本书封面贴有清华大学出版社防伪标签，无标签者不得销售。
版权所有，侵权必究。举报：010-62782989，beiqinquan@tup.tsinghua.edu.cn。

图书在版编目(CIP)数据

商务智能与数据挖掘/蔡晓妍等编著. —2版. —北京：清华大学出版社，2018(2024.8重印)
(大数据技术与应用专业规划教材)
ISBN 978-7-302-48631-2

Ⅰ. ①商… Ⅱ. ①蔡… Ⅲ. ①电子商务－高等学校－教材 ②数据采集－高等学校－教材
Ⅳ. ①F713.36 ②TP274

中国版本图书馆 CIP 数据核字(2017)第 261780 号

责任编辑：郑寅堃　薛　阳
封面设计：刘　键
责任校对：梁　毅
责任印制：刘海龙

出版发行：清华大学出版社
　　　　网　　址：https://www.tup.com.cn，https://www.wqxuetang.com
　　　　地　　址：北京清华大学学研大厦A座　　　邮　编：100084
　　　　社 总 机：010-83470000　　　　　　　　　邮　购：010-62786544
　　　　投稿与读者服务：010-62776969，c-service@tup.tsinghua.edu.cn
　　　　质量反馈：010-62772015，zhiliang@tup.tsinghua.edu.cn
　　　　课件下载：https://www.tup.com.cn，010-83470236

印 装 者：三河市铭诚印务有限公司
经　　销：全国新华书店
开　　本：185mm×260mm　　印　张：13.25　　字　数：321千字
版　　次：2016年4月第1版　　2018年3月第2版　　印　次：2024年8月第7次印刷
印　　数：8001～8500
定　　价：39.50元

产品编号：075936-01

FOREWORD 前言

当今社会信息技术飞速发展,经济全球化趋势日益明显,市场竞争激烈。生存在这样一个"信息爆炸"的时代,企业管理者能否利用信息进行快速而有效的决策已直接关系到企业的生死存亡。越来越多的企业提出对商务智能的需求,商务智能的出现和飞速发展已成为必然趋势。但随着商务智能在企业活动中的不断进行,海量的、具有潜在价值知识的信息便混同一般信息积累在企业商务智能系统中,尽管企业希望能够提取出有价值的信息,应用各种技术进行数据分析,以期将分析结果用于科学研究、商业决策或企业管理决策等方面,但目前市场数据分析工具种类繁多,若选择不当就很难对数据进行深层次的处理,无法真正提炼出信息的价值,使得企业管理层只能望"数"兴叹。除此之外,电子商务数据类型繁多、模型复杂,以及应用系统的分布性和异构性都会增加这些数据的分析难度,由此数据挖掘技术应运而生。

本教材自2016年4月出版,经过一年多的使用,根据学生和教师的反馈,编者对教材中的相关内容进行了改动。第2版与第1版相比增加了新的知识,删除了一些陈旧或使用较少的知识,使其更加简练。具体体现在以下几个方面。

(1) 增加了新的技术知识。

① 增加了第1章商务智能系统框架及数据流程的相关知识。

② 增加了第2章数据可视化的内容。

③ 增加了第7章深度学习的内容。

(2) 对原第4、5、10章重新组织编写,使其内容更贴切、更充实。

① 第4章对决策树和支持向量机进行了重新描述,去掉了BP神经网络算法,增加了粗糙集的阐述。

② 第5章对Apriori算法、Apriori改进算法以及FP增长算法进行了重新描述。

③ 去掉了原第7章。

④ 原第10章改为现第9章,重新举例并深入阐述了数据挖掘在电子商务中的典型应用。

本书各章编写分工如下:蔡晓妍编写第1、3章;杨丽丽编写第2章;朱珊娜编写第4章;李梅编写第5章;梁春泉编写第6章;杨黎斌编写第7、9章;张晓婷编写第8章。蔡晓妍负责全书的策划、大纲的制定和统纂工作。

本书在编写过程中，参考了一些优秀教材和论文，在此对所有被引用文献的原作者表示衷心的感谢。研究生郭蓝天、何健、张野和吕鑫分别对本书进行了校对并提出了宝贵的建议，特在此表示感谢。由于编者水平所限，书中如有不妥之处，欢迎读者批评指正。

编　者

2017 年 8 月

目录

第1章 商务智能概述 … 1

1.1 商务智能的概念 … 1
- 1.1.1 数据、信息与知识 … 1
- 1.1.2 商务智能的定义 … 3
- 1.1.3 商务智能的特点 … 4
- 1.1.4 商务智能的过程 … 5

1.2 商务智能的产生与发展 … 5
- 1.2.1 商务智能的产生和发展过程 … 5
- 1.2.2 商务智能与其他系统的关系 … 6

1.3 商务智能的研究内容 … 9
1.4 商务智能系统的支撑技术 … 10
1.5 商务智能系统框架及数据流程 … 11
- 1.5.1 商务智能系统框架 … 12
- 1.5.2 商务智能系统的数据流程 … 13

1.6 主流商务智能产品 … 14
- 1.6.1 主流商务智能产品简介 … 14
- 1.6.2 商务智能的抉择 … 15

1.7 商务智能的未来发展趋势 … 16
1.8 商务智能的应用 … 17

小结 … 19

习题 … 20

第2章 商务智能中的核心技术 … 21

2.1 数据仓库 … 22
- 2.1.1 数据仓库的产生与发展 … 22
- 2.1.2 数据仓库的概念与特征 … 22
- 2.1.3 ETL … 23
- 2.1.4 数据集市 … 25
- 2.1.5 数据仓库的数据组织 … 26

2.1.6 数据仓库的体系结构 ·· 26
　　2.1.7 数据仓库的开发步骤 ·· 27
2.2 在线分析处理 ·· 30
　　2.2.1 OLAP 简介 ·· 30
　　2.2.2 OLAP 的定义和相关概念 ·· 31
　　2.2.3 OLAP 与 OLTP 的区别 ··· 32
　　2.2.4 OLAP 的分类 ··· 33
　　2.2.5 OLAP 多维数据分析 ·· 34
2.3 数据可视化 ·· 36
　　2.3.1 什么是数据可视化 ·· 36
　　2.3.2 数据可视化的优势 ·· 37
　　2.3.3 数据可视化工具 ··· 37
小结 ·· 41
习题 ·· 41

第 3 章　数据挖掘概述 ··· 42

3.1 数据挖掘的起源与发展 ··· 42
　　3.1.1 数据挖掘的起源 ··· 42
　　3.1.2 数据挖掘的发展 ··· 43
3.2 数据挖掘所要解决的问题 ·· 45
3.3 数据挖掘的定义 ·· 46
3.4 数据挖掘的过程 ·· 46
3.5 数据挖掘系统 ··· 49
　　3.5.1 数据挖掘系统的分类 ·· 49
　　3.5.2 数据挖掘系统的发展 ·· 50
3.6 数据挖掘的功能和方法 ··· 51
　　3.6.1 数据挖掘的功能 ··· 51
　　3.6.2 数据挖掘的方法 ··· 53
3.7 数据挖掘的典型应用领域 ·· 55
3.8 数据挖掘的发展趋势 ·· 57
小结 ·· 59
习题 ·· 59

第 4 章　分类分析 ·· 60

4.1 预备知识 ··· 60
4.2 解决分类问题的一般方法 ·· 62
4.3 分类算法 ··· 63
　　4.3.1 贝叶斯分类器 ·· 63
　　4.3.2 贝叶斯信念网络 ··· 68

        4.3.3 决策树 ·· 72
        4.3.4 支持向量机 ·· 77
        4.3.5 粗糙集 ·· 80
        4.3.6 其他分类算法 ·· 83
    4.4 评估分类器的性能 ·· 84
        4.4.1 保持方法 ·· 84
        4.4.2 随机二次抽样 ·· 85
        4.4.3 交叉验证 ·· 85
        4.4.4 自助法 ·· 85
    小结 ·· 86
    习题 ·· 86

第5章 关联分析 ·· 89
    5.1 引言 ·· 89
    5.2 基本概念 ·· 91
    5.3 关联规则的种类 ·· 93
    5.4 关联规则的研究现状 ·· 94
    5.5 关联规则挖掘算法 ·· 95
        5.5.1 Apriori 算法 ·· 95
        5.5.2 Apriori 改进算法 ·· 100
        5.5.3 FP 增长算法 ·· 102
    5.6 改善关联规则挖掘质量问题 ··· 104
        5.6.1 用户主观层面 ·· 104
        5.6.2 系统客观层面 ·· 105
    5.7 约束数据挖掘问题 ·· 105
    小结 ·· 106
    习题 ·· 107

第6章 聚类分析 ·· 109
    6.1 聚类的概念 ·· 109
        6.1.1 聚类概念及应用 ·· 109
        6.1.2 聚类算法要求 ·· 110
        6.1.3 聚类技术类型划分 ·· 111
    6.2 聚类分析的统计量 ·· 113
        6.2.1 模型定义 ·· 113
        6.2.2 相似性度量 ·· 114
    6.3 常用聚类算法 ·· 118
        6.3.1 k 均值算法 ·· 118
        6.3.2 k-medoids 算法 ·· 120

6.3.3　凝聚层次聚类算法 122
　　　6.3.4　DBSCAN算法 126
　　　6.3.5　STING算法 129
　　　6.3.6　CLIQUE算法 130
　6.4　簇评估 131
　　　6.4.1　概述 132
　　　6.4.2　非监督簇评估：使用凝聚度和分离度 132
　　　6.4.3　非监督簇评估：使用邻近度矩阵 136
　　　6.4.4　层次聚类的非监督评估 137
　　　6.4.5　确定正确的簇个数 137
　　　6.4.6　聚类趋势 138
　　　6.4.7　簇有效性的监督度量 138
　6.5　聚类与分类比较 141
　小结 141
　习题 141

第7章　深度学习 143

　7.1　深度学习的由来 144
　　　7.1.1　深度学习的神经学启示 144
　　　7.1.2　浅层结构函数表示能力的局限性 144
　　　7.1.3　特征提取的需要 145
　7.2　深度学习的经典方法 146
　　　7.2.1　深度学习表示模型和网络结构 146
　　　7.2.2　自动编码器 146
　　　7.2.3　受限玻尔兹曼机 148
　　　7.2.4　卷积神经网络 149
　7.3　深度学习的应用 150
　　　7.3.1　深度学习在语音识别、合成及机器翻译中的应用 150
　　　7.3.2　深度学习在图像分类及识别中的应用 151
　　　7.3.3　深度学习在视频分类及行为识别中的应用 152
　7.4　深度学习的研究近况及未来研究方向 153
　　　7.4.1　研究近况 153
　　　7.4.2　未来研究方向 153
　小结 155
　习题 156

第8章　Web挖掘技术 157

　8.1　Web数据挖掘概述 157
　　　8.1.1　Web数据挖掘的概念 157

  8.1.2 Web 数据挖掘的特点 ……………………………………… 158
  8.1.3 Web 数据挖掘的处理流程 …………………………………… 159
  8.1.4 Web 数据挖掘与信息检索、信息抽取的区别 ………………… 159
 8.2 Web 数据挖掘分类 ………………………………………………… 160
  8.2.1 Web 内容挖掘概述 …………………………………………… 160
  8.2.2 Web 结构挖掘概述 …………………………………………… 161
  8.2.3 Web 使用挖掘概述 …………………………………………… 161
 8.3 Web 内容挖掘 ……………………………………………………… 162
  8.3.1 特征提取和特征表示 ………………………………………… 162
  8.3.2 自动摘要 ……………………………………………………… 163
  8.3.3 文本分类 ……………………………………………………… 163
  8.3.4 文本聚类 ……………………………………………………… 164
 8.4 Web 结构挖掘 ……………………………………………………… 164
  8.4.1 超链和页面内容的关系 ……………………………………… 165
  8.4.2 不同挖掘阶段的分析 ………………………………………… 165
  8.4.3 PageRank …………………………………………………… 166
  8.4.4 HITS ………………………………………………………… 172
  8.4.5 两种算法的比较 ……………………………………………… 176
  8.4.6 Web 结构挖掘应用 …………………………………………… 177
 8.5 Web 使用挖掘 ……………………………………………………… 178
  8.5.1 Web 使用挖掘数据预处理 …………………………………… 178
  8.5.2 Web 使用挖掘模式发现 ……………………………………… 181
  8.5.3 Web 使用挖掘模式分析 ……………………………………… 183
  8.5.4 Web 使用挖掘模式应用 ……………………………………… 184
小结 …………………………………………………………………………… 185
习题 …………………………………………………………………………… 185

第 9 章 数据挖掘在电子商务中的应用 ………………………………………… 187
 9.1 网站结构优化 ……………………………………………………… 187
 9.2 智能搜索引擎 ……………………………………………………… 189
  9.2.1 网络机器人 …………………………………………………… 189
  9.2.2 文本分析 ……………………………………………………… 190
  9.2.3 搜索条件的获取和分析 ……………………………………… 191
  9.2.4 信息的搜索和排序 …………………………………………… 191
 9.3 移动商务智能 ……………………………………………………… 192
 9.4 客户关系管理 ……………………………………………………… 193
  9.4.1 营销 …………………………………………………………… 193
  9.4.2 销售 …………………………………………………………… 194
  9.4.3 客户服务 ……………………………………………………… 194

	9.4.4 客户保持	194
	9.4.5 风险评估和欺诈识别	195
9.5	客户分类	195
	9.5.1 传统的客户分类理论	196
	9.5.2 基于客户行为的客户分类	196
	9.5.3 基于客户生命周期的客户分类	196
	9.5.4 基于客户生命周期价值的客户分类	196

小结 ·········· 197

习题 ·········· 197

参考文献 ·········· 198

第 1 章

商务智能概述

随着世界经济全球化的迅猛发展,生产国际化的趋势不断加强,企业必须能够在瞬息万变的环境下及时做出反应。为了迎接市场的挑战,企业需要对市场有准确的把握,分析顾客的消费趋势,找出企业经营中出现的问题,加强与供应链合作伙伴的关系,挖掘新的商业机会,并能够对未来进行预测。随着企业信息化的发展,各种应用系统产生的数据量平均 18 个月就翻一番。如何充分利用这些数据资产,挖掘出决策者需要的信息,做出高质量的决策是企业管理者需要考虑的问题。近年来,数据集成、数据分析、大容量数据存储与并行处理等技术不断成熟,成本不断下降,企业各种应用软件积累了大量的数据。这些因素促进了商务智能的发展。商务智能(Business Intelligence, BI)可以将各种数据及时地转换为支持决策的信息和知识,帮助企业管理者了解顾客的需求与消费习惯,预测市场的变化趋势以及行业的整体发展方向,进行有效的决策,从而在竞争中占据有利地位。

1.1 商务智能的概念

商务智能越来越受到学术界和产业界的青睐,逐渐成为目前国内外企业界和软件开发界备受关注的一个研究热点。作为一项新兴的技术,在过去的十多年间,围绕商务智能的理论、方法、技术等的研究和应用已经取得了许多令人瞩目的成就。

目前,不少企业积累的海量数据不仅没能给企业带来财富,相反却使得企业淹没于数据之中,形成一个个信息孤岛和数据坟墓。企业面临着由于数据库变得越来越庞大而带来的对数据管理的困难。如何充分利用这些数据,为企业的经营决策服务?这就需要一种合适的数据处理和数据分析工具。

1.1.1 数据、信息与知识

在信息时代,数据是宝贵的财富,但只有充分利用这种财富,识别信息,获取知识,辅助商业决策才能从中获得价值。

1. 数据

数据是用来记录、描述和识别事物的按一定规则排列组合的物理符号,是一组表述数量、行动和目标的非随机的可鉴别的符号,是客观事物的属性、数量、位置及其相互关系等的抽象表示,它以适合于用人工或自然的方式进行保存、传递和处理。它既可以是数字、文字、图形、图像、声音或者味道,也可以是计算机代码。在计算机科学中,数据是指所有能输入到计算机中具有一定意义的数字、字母、符号和模拟量等并能够被计算机程序处理的符号介质的总称,是计算机能够识别的二进制数的形式。

数据本身是孤立的、互不关联的客观事实、文字、数字和符号,没有上下文和解释。数据表达的仅仅是一个描述,如20140112,我们只知道这是一个数字,或者可以看作是日期,对于这个数字来说,它就是数字,不表示别的任何含义。

数据是用属性描述的,属性也称变量、特征、字段或维。数据经过处理仍然是数据,只有经过解释,数据才有意义,才能成为信息。

2. 信息

信息是指人们对数据进行系统的收集、整理、管理和分析的结果,是经过一系列的提炼、加工和集成后的数据。信息是对客观世界各种事物特征的反映。数据是信息的符号表示,或称载体,数据不经加工只是一种原始材料,其价值只是在于记录了客观数据的事实。信息是数据的内涵,是对数据的解释。信息可以是完整的,也可以是片段的;可以是关于过去的,或者关于现在的,也可以是涉及未来的。目前天气很热,气温高达35℃,这条信息描述的是现在的天气状况。参考过去连续三年的气温记录,每年这一天的历史温度都高于37℃,这是关于过去的信息。如果根据这两天信息预测明天的气温至少为37℃,那么这是涉及未来的信息。尽管明天高温天气是有可能的,甚至是必然的,但这种预测未来的信息多少会带有不确定性,为了减少不确定性,提高置信度,必须对信息进行提炼、加工和集成。

3. 知识

所谓知识,就它反映的内容而言,是客观事物的属性与联系的反映,是客观世界在人脑中相对正确的反映。就它反映的活动形式而言,有时表现为主体对事物的感性直觉或表象,属于感性知识,有时表现为关于事物的概念或规律,属于理性知识。知识是在实践活动中获得的关于世界的最本质的认识,是对信息的提炼、比较、挖掘、分析、概括、判断和推论。

一般而言,知识具有共享性、传递性、非损耗性(可以反复使用,其价值不会减小)及再生性等特点。

按知识的复杂性可将知识划分为显性(Explicit)知识和隐性(Tacit)知识,它是知识最基本和最重要的划分结构。显性知识是用系统、正式的语言传递的知识,可以编码和度量,可以清晰地表达出来,易于传播,可以在人与人之间进行直接的交流,通常以语言文字(如书籍、文件、网页、电子邮件等)形式存在。显性知识的处理可以用计算机实现。隐性知识是存在于人脑中的、非结构化的、与特定语境相关的知识,很难编码和度量。隐性知识是人们在实践中不断摸索和反复体验形成的,通常以直觉、价值观、推断、经验、技能等形式表现出来。它难以表述,但却是个人能力的直接表现且更为宝贵。隐性知识的处理只能通过人脑实现,一般要通过言传身教和师传徒等形式传播。

数据、信息和知识之间的关系为：从数据中提取信息，从信息中挖掘知识，如图 1-1 所示。

数据≠信息≠知识
数据：是信息和知识的符号表示
信息：数据中的内涵意义
知识：是一套具有前因后果关系的信息，是人们在长期实践中总结出来的正确内容

图 1-1　数据、信息和知识的区别

1.1.2　商务智能的定义

1989 年，美国加特纳公司的分析师 Howard Dresner 首次提出"商务智能"的概念。商务智能可以定义为一组数学模型和分析方法，它们系统地开发可以利用的数据，以便检索对支持复杂决策过程有用的信息和知识。出于帮助企业所有者打造更好的商业的目的，商务智能是涉及收集、提供、存取及分析数据的一大类别的应用与技术。

商务智能从产生以来一直发展较快，但目前还不成熟，企业界和学术界对商务智能存在着或多或少不同的理解，这里分别列举几个比较全面且较新的定义。

IBM 对 BI 的定义："商务智能是一系列技术支持的简化信息收集、分析的策略集合。通过使用企业的数据资产来制定更好的商务决策。企业的决策人员以数据仓库为基础，经过各种查询分析工具、联机分析处理或者是数据挖掘，加上决策人员的行业知识，从数据仓库中获得有利的信息，进而帮助企业提高利润，增加生产力和竞争力。"

Business Object 公司对 BI 的定义："商务智能是一种基于大量数据的信息提炼的过程，这个过程与知识共享和知识创造密切结合，完成了从信息到知识的转变，最终为商家提供网络时代的竞争优势和实实在在的利润。"

Microsoft 公司对 BI 的定义："商务智能是任何尝试获取、分析企业数据以便更清楚地了解市场和顾客，改进企业流程，更有效地参与竞争的过程。"

IDC 公司对 BI 的定义："商务智能是下列软件工具的集合：终端用户查询和报告工具、在线分析处理工具、数据挖掘软件、数据集市、数据仓库产品和主管信息系统。"

Oracle 公司对 BI 的定义："商务智能是一种商务战略，能够持续不断地对企业经营理念、组织机构和业务流程进行重组，实现以顾客为中心的自动化管理。"

Data Warehouse Institute 对 BI 的定义："商务智能是把数据转换成知识并把知识应用到商业运营的一个过程。"

商务智能专家王茁在总结了商务智能的众多版本之后给商务智能下的定义："商务智能是企业利用现代信息技术收集、管理和分析结构化和非结构化的商务数据和信息，创造和积累商务知识和见解，改善商务决策水平，采取有效的商务行动，完善各种商务流程，提升各方面商务绩效,增强综合竞争力的智慧和能力。"

利用现代信息技术——这是这一定义中的关键之一。现代信息技术的发展催生了信息经济和信息社会,在这一新型的经济和社会形态中,信息的爆炸式增长又产生了对能够处理和控制信息的技术的强烈需求,商务智能正是新的信息技术在商务分析中的有效应用。

总结上述观点,商务智能是融合了先进信息技术与创新管理理念的结合体,它集成了企业内外的数据,进行加工并从中提取能够创造商业价值的信息,面向企业战略并服务于管理层、业务层,指导企业经营决策,提升企业竞争力,涉及企业战略、管理思想、业务整合和技术体系等层面,促进信息到知识再到利润的转化,从而实现更好的绩效。事实上,商务智能应用的核心不在其功能,而在于对业务的优化,IBM 公司更强调数据集成和数据分析基础上的业务分析和优化(Business Analytics and Optimization,BAO)。目前,商务智能的应用已延伸到了非商业领域,政府和教育部门等也成为了商务智能的应用领域。

1.1.3 商务智能的特点

商务智能具有以下主要特点,了解这些特点有助于更好地理解商务智能的内涵。

1. 商务智能服务企业战略

商务智能能够对企业的内外部数据进行分析,支持企业战略管理。哈佛商学院的迈克尔·波特博士在 *Harvard Business Review* 一文中把战略分为三个方面:定位、取舍和配称(各项运营活动之间如何关联),而商务智能可以通过数据分析帮助企业对这些方面进行规划。

2. 商务智能提升企业绩效

商务智能更多地是用来解决管理问题。通过商务智能能从企业多年运营的数据中,挖掘有效的模式辅助管理决策。随着商务智能应用的发展,商务智能离业务越来越近。商务智能在企业绩效管理中扮演着重要的角色,而商务智能相关的产品在管理角色和方法、管理职能和过程等方面烙印渐深,并且融合了越来越多的企业管理的理念。例如,Business Objects(SAP)在 2007 年"商业智能 点亮明天"商务智能解决方案研讨会展示的绩效管理套件中包含管理仪表盘、计分卡等工具。这些工具不再是色彩和图形的结合,而是包含大量的业务逻辑关系和线性规划的运算模型。

3. 商务智能是"数据炼油厂"

商务智能可看作"数据炼油厂",根据业务需要收集数据,并进行提炼和加工,最终产生对企业有价值的知识,提高企业的绩效。商务智能需要整合企业的业务系统数据,从而保证足够的"原料补给"。商务智能对 ERP、CRM 和 SCM 等业务系统中生成的运营数据进行分析,并给出报告,帮助管理者认识企业和市场的现状,预测发展趋势,做出正确的决策。

4. 商务智能是多项技术的综合应用

随着信息化的发展,商务智能已成为企业充分利用数据资产的重要方法。它从不同的数据源中提取有用的数据,通过数据仓库、在线分析处理和数据挖掘等技术实现企业的决策、考核、分析有机结合和量化以达到为企业提供经营管理、决策支持的目的。最新的商务智能还涉及其他一些新技术,例如,内存中的分析处理、面向服务的软件架构(Service

Oriented Architecture，SOA)、文本挖掘和元数据存储等。商务智能在这些技术的支持下，发现数据背后隐藏的商机或威胁，洞察企业和市场的现状，把握趋势，识别异常情况，理解企业业务的推动力量，认清正在对企业的业务产生影响的行为及影响程度。

5. 商务智能用户的多样性

商务智能服务于各类企业决策者。传统应用中，商务智能主要支持中、高层管理人员决策。目前，商务智能平台的用户包括一线业务人员、各级管理者，甚至外部的顾客和商业伙伴。这是因为业务经营决策的范围发生了扩展，包括操作层、战术层和战略层的决策。

1.1.4　商务智能的过程

商务智能的过程是：首先需要准备正确可用的数据，其次要将这些数据转化为有价值的信息，再用于指导商业实践（智慧）。该过程就包括数据抽取、分析和挖掘三个主要环节，分别由 DW、OLAP、DM 技术来完成。

DW 是商务智能的基础和核心，存储按照商务智能的要求重新组织的、来自业务系统的数据。

OLAP 和 DM 在 DW 的基础上进行分析，提供给最终用户灵活自主的信息访问途径、丰富的数据分析和报表功能。

从系统的观点来看，商务智能中信息处理的过程可以归结为以下三个子过程：数据获取和管理、数据整理和分析、信息展现和表示。

（1）数据获取和管理：从不同的数据源获取有用的数据，对数据进行清理以保证数据的正确性，将数据经过转换、重构后存入数据仓库或数据集市（这时数据变为信息）。

（2）数据整理和分析：通过合适的查询和分析工具、数据挖掘工具，对信息进行处理（这时信息变为辅助决策的知识）。

（3）信息展现和表示：将管理与决策所需要的知识呈现于用户面前，支持管理与决策。

1.2　商务智能的产生与发展

商务智能的概念最早是由美国加特纳公司的 Howard Dresner 于 1996 年提出来的，对商务智能所涉及的一系列的概念和方法进行了详细的描述，通过应用基于数据分析的支持系统来辅助商业决策的制定。BI 技术提供帮助企业迅速分析数据的技术和方法，包括收集、管理和分析数据，将这些数据转化为有用的信息，然后分发到企业各处。近年来，商务智能技术日趋成熟，越来越多的企业决策者意识到需要商务智能来保持和提升企业竞争力。在美国，500 强企业中已经有 90% 以上的企业利用企业管理和商务智能软件帮助管理者做出决策。国外已经有很多成功实施商务智能的案例。目前我国的商务智能尚处于起步阶段，无论是商务智能应用的程度还是其实际效果与国外企业都有很大差距。近年来，国内外商务智能供应商和高等院校都开展了广泛的商务智能的基础研究和应用研究。

1.2.1　商务智能的产生和发展过程

商务智能是随着 Internet 的高速发展和企业信息化的不断深入而产生的。其发展也是一个渐进的、复杂的演变过程，而且目前仍然处于发展之中。它经历了事物处理系统（Transaction Processing System，TPS）、高级管理人员信息系统（Executive Information System，EIS）、管理信息系统（Management Information System，MIS）和决策支持系统（Decision Support System，DSS）等几个不同阶段，最终演变成今天的企业商务智能系统（BIS）。它是一个可包含企业所有知识的系统，服务于管理决策层或部门执行经理，帮助其进行分析和决策。

TPS是以计算机处理代替某些手工操作，这个时期主要是借助计算机的运算能力将人力从大量的计算和重复性的工作中解脱出来。TPS的优点：效率提高，耗用时间缩短；缺点：完全"就事论事"，只完成了信息的"一次利用"，舍弃了信息的更高价值的利用。TPS主要是在服务行业中直接针对广大顾客的某种专门性事物处理要求而提供的一种服务性系统，因此，TPS的设计目标主要是方便顾客，为顾客提供高质量、高效率以及安全、可靠的各种专门性事物服务。

EIS指为了满足无法专注于计算机技术的领导人员的信息查询需求，而特意制定的以简单的图形界面访问数据仓库的一种应用。EIS根据预先定义的查询，以报表或图标的形式向使用者提供商业活动情况的相关数据。这些信息通常是一定时期内的总销售额、每种产品的销售额、销售数量等。EIS的优点：使决策者在一定程度上掌握企业的业务运营状况，不至于完全靠"拍脑袋"决策；EIS的缺点：其应用面太窄，仅限于高、中层管理人员的管理活动，依然得不到信息支持。

MIS的出现部分地解决了EIS的问题，它面向所有的管理人员，覆盖了企业所有的业务内容，能够帮助管理人员了解企业的日常业务，并进行高效的控制、组织和计划。MIS的优点：能处理日常事务，尤其对中、低层管理人员更为有效；缺点：对于高层决策者而言，无法从全局的、战略的高度给予很大的支持。

DSS是辅助决策者通过数据、模型和知识，以人机交互方式进行半结构化或非结构化决策的计算机应用系统。它是管理信息系统向更高一级发展而产生的先进信息管理系统。它为决策者提供分析问题、建立模型、模拟决策过程和方案的环境，调用各种信息资源和分析工具，帮助决策者提高决策水平和质量。

结构化决策是指对某一决策过程的环境及规则，能用确定的模型或语言描述，以适当的算法产生决策方案，并能从多种方案中选择最优解的决策。

非结构化决策是指决策过程复杂，不可能用确定的模型和语言来描述其决策过程，更无所谓最优解的决策。

半结构化决策是介于以上两者之间的决策，这类决策可以建立适当的算法产生决策方案，使决策方案得到较优的解。

非结构化和半结构化决策一般用于一个组织的中、高管理层，其决策者一方面需要根据经验进行分析判断，另一方面也需要借助计算机为决策提供各种服务信息，及时做出正确有效的决策。

BIS、DSS、MIS、EIS和TPS之间的区别如图1-2所示。

1.2.2 商务智能与其他系统的关系

商务智能作为一种企业信息集成解决方案，是一个分析型系统。一方面，它为企业不同

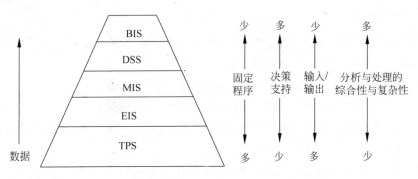

图 1-2 BIS、DSS、MIS、EIS 和 TPS 之间的区别

的应用系统,如企业资源规划(ERP)、客户关系管理(CRM)、供应链管理(SCM)、办公自动化(OA)、电子商务(E-Commerce)以及外部扫描环境(Environmental Scanning)等系统之间架起了互通的桥梁,同时这些信息化系统也为 BI 提供了数据源;另一方面,它的价值又在这些系统之上,可以发现数据背后隐藏的商机或威胁,获得洞察力,了解企业和市场的现状、把握趋势、识别异常情况、理解企业业务的推动力量、认清正在对企业的业务产生影响的行为及影响的程度如何等。总之,BI 可以给整个企业带来决策的快速性和准确性,发现问题的及时性,以及发现那些对手尚未发现的潜在的知识和规律。

1. BI 与其他系统之间的区别

BI 与其他系统之间的区别可以从以下两个方面来理解。

(1) 系统设计的区别。交易系统把交易强加于业务之上,不管谁来进行一项业务,都得遵循同样的程序和规则,而且一旦一个交易系统设计出来以后,轻易不会改变。而商务智能则能适用商务,因为 BI 是一个学习分析型系统,能适应商务的不断变化。若 BI 不能变化以解决新的问题,就不能满足商务的需求。从技术的角度讲,BIS 中变化的是数据、数据类型、元数据、报告和应用软件。BI 的真正挑战就在于设计和管理一个总在变化的系统。

(2) 数据类型的区别。两者所管理的数据类型不同。交易系统跟踪的是最近的交易情况,保留极其有限的历史数据(通常只有 60~90 天)。而 BI 系统维持来自多个交易系统的、多年的交易情况,且数据量很大(一般几十个甚至上百个 TB)。

2. BI 与报表系统

传统的报表系统和 BI 存在着本质的区别。传统的业务报表系统一般被设计成扁平系统,主要是针对分离的事物处理,但对结构化的分析和统计却无能为力。一个独立的 BI 系统,能够从多种异构的应用系统中获取各类业务数据,并通过数学模型建立多层次的分析系统,最终将其转化为具有一定商业意义的信息。

BI 的应用需求往往复杂多变,而且它的实施过程的复杂性也要远远超过传统的报表系统。所以在进行 BI 系统的实施过程中,绝不能受传统事物处理系统思维模式的影响和制约。

BI 和传统的报表系统在应用对象及目的上也是有区别的。一般而言,BI 更加关注企业长期的战略决策,甚至更侧重于商业趋势和业务单元的联系;而传统的报表系统则注重企业的短期运作支持,更加强调的是具体的数据和精确度。

3. BI 与 ERP

BI 与 ERP 的共性就是使企业运行效率更高、响应更及时及易于整合。从基础架构的角度上看，BI 和 ERP 有以下几点相似之处。

(1) BI 和 ERP 都是采用分布式结构存储海量数据。

(2) BI 和 ERP 都能为大范围终端用户提供深度访问的能力。

(3) BI 和 ERP 都具有高度的分布性和应用程序的可扩展性，尽管这种特性在 BI 上体现得不是很明显。

(4) BI 和 ERP 基于相同的前提，都是利用直接或者间接数据作为预测工作的信息参考。

尽管 BI 和 ERP 之间存在许多共同之处，但 BI 和 ERP 绝不是同一个事物或是同一个事物体的两个方面，而是互补的系统。因而，两者之间也存在以下区别。

(1) BI 和 ERP 都是基于现代信息技术进行商业判断，只是其功能特点各有不同，BI 主要是针对商务智能，而 ERP 则侧重于业绩跟踪。

(2) 通过整合，ERP 系统涉及的所有业务流程得到了充分的协调，从而打破了原有的部分分割局面。不仅企业内部所有环节的信息获知能力都得到了提升，打破了企业内外的业务处理瓶颈，其响应速度也得到了极大的改善。

(3) BI 使得用户在一些关键领域的信息获取能力和掌控精度得到了极大的提高，主要表现在以下几个方面：首先，极大程度地改良了报告的格式，通过整合用户数据使报告进行得更快、更及时、更精确；其次，信息传输也更加实时化，极大地缩短了信息在企业内部各部门之间周转的时间；最后，能够及时发现业务处理流程中可能出现的问题及错漏，能准确迅速地实施纠错。

(4) 通过 BI，原先分散、孤立的企业数据按历史记录顺序彼此相关了，而且能按高效、易于提取的结构进行存储。

4. BI 与 DSS、EIS

作为一种新型的决策支持系统，与传统的 DSS 和 EIS 相比，BI 在很多方面都存在显著的优点。

(1) 在使用对象上。传统的 DSS 和 EIS 仅局限于企业的高层决策者、分析人员，而 BI 的使用对象扩展到企业组织内外的各类人员，为他们提供决策支持服务，既包括企业的领导、企业内部各部门的职能人员，也有客户、供应商、合作伙伴等企业外部用户。

(2) 在具有的功能上。与传统的 DSS 和 EIS 相比，BI 具有传统的 DSS 和 EIS 所不具备的功能强大的数据管理、数据分析与知识发现能力。

(3) 在知识库状态方面。在建成的 DSS 和 EIS 系统中预先设置好知识库是传统的 DSS 和 EIS 系统的特点，而且知识库中的知识一般很少发生变化，即便是发生变化，也只是采用定期人为更新的方法。但 BI 系统中的知识库是动态变化的，其数据大多是从企业各应用系统中抽取的，且可以对已有的数据仓库或数据集市进行数据挖掘、OLAP 等操作，从而发现新知识，并随时对知识库中的内容进行补充和修正。

就实施的目标而言，BI 和 DSS、EIS 都是为了提高企业决策的效率和准确性，然而，BI 在一些方面也存在不足之处。利用数据分析、知识发现等工具，BI 为企业提供了有价值的辅助决策的信息和知识,然后用户再将这些信息和知识与企业的知识和经验相结合进行判断,最后做出明智的决定,其智能决策的能力非常有限。DSS 和 EIS 等专门的决策支持系统具有方案生成、方案协调、方案评估等功能,其群体决策的能力是 BI 所不具备的。

1.3 商务智能的研究内容

商务智能主要包括数据预处理、建立数据仓库、数据分析和数据展现 4 个主要阶段。数据预处理是整合企业原始数据的第一步,包括数据的抽取、转换和装载三个过程。建立数据仓库则是处理海量数据的基础。数据分析是体现系统智能的关键,一般采用联机分析处理和数据挖掘两大技术。联机分析处理不仅进行数据汇总、聚集,同时还提供切片、切块、下钻、上卷和旋转等数据分析功能,用户可以方便地对海量数据进行多维分析。数据挖掘的目标则是挖掘数据背后隐藏的知识,通过关联分析、聚类和分类等方法建立分析模型,预测企业未来发展趋势和将要面临的问题。在海量数据和分析手段增多的情况下,数据展现则主要保障系统分析结果的可视化。

针对商务智能的 4 个阶段,目前的研究热点主要集中在三个方面:支撑技术的研究、体系结构的研究、应用系统的研究。

1. 支撑技术的研究

商务智能作为一个在 20 世纪 90 年代末期出现的跨学科新兴领域,必须借鉴两方面的先进成果:一是计算机技术的前沿技术;二是企业管理方面的新理论、新观点。企业管理方面的新理论、新观点为战略制定和决策提供先进的管理模式,帮助企业更好地运营;先进的计算机技术是提高系统性能的有力手段。

商务智能的支撑技术包括以下几项:一是计算机技术,包括数据仓库、数据集市技术、数据挖掘技术、OLTP、OLAP 等分析技术,以及数据可视化技术、计算机网络与 Web 技术;二是企业管理方面的理论和方法,包括统计、预测等运筹学方法,客户管理、供应链管理、企业资源计划等管理理论和方法,以及企业建模方法。

支撑技术的研究主要围绕两部分展开:决策分析工具研究和企业建模方法研究。决策分析工具研究包括数据挖掘算法研究及各种分析方法研究。企业建模是解决如何建立特定企业模式的辅助工具。

2. 体系结构的研究

商务智能面向特定应用会有相应的体系结构,使商务具有更好的性能。例如,建立什么样的数据存储和数据模型能很好地支持主题和数据分析及知识发现的需要;选择何种决策分析工具,包括选择实现何种任务、选择实现这种任务的何种工具;将分析和发现的信息及知识通过何种接口达到需要的用户等。

3. 应用系统的研究

对应用系统的研究重点在于对各个应用领域所面临的决策问题的分析。根据各类问题的解决方式和解决方案来决定商务智能系统应该提供的功能以及具体实现方法。目前,商务智能被广泛应用于与企业运用过程相关的各个领域,并且在很多领域已经形成其特有体系。目前,具有代表性的应用领域包括企业资源计划(ERP)、客户关系管理(CRM)、企业性能管理(BPM)、人力资源管理(HRM)、供应链管理(SCM)、电子商务(E-Business)。

与 DSS、EIS 系统相比,商务智能具有更美好的发展前景。随着企业 CRM、ERP、SCM 等应用系统的引入,企业不再停留在事物处理过程而开始注重有效利用其数据,为准确和更快的决策提供支持的需求越来越强烈,由此带动的对商务智能的需求将是巨大的。

1.4 商务智能系统的支撑技术

商务智能是在计算机软硬件、网络决策分析等多种技术成熟的基础上出现的,是通过对数据整理与分析为决策提供依据的一项技术,商务智能技术是运用了数据仓库、OLAP 和数据挖掘等技术来处理和分析数据的技术,能够帮助企业进行经营分析、战略支持和绩效管理。

数据仓库技术、OLAP、数据挖掘技术是商务智能系统的三大支撑技术,其中数据仓库是商务智能的基础,OLAP 与数据挖掘是商务智能系统中的数据分析工具。数据仓库的作用是为系统中的分析工具提供数据基础,OLAP 和数据挖掘的作用是要把数据仓库中的数据变成知识,把潜在的知识变成可以为工作所用的知识,帮助我们在业务管理和发展上及时做出正确的判断,为决策者提供问题解决方案以及决策依据。

1. 数据仓库技术

数据仓库是一个用于更好地支持企业或组织的决策分析处理的数据集合,面向主题、集成的、随时间不断变化的、支持管理决策的制定。数据仓库是以关系数据库、并行处理和分布式技术为基础的,具有丰富的数据采集、数据管理、数据分析和信息描述能力。数据仓库技术的智能是有限的,其关键技术包括数据的抽取、清洗、转换、加载和维护。

数据仓库是商务智能解决方案的基石,是企业长期事务数据的准确汇总。数据仓库完成了数据的收集、集成、存储、管理等工作,商务智能面对的是经过加工的数据,使得商务智能更专注于信息的提取和知识的发现。通过数据仓库,商务智能系统可撷取与载入原始资料,归并各种数据源并以 Web 界面为企业主管提供信息分析与查询,支持企业管理与商业决策。商务智能要充分发挥潜力,就必须和数据仓库的发展结合起来。

2. OLAP

OLAP 同数据仓库密切相关,它用于支持复杂的数据库分析操作,偏重对决策人员提供支持,可以对大数据量的信息进行快速、灵活的复杂查询处理。OLAP 利用数据仓库的多维数据进行在线数据分析,在生成新的信息的同时,监测商务运作的成效,并按用户的要求将复杂的分析查询结果快速地返回给用户。

OLAP 是在数据仓库基础上的在线应用,是商务智能中不可缺少的一部分,是商务智能的分析处理工具之一,它从多种角度对原始数据进行分析,将其转化为真实反映企业经营情况的并用户所能理解的信息,使用户对数据有更深入的了解,为决策提供依据。

3. 数据挖掘技术

数据挖掘是一种决策支持过程,是一种数据分析工具,它结合了机器学习、数理逻辑、统计学、数据库技术和人工智能技术等众多领域的知识,是解决从大量信息中获取有用知识、提供决策支持的有效途径。先进的数据挖掘技术如人工神经网络、文本挖掘、Web 挖掘的出现,进一步提高了数据挖掘分析数据的能力。

随着企业数据量的急剧增大,数据理解和数据产生之间出现了越来越大的距离。数据挖掘就是为解决这一矛盾而出现的一种新型数据分析技术。数据挖掘技术的智能化程度最高,它能高度自动化地分析企业数据库或数据仓库中的数据,做出归纳性的推理,从中挖掘出潜在的模式,找出企业经营者可能忽视的信息,以便以容易理解和观察的形式反映给用户,帮助企业的决策者调整市场策略,减少风险,做出正确的决策。为了充分利用企业内外流动的大量商业数据,企业商业智能系统必须采用数据挖掘技术实现商务知识的发现,才能真正实现智能化。

这三种技术不是相互独立地存在于商务智能系统中,而是相辅相成、互为补充的。数据仓库不仅是商务智能的核心技术,也是 OLAP 与数据挖掘的重要技术基础, OLAP 和数据挖掘是数据仓库上获取两种不同目标的数据增值技术,它们以数据仓库中的数据为分析对象,从数据仓库中发现知识,为决策服务。OLAP 和数据挖掘都可用于数据分析,两者有一定的区别: OLAP 是一个交互的、在线的过程,数据挖掘是一个自动的过程;从数据分析来讲, OLAP 是一个浅层次的过程,数据挖掘是一个深层次的过程,后者可以发现更细致、更有价值的信息。这两种技术在一定程度上的融合,会使分析操作智能化,使挖掘操作目标化,从而全面提升商务智能技术的实用价值。即一方面, OLAP 可以为数据挖掘预期的挖掘对象和目标,避免挖掘的盲目性;另一方面,数据挖掘技术可以使 OLAP 智能化,减少分析人员的负担。因此,基于数据仓库的 OLAP 与数据挖掘技术的融合和互补,使得商务智能系统最大限度地实现其智能化。

除了以上三种技术,商务智能系统中还采用了其他一些先进技术,如可视化技术、企业信息门户技术等,它们也是商务智能系统中不可或缺的。

可视化技术是随着数据挖掘技术和信息可视化技术的发展而产生的。它有效地把人的感知能力和领域知识应用到数据挖掘的过程中,为人类与计算机这两个信息处理系统之间提供了一个接口。使用有效的可视化技术,可以快速高效地与大量数据打交道,以发现其中隐藏的特征、关系、模式和趋势等,可以引导出新的预见和更高效的决策。一些数据挖掘技术和算法让决策者难以理解和使用,可视化可以使数据和挖掘结果更容易理解。它允许对结果进行比较和检验,也用于指导数据挖掘算法,使用户参与到决策分析的过程中。

企业信息门户技术提供了一个用户与企业的商业信息和应用软件的接口。通过企业信息门户,商务智能系统成为对不同用户提供不同信息,并在透明层内实现企业信息收集、组织和集成的商业信息智能网络。企业信息门户技术在商务智能中的应用前景异常广阔。

1.5 商务智能系统框架及数据流程

随着企业的不断发展,积累的数据和信息海量增长,而激烈的市场竞争加剧了企业对富有价值的数据和信息的依赖性。无论是外部市场开拓,还是企业内部管理控制,企业越来越依赖通过信息共享平台对商务数据进行多维度分析,以满足信息资源的集中式和精确化管理,进而及时准确地满足决策的需要,显然这种为企业提供全面服务的信息系统是一种商务智能系统。

商务智能系统是指运用数据仓库、在线分析和数据挖掘技术来处理和分析商业数据,并提供针对不同行业特点或特定应用领域的解决方案来协助用户解决在商务活动中所遇到的复杂问题，从而帮助企业决策者面对商业环境的快速变化做出敏捷的反应和更好、更合理的商业决策的系统。

商务智能系统是一种整合系统。它运用数据仓库、联机分析和数据挖掘技术来处理和分析商业数据。它能从不同的数据源搜集的数据中提取有用的数据，并对这些数据进行清洗与整理，以确保数据的正确性。然后对数据进行转换、重构等操作，并将其存入数据仓库或数据集市中。同时运用合适的查询、分析、数据挖掘、OLAP等管理分析工具对信息进行处理，使信息变为辅助决策的知识，并将知识以适当的方式展示在决策者面前，供决策者使用。商务智能系统有助于提高企业工作效率，建立有利的客户关系，增加产品的销售，帮助企业从现有的"知本"中提炼更多的价值。

1.5.1　商务智能系统框架

商务智能涉及一个很宽的领域，集收集、合并、分析、提供信息存取功能于一体，包括抽取、转换、装载软件工具、数据仓库、数据查询和报告、联机数据分析、数据挖掘和可视化等工具，能够在线分析和挖掘知识，为决策者提供特定的决策解决方案。

从商务智能系统内数据流程可以看出，商务智能系统框架通常由数据源层、数据获取层、数据存储层、数据分析层和信息展示层组成（如图1-3所示）。

数据源层，也称作操作性数据层，是整个数据仓库的基础，也是商业智能的基础，包括企业内部的信息和外部信息。内部信息主要来自经营过程中产生的各种业务数据，如ERP、SCM中产生的信息。外部信息主要指企业收集的来自网络、行业期刊等有关市场、竞争对手情况的信息。这些数据可以是结构化的，也可以是非结构化的。

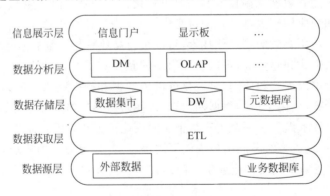

图1-3　商务智能系统框架图

数据获取层，是通过ETL技术将数据转换到数据仓库中。ETL技术包括抽取（Extract）、转换（Transform）、加载（Load），它决定了存储在数据仓库中的数据的质量。

数据存储层，是按主题分析和对相关数据进行挖掘的数据源，包括每一个按主题进行分类的数据仓库。元数据库存储描述关于数据仓库中数据的信息，便于对数据发现、识别和组织。元数据是关于数据的数据，也就是对数据仓库中的数据加以说明的资料，主要包括数据源的描述、数据的抽取规则、数据的转换规则、数据的加载频率、数据仓库模型等。

数据分析层，该层是数据存储和前端分析工具的桥梁，能按照用户的要求设计、生成具有多维分析功能的分析主题,予以组织,以便进行多角度、多层次的分析,并发现趋势。它们响应前端用户的分析请求,将多维数据传送给前端的分析工具显示。主要的技术包括数据挖掘和联机分析处理技术。

信息展示层,是将商务智能所提供的信息方便、快捷、合理地展示给用户。门户网站将企业的功能集成在一起,为用户提供整合服务。商务智能产生的信息是通过商务智能显示板发送到业务使用者空间的。商务智能显示板提供了获得底层商务智能工具和应用的接口。它的目的就是对外掩盖商务智能环境的复杂性。

1.5.2 商务智能系统的数据流程

商务智能的实现过程也就是数据的存储与流动过程,商务智能系统的数据流程有以下几个部分(如图 1-4 所示)。

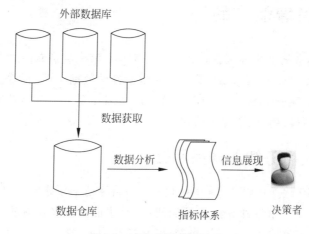

图 1-4 商务智能数据流程

1. 数据获取

数据获取即源数据采集、筛选、整理、转换及存储。数据可以来源于具体的业务数据库,但也可以是文件或 ERP、CR141、SCM 等相关信息系统。数据整理主要指采集原始数据并审核其准确性,校验业务数据的合法性,传输数据、制定提取和转换与加载的策略等。数据转换是指按照转换与加载策略将数据转换成一定的格式。数据存储是将整合的数据按照数据仓库的要求载入数据仓库服务器。

2. 数据管理

数据管理主要负责数据仓库的内部维护和管理,它涵盖了数据存储的组织、数据的维护、数据的分发、数据安全、数据提取、数据清洗、数据转换等,通过数据管理实现数据的提取、净化、过滤及数据标准化等。

3. 数据分析

数据分析是体现系统智能的关键,这个阶段是实现商务智能系统真正智能化的阶段,主要利用联机分析处理和数据挖掘技术。该阶段能按照用户的要求设计、生成具有多维分析功能的分析主题,对从数据仓库中提取的数据进行汇总和多维分析,挖掘出数据背后隐藏的知识。

4. 信息展现

信息展现是将以上数据分析所得到的决策知识展现在用户或者是企业管理者面前,支持管理和决策。信息展现的主要方式有以下几种。

(1) 查询。包括定义查询、动态查询、OLAP 查询与决策支持智能查询。

(2) 报表。包括产生关系数据表格、复杂表格、OLAP 表格、报告以及各种综合报表。

(3) 可视化。它用易于理解的点线图、直方图、饼图、网状图、交互式可视化之动态模拟、计算机动画技术表现复杂数据及其相互关系。

(4) 统计。进行平均值、最大值、最小值、期望、方差、汇总、排序等各种统计分析。

(5) 挖掘。利用数据挖掘等方法,从数据中得到关于数据关系和模式的知识。

1.6 主流商务智能产品

目前市场上的商务智能厂商大致可以分为三大类:第一类是专门做商务智能软件的厂商,如 Business Object、Brio、Cognos;第二类是继承性的数据库厂商和统计软件厂商,包括 NCR、Microsoft、CA、Oracle、Sybase、IBM、SAS、Hyperion 等;第三类是依附不同的管理软件的厂商,如 SAP、博科、用友、金蝶等公司。

1.6.1 主流商务智能产品简介

在全球商务智能行业中,BO(Business Objects)始终处于领导地位,自 1990 年成立以来就一直致力于报表、查询和各种分析工具的研发,其水晶报表是国际报表工具的标准。从 2006 年开始采用研发和收购并行的策略着力打造自己的 ETL 工具和企业信息管理(EIM),其友好的前端展现及微软的 Office 集成使得 BI 平民化成为现实。所以,以前人们都将它定位为展现工具。

成立于 1977 年的 Oracle 公司是世界领先的信息管理软件开发商和全球最大的数据库供应商,因其复杂的关系数据库产品而闻名,是数据库行业的标准。其关系数据库是世界上第一个支持 SQL 的数据库。Oracle 在应用软件方面有较强的优势,其软件强调灵活性。它曾研发出自己的商务智能工具,包括数据仓库、报表和分析工具,但是一直没有被广泛地使用,直到 2005 年收购了全球最大的客户关系管理软件厂商 Siebel 以后,将 Siebel Analytics 合并到了 Oracle 的旗舰 BI 产品 BIEE 中。

Cognos 是一家数据展现的公司,成立于 1969 年。2005 年 11 月,Cognos 8.0 发布,极大地改善了产品的整合能力,一个整合的 BI 套件初步形成。在查询和分析方面,Cognos 和 BO 各有优势,一直处于相互竞争的状态,但是在报表工具方面,BO 远远地超过了 Cognos,始终处于领先地位。

SAS 成立于 1976 年,以统计分析起家,SAS 系统在国际上已被誉为统计分析的标准软件,在各个领域得到广泛应用。SAS 是一个模块化、集成化的大型应用软件系统,由数十个专用模块构成,功能包括数据访问、数据存储及管理、应用开发、图形处理、数据分析、报告编制、运筹学方法、计量经济学与预测等。SAS 在数据仓库和 OLAP Server 方面也有自己的产品,功能包括数据迁移、数据管理、数据分析和数据展现。最近几年,SAS正逐步由一个工具供应商向解决方案供应商转化。

Hyperion公司成立于1977年,开始其主要业务范围是财务预算和财务合并报表,它的OLAP Server在业界堪称最优,一直处于领先地位,但只是在收购了Brio后,才使得它跻身于BI行列。

SAP成立于1972年,是全球最大的企业管理和协同化电子解决方案供应商、全球第三大独立软件供应商和全球最大的ERP软件供应商,是全球ERP软件的标准,其产品强调最大实践和管理理念,在ERP之上有自己较强的分析和展现工具。近几年SAP在商务智能方面也进行了大量的投入,特别是在DW产品的研发方面。

微软除了Excel外,这几年在商务智能方面的投入也在逐渐加大。首先,Microsoft Business Intelligence提供了一个完整的、集成的、可完全伸缩的BI解决方案,该解决方案可以对企业的整个机构提供支持;其次,通过与Microsoft Office 2007系统的集成,Microsoft Business Intelligence提供了一个熟悉的环境,在这个环境中,可以将信息直接传递到用户工作、协作和决策的地方;再次,通过与SQL Server 2005商务智能平台的紧密集成,能够为任何规模的组织机构和各个阶层的工作人员部署和使用商务智能提供支持,以完整的数据为基础,用户可以获得所需的工具和资源,从而做出更好、更快的决策;最后,Microsoft Business Intelligence技术通过使用功能强大的最终用户报表和分析工具,极大地提高了企业的战略决策能力和经营效率。

1.6.2 商务智能的抉择

由于商务智能厂商的并购和各大厂商的宣传,使得客户对商务智能厂商和解决方案的选择更加困难了。几大商务智能厂商都在向用户承诺:"为了商务智能和数据管理,需要一个整体的架构吗?我们已经有了这样的平台和架构。想要给成千上万的员工提供商务智能的能力吗?我们可以帮助实现。"几家公司都希望用户最终能够接受他们商务智能的理念并选择使用其平台。所以了解这几家的战略,认清他们的策略和定位,可以帮助用户做出更好的决策或者行动。

目前,几大商务智能厂商正在将传统商务智能工具(查询、报告和仪表盘)和他们销售的其他软件诸如数据库、中间件、ERP企业应用和协同软件整合起来。同时,他们承诺继续研发和支持可以和竞争对手软件进行整合的商务智能工具。然而从长远角度看,厂商的研发队伍一定会将收购的产品和他们的主流产品整合起来。所有BI厂商都希望用户去购买他们自己的数据库和商务智能工具,但这样势必会太多地依赖于一家的产品。究竟如何更好地选择创建满足企业自己业务需求的商务智能软件,更多地要依赖于企业现在所处的环境和将来的发展方向。所以,了解几大厂商产品的功能和特点是实施商务智能战略所必需的。

具有数据库的商务智能厂商可以帮助将片段的商务智能合并成统一支持企业级的商务智能项目,使得维护和管理的平台尽量少,减少成本和技术维护。SAP希望将BI和它的ERP绑定起来。只有SAS是一个完整的商务智能产品独立供应商,但是他们希望企业购买整体的端对端的方案。如果各种主要的应用来自于数据库,Oracle或者IBM可能是最好的选择;如果希望用户利用更多的方法和灵活的手段来分析像ERP这样的交易数据,则SAP更适合,如果CFO(Chief Financial Officer,财务总监)是主要的用户,那么SAP和

Oracle 是最强的;如果你的数据来源于多个数据源和一些像 IBM 或者 HP 的大型机器,使用的客户群是分析人员和统计专家,提供对外的统计结果,那么 SAS 是最好的选择。考虑数据质量和数据管理吗?SAP 和 IBM 是这方面的专家。如果你希望 BI 成为大部分员工的简易利用工具,SAP 的水晶仪表是很好的工具;如果你的平台全部选择了微软,那么微软可能是你的最佳选择。

不管你是选择这几家最大的 BI 厂商的产品,还是利用独立 BI 厂商的产品,那么采用一个标准的商务智能平台是非常必要的。所有这几家厂商都已经谈论他们的工具可以提供给更多的用户,但是 SAP、SAS、Oracle 和 IBM 的产品相对于开源供应商的产品而言价格是比较高的,微软的产品相对比较便宜。

当然,商务智能如 ERP 一样,实施中存在一定的风险,企业首先要认清自身的需求情况,在选择合作伙伴的同时也要进行充分的了解。各主流厂商都有各自的优势,比如 SAS 的数据挖掘、Hyperion 的预算与报表合并、BO 的数据分析与报告等。商务智能产品的发展趋势必将是整合平台基础上的集成化应用。如何切实了解自身需求、选择具有优势的厂商产品,将是企业实施商务智能成功的关键。

1.7 商务智能的未来发展趋势

商务智能的发展趋势可以归纳为以下几点。

(1) 具有可配置性、灵活性、可变化的功能。商务智能系统的范围从为部门的特定用户服务扩展到为整个企业所有用户服务。同时,由于企业用户在职权、需求上的差异,商务智能系统提供广泛的、具有针对性的功能。从简单的数据获取,到利用 Web 和局域网、广域网进行丰富的交互、决策信息和知识的分析和使用。

(2) 解决方案更开放、可扩展、可按用户定制,在保证核心技术的同时,提供客户化的界面。针对不同企业的独特需求,商务智能系统在提供核心技术的同时,使系统又具个性化,即在原有方案基础上加入自己的代码和解决方案,增强客户化的接口和扩展特性;可为企业提供基于商务智能平台的定制工具,使系统具有更大的灵活性和使用范围。

(3) 从单独的商务智能向嵌入式商务智能发展。这是目前商务智能应用的一大趋势,即在企业现有的应用系统中,如财务、人力、销售等系统中嵌入商务智能组件,使普遍意义上的事物处理系统具有商务智能的特性。考虑商务智能系统的某个组件而不是整个商务智能系统并非一件简单的事,如将联机分析处理技术应用到某一个应用系统,一个相对完整的商务智能开发过程,如企业问题分析、方案设计、原型系统开发、系统应用等过程是不可缺少的。

(4) 从传统功能向增强型功能转变。增强型的商务智能功能是相对于早期用 SQL 工具实现查询的商务智能功能。目前应用中的商务智能系统除实现传统的商务智能系统功能之外,大多数已实现了数据分析层的功能。而数据挖掘、企业建模是商务智能系统应该加强的应用,以更好地提高系统性能。

有关专家指出,随着互联网的普及,在决策支持系统基础上发展商务智能已成为必然。随着基于互联网的各种信息系统在企业中的应用,企业将越来越多地关注客户、产品及销售情况在内的各种信息,这些信息能帮助企业更好地预测和把握未来。所以,电子商务的发展也推动了商务智能的进一步应用。

从行业发展来看,商务智能作为业务驱动的决策支持系统,其发展是以较为完善的企业的信息系统和稳定的业务系统为基础的。商务智能未来的应用与行业内信息化的基础状况密切相关,以制造型企业为主,其次是流通企业,这两个领域将是商务智能不可忽视的新市场。

在企业应用领域,商务智能成为继ERP之后的高端应用,广阔的市场前景促进管理软件提供商看好这块领域。据估计,商务智能每年大约有500亿美元的市场规模,其中包括数据抽取、中间件、数据分析工具以及数据仓库服务器等相关产品,市场前景美好。

1.8 商务智能的应用

商务智能的最大特点是能从庞大而又繁杂的业务数据中提炼出有规律的信息、知识,以便于决策者针对这些市场信息和商业情报做出准确的市场判断,制定合理的商业行为规范。因此,BI最适合在有海量数据的行业中大力推广与应用。

商务智能可以帮助企业完成如下工作。

(1) 提高销售预测的准确性(Accuracy)和实效性(Timeliness)。

(2) 通过把顾客数据转换成个性化的智能来增加顾客满意度和忠诚度。

(3) 有效收集相关商务信息(财政、库存、采购),以降低运营成本。

(4) 实时处理大量复杂的数据分析问题。

(5) 提高风险管理能力,分析预测客户的欺诈、违约行为。

(6) 市场营销策略分析,利用数据仓库技术实现市场营销策略在模型上的仿真。

由此可见,商务智能适合电信、银行、证券、保险、航空、石化及卫生等行业,其特点主要有如下几项。

(1) 企业规模较大。这些行业中的企业往往是航母型的,企业运营资本高、员工多,有众多的子公司分布在不同地区,甚至不同国家,每日产生的业务数据和往来数据量大、多、杂,员工变动和绩效管理非常重要。

(2) 客户数量众多。这些行业企业客户数量基数大,每日新增客户与流失客户也多,稳定客户与流失客户的判断对于企业经营非常重要。

(3) 较长的产品链。这些行业牵涉的上下游产业链长,每日急剧变动的业务数据、财务数据、客户数据等对于产业链的影响大。

(4) 巨大的市场规模。这些行业的销售额高,用户群大,用户争夺激烈,现金流量的波动对于企业发展非常重要。

(5) 海量的数据信息。这些行业产生的信息量大,增长快,信息更新换代频繁,实效性强,信息对企业营运影响力大,有时甚至是企业的生命线。

此外,一些政府管理部门,如军工、公安、工商、财税、统计、社保、计委及经贸委等具有大量的信息数据,有些信息甚至关系到国计民生,信息的保密性要求高,比较适合应用商务智能方法来处理问题。

商务智能支持企业内各种角色的应用,战略决策层将通过建立战略企业管理模式的商务智能系统来实时了解企业对战略目标的执行程度；中、高层管理人员通过建立运营智能系统来随时了解企业运行情况；企业分析研究人员则可通过商务智能分析工具对企业现状进行分析，向高层领导提供分析结果，支持决策。概括起来在企业的应用系统中，商务智能的应用主要体现在以下几个方面。

（1）简单的报告和咨询。商务智能是把数据进行粗加工，并使管理人员获得有用的信息。如去年某产品的销售量是多少？我们拥有多少客户？用户向系统提出的问题是"告诉我发生了什么"。

（2）在线分析处理（OLAP）。商务智能的在线分析工具能够让用户有效分析信息，创造有价值的结果。比如，我们的产品在哪个国家获得了最大的成功？哪部分顾客购买了绝大部分的产品？不仅要问发生了什么，还要问为什么会发生。

（3）高级管理人员信息系统（EIS）。建立供高级管理人员使用的信息系统，可以使信息以容易使用的形式出现，比如说以一些主要的业务指标的形式出现。用户希望能够在不太费力的情况下，从系统中获取大多数管理信息。

（4）数据挖掘。通过对现有数据的挖掘和运行统计方法，可以详细展现未来的景象。比如说，通过利用商务智能工具，能够预测哪种客户最有可能购买新产品。市场营销战略由此可以集中在有限的一部分客户中。企业的市场营销战略由此也更为有效，成本也可以降低。在这种情况下，我们的问题就是：告诉我未来会发生什么。

（5）互联网络。商务智能平台并不仅局限在企业内部，而是可以扩展到国际的范围，通过 Internet，可以管理国际化企业部门和分支部门，同时也让更多的国际用户来共享信息。

因此，又可以将商务智能的应用概括为以下两大类。

（1）信息类 BI 应用。主要有数据查询、报表图表和多维分析。这类应用的主要特点是仅负责提供信息，而不会主动去分析数据。

（2）知识类 BI 应用。主要有数据挖掘，这类应用的主要特点是主动探查、分析数据间的关联关系。

商务智能的应用领域有以下几个。

（1）客户分类和特点分析。根据客户历年来的大量消费记录以及客户的档案资料，对客户进行分类，并分析每类客户的消费能力、消费习惯、消费周期、需求倾向、信誉度，确定哪类顾客给企业带来最大的利润、哪类顾客仅给企业带来最少的利润同时又要求最多的回报，然后针对不同类型的客户给予不同的服务。实现扩展和现有客户的关系、控制营销费用、快速转移市场的目的。

（2）市场营销策略分析。通过对数据进行抽取、清洗、聚类、挖掘、预测等处理来产生可透析的各种展示数据。而这些数据可直观地显示分析者所要探寻的某种经营属性或市场规律，企业可以据此调整和优化其市场营销策略，使其获得最大的成功。

（3）经营成本与收入分析。对各种类型的经济活动进行成本核算，比较可能的业务收入与各种费用之间的收支差额，分析经济活动的曲线，得到相应的改进措施和办法，从而降低成本、减少开支、提高收入。

（4）风险管理与分析。利用联机分析和数据挖掘技术，总结各种骗费、欠费行为的内在规律后，在数据仓库的基础上建立一套欺骗行为和欠费行为规划库，就可以及时预警各种骗费、欠费，尽量减少企业风险和损失。

从技术上看，商务智能应用可以对企业数据资源进行"三维分析（时间维、经营活动维、指标维）"，通过上下钻取、左右拖动及纵横旋转，用连续的立体动态表来展现各种数据，对这些数据进行聚类、排序等处理，也可对图形进行拉伸、分块、旋转、透视等多种处理，以更直观可见的方式来展现数据表现的规律。同时还可对数据做各种标识，也可对数据进行跟踪分析。

商务智能应用首先在金融、保险、证券、电信、税务等传统数据密集型行业取得成功。特别是在金融业中的应用已经取得良好的效果，国内外金融机构在经营管理、战略决策、客户关系管理等方面有巨大的需求。目前，许多优秀的软件厂商都参与了商务智能系统的开发，为企业应用商务智能提供了系统化解决方案。这些开发商包括数据库厂商（Sybase/Oracle/DB2 等）、独立软件厂商（BO/CA 等）和数据分析软件厂商（SPSS/SAS 等）三类，这些厂商的产品各有侧重。经过几年的发展和应用，目前商务智能应用方案已经十分成熟，应用效果良好。

商务智能在金融业有广泛的应用前景，主要作用是提高银行管理能力、竞争力和经营效益；商务智能具有综合应用信息处理、加工分析、在线及时分析等特点，可以辅助管理者及时、有效地进行决策，制定政策。商务智能系统将面向金融企业管理层，以数据仓库为基础，整合企业内部、外部及与业务相关的所有重要数据，通过对数据进行快速而准确的分析和挖掘，并提供全方位、多层次的在线式辅助分析报表及工具，帮助企业管理者在短时间内对市场变化及趋势得出更好的战略性商业决策；通过挖掘重点客户需求、提高服务质量、减少运作成本，有效管理银行，为金融企业带来市场竞争优势。

金融业的应用主要是客户管理、经营分析、决策战略及智能化信息服务等，商务智能系统将全面整合银行对公业务、储蓄、信贷、信用卡等各方面业务的数据，形成一个统一、全面的信息资源中心，以此为基础，可以为各类用户提供对交易明细、业务汇总等各类信息的查询、分析和制定报表，并发现经营事实与规律，全面满足现代商业银行对决策支持信息的需求。借助商务智能的核心技术，利用企业中长期积累的海量数据，可以实现客户关系管理、市场营销、成本控制、风险管理及战略决策等方面的应用。

小结

商务智能通常被理解为将企业中现有的数据转化为知识，帮助企业做出明智的业务经营决策的工具。从技术层面上讲，商务智能不是什么新技术，它只是数据仓库、OLAP 和数据挖掘等技术的综合运用。BI 技术提供帮助企业迅速分析数据的技术和方法，包括收集、管理和分析数据，将这些数据转化为有用的信息，然后分发到企业各处。其功能包括数据管理、数据分析、知识发现和企业优化。

BI 作为一种企业信息集成解决方案，是一个分析型系统。BI 与其他系统之间既有区别又有联系。一方面，BI 为企业不同的应用系统之间架起了互通的桥梁，同时这些信息化系统也为 BI 提供了数据源。另一方面，BI 的价值又在这些系统之上，它可以发现数据背后隐藏的商机或威胁，洞察企业和市场的现状、把握趋势、识别异常情况、理解企业业务的推动力量、认清正在对企业的业务产生影响的行为及影响的程度如何等。

习题

1. 商务智能产生的原因是什么?
2. 举例说明商务智能在保险、证券、银行、电信、制造、零售和物流等行业的应用。
3. 讨论商务智能与 ERP、CRM 和 SCM 等业务管理系统的关系。
4. 如何理解商务智能的发展趋势?

第 2 章

商务智能中的核心技术

从系统的角度来看,商务智能的过程起始于不同数据源的数据收集,提取有用的数据进行加工、处理以保证数据的正确性,加工后的数据经过转换、重构存入数据仓库成为实体信息,对这些实体信息进行查询、挖掘、分析和评估等操作,使其成为辅助决策的知识并呈现在最终用户面前,转变为用户决策。可以看出,企业信息化是商务智能应用的基础,商务智能最大程度地利用了企业信息化中各应用系统的数据,将企业日常业务数据整理为信息,逐步升华为知识,从而为决策者提供最大力度的支持。构建一个完整的企业商务智能系统涉及的核心技术有数据仓库、数据获取、联机分析处理(OLAP)、数据挖掘和数据可视化。数据仓库是面向主题的、集成的、相对稳定的、连续的数据集合,用以支持经营管理中的决策制定过程,是商务智能的基础。数据获取负责将分布的、异构数据源中的数据如关系数据、平面数据文件等抽取加载到数据仓库或数据集市中,成为联机分析处理、数据挖掘的基础。联机分析处理(OLAP)是数据仓库最主要的应用,专门设计用于支持复杂的分析操作,侧重对决策人员和高层管理人员的决策支持,可以根据分析人员的要求快速、灵活地进行大数据量的复杂查询处理,并且以一种直观而易懂的形式将查询结果提供给决策人员,以便他们准确掌握企业的经营状况,了解对象的需求,制定正确的方案。数据挖掘即数据库中的知识发现,是一个在数据中提取出有效的、新颖的、有潜在实用价值和易于理解知识模式的高级过程。数据可视化技术能够使数据挖掘中发现知识的过程和结果易于理解,在发现知识过程中能够进行人机交互,将大型集中的数据以图形图像形式表示。数据可视化是数据分析的最后环节,也是非常关键的一环。

本章主要介绍数据仓库、联机分析处理和数据可视化,数据获取与数据挖掘将在后续其他章节中详细介绍。

2.1 数据仓库

数据仓库是实现商务智能的数据基础。建立数据仓库的目的是建立一种体系化的数据存储环境,将决策分析所需的大量数据从传统的操作环境中分离出来,使分散、不一致的操作数据转换成集成、统一的信息,为用户提供查询和决策分析的依据。

2.1.1 数据仓库的产生与发展

1. 萌芽阶段

数据仓库的概念最早可追溯到20世纪70年代,MIT的研究员致力于研究一种优化的技术架构,该架构试图将业务处理系统和分析系统分开,即将业务处理和分析处理分为不同层次,针对各自的特点采取不同的架构设计原则。MIT的研究员认为这两种信息处理的方式具有显著差别,以至于必须采取完全不同的架构和设计方法。但受限于当时的信息处理能力,这个研究仅停留在理论层面。

2. 探索阶段

20世纪80年代中后期,DEC公司结合MIT的研究结论,建立了TA2(Technical Architecture 2)规范,该规范定义了分析系统的4个组成部分:数据捕获、数据访问、目录和用户服务。这是系统架构的一次重大转变,第一次明确提出分析系统架构并将其运用于实践。

3. 雏形阶段

1988年,为解决全企业集成问题,IBM公司第一次提出了信息仓库(Information Warehouse)的概念,并称之为VITAL(Virtually Integrated Technical Architecture Lifecycle)。VITAL定义了85种信息仓库组件,包括PC、图形化界面、面向对象的组件以及局域网等。至此,数据仓库的基本原理、技术架构以及分析系统的主要原则都已确定,数据仓库初具雏形。

4. 确立阶段

1991年,Bill Inmon(比尔·恩门)出版了他的第一本关于数据仓库的书 *Building the Data Warehouse*,标志着数据仓库概念的确立。该书指出,数据仓库(Data Warehouse)是一个面向主题的(Subject Oriented)、集成的(Integrated)、相对稳定的(Non-Volatile)、反映历史变化的(Time Variant)数据集合,用于支持管理决策(Decision-Making Support)。该书还提供了建立数据仓库的指导意见和基本原则,凭借这本书,Bill Inmon被称为数据仓库之父。

2.1.2 数据仓库的概念与特征

目前比较通用的对数据仓库的定义是Bill Inmon在1991年提出的,他对数据仓库的定义被大多数学者和工程人员所接受:数据仓库是一个面向主题的、集成的、相对稳定的、反映历史变化的数据集合,用于支持管理决策。对于数据仓库的概念可以从两个层次予以理解：首先，数据仓库用于支持决策，面向分析型数据处理，它不同于企业现有的操作型数据库；其次，数据仓库是对多个异构的数据源有效集成，集成后按照主题进行了重组，并包含历史数据，而且存放在数据仓库中的数据一般不再修改。因此数据仓库具有如下特征。

1. 面向主题

操作型数据库的数据组织面向事务处理任务，各个业务系统之间各自分离，而数据仓库中的数据是按照一定的主题域进行组织。主题是一个抽象的概念，是指用户使用数据仓库进行决策时所关心的重点方面，一个主题通常与多个操作型信息系统相关。

2. 集成的

面向事务处理的操作型数据库通常与某些特定的应用相关，数据库之间相互独立，并且往往是异构的。而数据仓库中的数据是在对原有分散的数据库数据抽取、清理的基础上经过系统加工、汇总和整理得到的，必须消除元数据中的不一致性，以保证数据仓库内的信息是关于整个企业的一致的全局信息。

3. 相对稳定的

操作型数据库中的数据通常实时更新，数据根据需要及时发生变化。数据仓库的数据主要供企业决策分析之用，所涉及的数据操作主要是数据查询，一旦某个数据进入数据仓库以后，一般情况下将被长期保留，也就是数据仓库中一般有大量的查询操作，但修改和删除操作很少，通常只需要定期地加载、刷新。

4. 反映历史变化

操作型数据库主要关心当前某一个时间段内的数据，而数据仓库中的数据通常包含历史信息，系统记录了企业从过去某一时点（如开始应用数据仓库的时点）到目前的各个阶段的信息，通过这些信息，可以对企业的发展历程和未来趋势做出定量分析和预测。

企业数据仓库的建设，是以现有企业业务系统和大量业务数据的积累为基础。数据仓库不是静态的概念，只有把信息及时交给需要这些信息的使用者，供他们做出改善其业务经营的决策，信息才能发挥作用，信息才有意义。而把信息加以整理归纳和重组，并及时提供给相应的管理决策人员，是数据仓库的根本任务。因此，从产业界的角度看，数据仓库建设是一个工程，也是一个过程。

2.1.3 ETL

目前，大多数企业花费大量的资金和时间来构建联机事务处理 OLTP 的业务系统和办公自动化系统，用来记录事务处理的各种相关数据。据统计，数据量每两三年时间就会成倍增长，这些数据蕴含着巨大的商业价值，而企业所关注的通常只占总数据量的 2%～4%。因此，企业仍然没有最大化地利用已存在的数据资源，以至于浪费了更多的时间和资金，也失去了制定关键商业决策的最佳契机。于是，企业如何通过各种技术手段，并把数据转换为信息、知识，已经成为提高其核心竞争力的主要瓶颈。而 ETL 则是一个主要的技术手段。

1. ETL 的定义

ETL 分别是 Extract、Transform、Load 三个单词的首字母缩写，也就是抽取、转换、装载，但我们日常往往简称其为数据抽取。ETL 是 BI/DW（商务智能/数据仓库）的核心和灵魂,按照统一的规则集成并提高数据的价值,是负责完成数据从数据源向目标数据仓库转化的过程,是实施数据仓库的重要步骤。ETL 包含以下三方面。

抽取:将数据从各种原始的业务系统中读取出来,这是所有工作的前提。

转换:按照预先设计好的规则将抽取的数据进行转换,使本来异构的数据格式能统一起来。

装载:将转换完的数据按计划增量或全部导入到数据仓库中。

在技术上主要涉及增量、转换、调度和监控等几个方面的处理。

2. ETL 的作用

ETL 作为 BI/DW 的核心和灵魂,按照统一的规则集成并提高数据的价值,是负责完成数据从数据源向目标数据仓库转化的过程,是实施数据仓库的重要步骤。如果说数据仓库的模型设计是一座大厦的设计蓝图、数据是砖瓦,那么 ETL 就是建设大厦的过程。在整个项目中的最难部分是用户需求分析和模型设计,而 ETL 规则设计和实施则是工作量最大的,其工作量要占整个项目的 60%～80%,这是国内外从众多实践中得到的普遍共识。

整个商务智能/数据仓库系统由三大部分组成:数据集成、数据仓库和数据集市、多维数据分析。通常,商务智能运作所依靠的信息系统是一个由传统系统、不兼容数据源、数据库与应用所共同构成的复杂数据集合,各个部分之间不能彼此交流。从这个层面看:目前运行的应用系统是花费了很大精力和财力构建的、不可替代的系统,特别是系统的数据。而新建的商务智能系统目的就是要通过数据分析来辅助自己决策,恰恰这些数据的来源、格式不一样,导致了系统实施、数据整合的难度加大。此时,用户非常希望有一个全面的解决方案来解决自己的困境,解决自己企业的数据一致性与集成化问题,使用户能够从所有传统环境与平台中采集数据,并利用一个单一解决方案对其进行高效的转换。这个解决方案就是 ETL。

3. ETL 的工具

ETL 工具有:OWB(Oracle Warehouse Builder)、ODI(Oracle Data Integrator)、Informatic PowerCenter、AICloudETL、DataStage、Repository Explorer、Beeload、Kettle、DataSpider。ETL 工具的功能可以概括为以下几方面:对平台的支持,对数据源的支持,数据转换功能,管理和调度功能,集成和开放性,对元数据的管理。

1)对平台的支持

随着各种应用系统数据量的飞速增长和人们对业务可靠性的要求不断提高,数据抽取工具面对的要求往往是将几十甚至上百 GB 的数据在有限的几个小时内完成抽取转换和装载,这种挑战势必要求抽取工具对高性能的硬件和主机提供支持。因此,可以从数据抽取工具支持的平台来判断其能否胜任环境,目前主流的平台包括 SUN Solaris、HP-UX、IBM AIX、AS/400、OS/390、Sco UNIX、Linux、Windows 等。

2)对数据源的支持

对数据源支持的重要性不言而喻,因此必须仔细考虑这个指标。首先需要对项目中可能会遇到的各种数据源有清晰的认识,其次对各种工具提供的数据源接口类型也要有深入了解,比如,针对同一种数据库,使用通用的接口(如 ODBC/JDBC)还是原厂商自己的专用接口,数据抽取效率会有很大差别,这直接关系到能不能在有限的时间内完成 ETL 任务。

这里列出一些常见的数据源以供参考：DB2、Informix、Oracle、Sybase、SQL Server、SAS、Text、Excel、SAP、Peoplesoft 等。

3）数据转换功能

数据转换是 ETL 中最令人头疼的问题。由于业务系统的开发一般有一个较长的时间跨度，这就造成一种数据在业务系统中可能会有多种完全不同的存储格式，甚至还有许多数据仓库分析中所要求的数据在业务系统中并不直接存在，而是需要根据某些公式对各部分数据进行计算才能得到。因此，这就要求 ETL 工具必须对抽取到的数据能进行灵活的计算、合并、拆分等转换操作。

4）管理和调度功能

由于对数据抽取的要求越来越高以及专业 ETL 工具的不断涌现，ETL 过程早已不再是一个简单的小程序就能完成，目前主流的工具都采用像多线程、分布式、负载均衡、集中管理等高性能高可靠性与易管理和扩展的多层体系架构，因此这就要求 ETL 的管理和调度都具备相应的功能。

5）集成和开放性

随着数据仓库技术在国内应用的不断深入，许多开发商希望不向用户提供 ETL 工具的原操作界面，而是将其一些主要功能模块嵌入到自己的系统或其他厂商的系统中，因为在大多数情况下一般项目只会用到 ETL 工具的少数几个功能，同时也没有必要给用户提供那么复杂的操作环境，这反倒使用户容易产生操作错误。这就要求 ETL 工具能提供很好的集成性和开放性。

6）对元数据的管理

元数据是关于数据的数据，其对于 ETL 来说尤其重要。ETL 中大量的数据源定义、映射规则、转换规则、装载策略等都属于元数据范畴，如何妥善地存储这些信息不仅关系到 ETL 过程能否顺利完成，而且影响到后期的使用和维护。任何业务逻辑的微小改变最终都落实为相应元数据的调整，如果初期没有一个完善的元数据管理功能，后期做类似调整几乎是"不可完成的任务"。基于元数据的重要性，国际组织提出了一些统一的元数据存储标准，比较知名的如 CWM 等，这为不同厂商工具之间互操作提供了可能性，相信这也是以后的发展趋势。

2.1.4 数据集市

数据集市（Data Marts）可以理解为数据仓库的子集，是一种更小、更集中的数据仓库，它面向更详细的业务主题。人们在早期开发企业级数据仓库时，一般是先建立一个全局的数据仓库，然后在此基础上建立各种应用，即采用自顶向下的方法。但在开发的过程中会出现以下问题。

（1）按照自顶向下的方法建立企业级数据仓库，建设规模往往较大，建设周期长，投资大。

（2）在数据仓库建好后，随着使用数据仓库的部门增多，对数据仓库资源的竞争将成为企业面临的一个难题。

（3）各个部门都希望能制定数据仓库中的数据，但数据仓库是面向企业的。

为解决上述问题，人们提出了数据集市的概念，数据集市一般作为局部数据仓库或部门级数据仓库,通常服务于单个部门或企业中的部分用户。按照业务的不同可以分为财务、销售、市场等多个数据集市,每个数据集市只包含特定领域内的数据。在数据仓库的实施过程中往往可以从一个部门的数据采集着手,以后再用几个数据集市组成一个完整的数据仓库。数据仓库和数据集市的比较见表 2-1。

表 2-1　数据仓库与数据集市的比较

	数据仓库	数据集市
数据来源	遗留系统、OLTP 系统、外部数据	数据仓库
范围	企业级	部门级或工作组级
主题	企业主题	部门或特殊的分析主题
数据粒度	最细的粒度	较粗的粒度
数据结构	规范化结构(第 3 范式)	星状模式、雪片模式或两者混合
历史数据	大量的历史数据	适度的历史数据
优化	处理海量数据、数据索引	便于访问和分析、快速查询
索引	高度索引	高度索引

关于构建数据仓库和数据集市的先后顺序,Ralph Kimball 和 Inmon 提出了两种截然不同的观点,Ralph Kimball 认为"数据仓库仅仅是构成它的数据集市的联合",而 Inmon 认为"只有在构建几个单主题区域之后,集中式的数据仓库才能创建数据集市"。事实上,构建方法的选择取决于项目的主要商业驱动。如果一个组织正在忍受糟糕的数据管理和不一致的数据,或者希望为今后打下良好的基础,那么 Inmon 的方法就更好一些。如果该组织迫切需要给用户提供信息,那么 Kimball 的方法可以满足要求。

2.1.5　数据仓库的数据组织

数据仓库中通常采用分级的方式组织数据,包括早期细节数据、当前细节数据、轻度综合数据、高度综合数据和元数据 5 个部分。

(1) 早期细节数据是指存储的过去的详细数据,它反映了真实的历史情况。这类数据随着时间的增加,数据量也变得很大,但是使用频率低,一般存储在转换介质中。

(2) 当前细节数据是指最近时期的业务数据,它反映了当前业务的情况,数据量大,是数据仓库用户最感兴趣的部分。随着时间的推移,当前细节数据由数据仓库的时间控制机制转换为早期细节数据。

(3) 轻度综合数据是指从当前基本数据中提取出来、以较小的时间段统计而形成的数据。这类数据较细节数据的数据量小得多。

(4) 高度综合数据,这一层的数据十分精练,是一种难决策的数据。

(5) 整个数据的组织结构由元数据统一来组织,它不包括任何业务数据库中的实际数据信息。

2.1.6　数据仓库的体系结构

整个数据仓库系统一般是一个包含 4 个层次的体系结构,具体由图 2-1 表示。

数据源:是数据仓库系统的基础,是整个系统的数据源泉,通常包括企业内部信息和外部信息。内部信息包括存放于 RDBMS 中的各种业务处理数据和各类文档数据。外部信息包括各类法律法规、市场信息和竞争对手的信息以及各类外部统计数据及各类文档等。

数据的存储与管理：是整个数据仓库系统的核心。数据仓库的真正关键是数据的存储和管理。数据仓库的组织管理方式决定了它有别于传统数据库，同时也决定了其对外部数据的表现形式。要决定采用什么产品和技术来建立数据仓库的核心，则需要从数据仓库的技术特点着手分析。针对现有各业务系统的数据，进行抽取、清理，并有效集成，按照主题进行组织。数据仓库按照数据的覆盖范围可以分为企业级数据仓库和部门级数据仓库（通常称为数据集市）。

OLAP 服务器：对分析需要的数据进行有效集成，按多维模型予以组织，以便进行多角度、多层次的分析，并发现趋势。其具体实现可以分为 ROLAP、MOLAP 和 HOLAP。ROLAP 基本数据和聚合数据均存放在 RDBMS 之中；MOLAP 基本数据和聚合数据均存放于多维数据库中；HOLAP 基本数据存放于 RDBMS 之中，聚合数据存放于多维数据库中。

前端工具：主要包括各种报表工具、查询工具、数据分析工具、数据挖掘工具以及各种基于数据仓库或数据集市的应用开发工具。其中，数据分析工具主要针对 OLAP 服务器，报表工具、数据挖掘工具主要针对数据仓库。

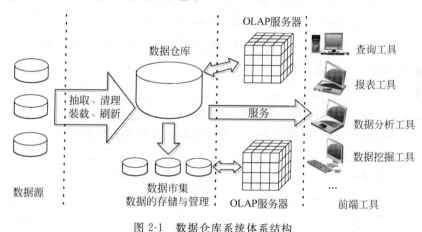

图 2-1　数据仓库系统体系结构

2.1.7　数据仓库的开发步骤

建立数据仓库是一个解决企业问题的过程，业务人员往往不懂如何建立和使用数据仓库，发挥其决策支持的作用；设计人员往往又不懂业务，不知道应该建立哪些决策主题，从数据源中抽取哪些数据。因此数据仓库的项目小组应该由业务人员和设计人员共同组成，双方需要相互沟通，协作开发数据仓库。开发数据仓库的过程包括以下几个步骤。

1. 系统分析，确定主题

建立数据仓库的第一个步骤就是通过与业务部门的充分交流，了解建立数据仓库所要解决的问题的真正含义，确定各个主题下的查询分析要求。

业务人员往往会罗列出很多想解决的问题，信息部门的人员应该对这些问题进行分类汇总，确定数据仓库所实现的业务功能。一旦确定问题以后，信息部门的人员还需要确定以下几个因素。

(1) 操作出现的频率,即业务部门每隔多长时间做一次查询分析。

(2) 在系统中需要保存多久的数据,是一年、两年还是五年、十年。

(3) 用户查询数据的主要方式,如在时间维度上是按照自然年,还是财政年。

(4) 用户所能接受的响应时间是多长,是几秒钟,还是几小时。

由于双方在理解上的差异,确定问题和了解问题可能是一个需要多次往复的过程,信息部门的人员可能需要做一些原型演示给业务部门的人员看,以最终确定系统将要实现的功能确实是业务部门所需要的。

2. 选择满足数据仓库系统要求的软件平台

在数据仓库所要解决的问题确定后,第二个步骤就是选择合适的软件平台,包括数据库、建模工具、分析工具等。这里有许多因素要考虑,如系统对数据量、响应时间、分析功能的要求等,以下是一些公认的选择标准。

(1) 厂商的背景和支持能力,能否提供全方位的技术支持和咨询服务。

(2) 数据库对大数据量(TB级)的支持能力。

(3) 数据库是否支持并行操作。

(4) 能否提供数据仓库的建模工具,是否支持对元数据的管理。

(5) 能否提供支持大数据量的数据加载、转换、传输工具(ETT)。

(6) 能否提供完整的决策支持工具集,满足数据仓库中各类用户的需要。

3. 建立数据仓库的逻辑模型

具体步骤如下。

(1) 确定建立数据仓库逻辑模型的基本方法。

(2) 基于主题视图,把主题视图中的数据定义转到逻辑数据模型中。

(3) 识别主题之间的关系。

(4) 分解多对多的关系。

(5) 用范式理论检验逻辑数据模型。

(6) 由用户审核逻辑数据模型。

4. 逻辑数据模型转化为数据仓库数据模型

具体步骤如下。

(1) 删除非战略性数据:数据仓库模型中不需要包含逻辑数据模型中的全部数据项,某些用于操作处理的数据项要删除。

(2) 增加时间主键:数据仓库中的数据一定是时间的快照,因此必须增加时间主键。

(3) 增加派生数据:对于用户经常需要分析的数据,或者为了提高性能,可以增加派生数据。

(4) 加入不同级别粒度的汇总数据:数据粒度代表数据细化程度,粒度越大,数据的汇总程度越高。粒度是数据仓库设计的一个重要因素,它直接影响到驻留在数据仓库中的数据量和可以执行的查询类型。显然,粒度级别越低,则支持的查询越多;反之,能支持的查询就有限。

对数据操作的效率与能得到数据的详细程度是一对矛盾,通常,人们希望建成的系统既有较高的效率,又能得到所需的详细资料。实施数据仓库的一个重要原则就是不要试图包括所有详细数据,因为 90% 的分析需求是在汇总数据上进行的。试图将粒度细化到最低层,只会增加系统的开销,降低系统的性能。

5. 数据仓库数据模型优化

设计数据仓库时,性能是一项主要考虑因素。在数据仓库建成后,也需要经常对其性能进行监控,并随着需求和数据量的变更进行调整。

优化数据仓库设计的主要方法如下。

(1) 合并不同的数据表。

(2) 通过增加汇总表避免数据的动态汇总。

(3) 通过冗余字段减少表连接的数量,不能超过 3~5 个。

(4) 用 ID 代码而不是描述信息作为键值。

(5) 对数据表做分区。

6. 数据清洗转换和传输

由于业务系统所使用的软硬件平台不同,编码方法不同,业务系统中的数据在加载到数据仓库之前,必须进行数据的清洗和转换,保证数据仓库中数据的一致性。

在设计数据仓库的数据加载方案时,必须考虑以下几项要求。

(1) 加载方案必须能够支持访问不同的数据库和文件系统。

(2) 数据的清洗、转换和传输必须满足时间要求,能够在规定的时间范围内完成。

(3) 支持各种转换方法,各种转换方法可以构成一个工作流。

(4) 支持增量加载,只把自上一次加载以来变化的数据加载到数据仓库。

7. 开发数据仓库的分析应用

建立数据仓库的最终目的是为业务部门提供决策支持能力,必须为业务部门选择合适的工具实现其对数据仓库中的数据进行分析的要求。

信息部门所选择的开发工具必须满足以下要求。

(1) 用户的全部分析功能要求。数据仓库中的用户包括企业中的各个业务部门,他们的业务不同,要求的分析功能也不同。如有的用户只是简单地分析报表,有些用户则要求做预测和趋势分析。

(2) 提供灵活的表现方式。分析的结果必须能够以直观、灵活的方式表现,支持复杂的图表。使用方式上,可以是客户/服务器方式,也可以是浏览/服务器方式。

事实上,没有一种工具能够满足数据仓库的全部分析功能需求,一个完整的数据仓库系统的功能可能是由多种工具来实现的,因此必须考虑多个工具之间的接口和集成性问题,对于用户来说,希望看到的是一致的界面。

8. 数据仓库的管理

只重视数据仓库的建立,而忽视数据仓库的管理必然导致数据仓库项目的失败。数据仓库管理主要包括数据库管理和元数据管理。

数据库管理需要考虑以下几个方面。

(1) 安全性管理。数据仓库中的用户只能访问到他的授权范围内的数据,即数据在传输过程中的加密策略。

(2) 数据仓库的备份和恢复。数据仓库的大小和备份的频率直接影响到备份策略。

(3) 如何保证数据仓库系统的可用性,用硬件方法还是软件方法。

(4) 数据老化。设计数据仓库中数据的存放时间周期和对过期数据的老化方法,如历史数据只保存汇总数据,当年数据保存详细记录。

然而,元数据管理贯穿于整个系统的建设过程中,元数据是描述数据的数据。在数据采集阶段,元数据主要包括下列信息。

(1) 元数据的描述定义:类型、位置、结构。

(2) 数据转换规则:编码规则、行业标准。

(3) 目标数据仓库的模型描述:星状/雪花模型定义,维/事实结构定义。

(4) 元数据到目标数据仓库的映射关系:函数/表达式定义。

(5) 代码:生成转换程序、自动加载程序等。

在数据管理阶段,元数据主要包括下列信息。

(1) 汇总数据的描述:汇总/聚合层次、物化视图结构定义。

(2) 历史数据存储规则:位置、存储粒度。

(3) 多维数据结构描述:立方体定义、维结构、度量值、钻取层次定义等。

在数据展现阶段,元数据主要包括以下信息。

(1) 报表的描述:报表结构的定义。

(2) 统计函数的描述:各类统计分析函数的定义。

(3) 结果输出的描述:图、表输出的定义。

元数据不但是独立存放,而且对用户是透明的,标准元数据之间可以互相转换。

2.2 在线分析处理

2.2.1 OLAP 简介

当今的数据处理大致可以分成两大类:在线事务处理(On-Line Transaction Processing,OLTP)、在线分析处理(On-Line Analytical Processing,OLAP)。OLTP 是传统的关系型数据库的主要应用,主要是基本的、日常的事务处理,例如银行交易。OLAP 是数据仓库系统的主要应用,支持复杂的分析操作,侧重决策支持,并且提供直观易懂的查询结果。

20 世纪 60 年代,关系数据库之父 E. F. Codd 提出了关系模型,促进了在线事务处理 OLTP 的发展。在线事务处理通常是一个或一组记录的查询和修改,用于处理短暂的交易事务,如实时库存变化、银行账面更新、顾客的订单与发货情况的更新等。然而在日常决策中,决策者不能仅局限于粗略的数据查阅,更需要精细的数据分析,需要从多个角度分析问题,以便发现多个变量之间的关系,这些观察数据的角度称为维。1993 年,E. F. Codd 提出了在线分析处理 OLAP 的概念,认为 OLTP 已不能满足终端用户对数据库查询分析的需要,SQL 对大型数据库进行的简单查询也不能满足终端用户分析的要求。用户的决策分析需要对关系数据库进行大量计算才能得到结果,而查询的结果并不能满足决策者提出的需求。因此，E. F. Codd 提出了多维数据库和多维分析的概念，即 OLAP。

OLAP 是使分析人员、管理人员或执行人员能够从多角度对信息进行快速、一致、交互地存取，从而获得对数据的更深入了解的一类软件技术。OLAP 的目标是满足决策支持或者满足在多维环境下特定的查询和报表需求，它的技术核心是"维"这个概念。"维"是人们观察客观世界的角度，是一种高层次的类型划分。"维"一般包含着层次关系，这种层次关系有时会相当复杂。通过把一个实体的多项重要的属性定义为多个维，用户能对不同维上的数据进行比较。因此 OLAP 也可以说是多维数据分析工具的集合。

2.2.2　OLAP 的定义和相关概念

1．OLAP 的定义

目前关于在线分析处理的定义有很多，OLAP 委员会（OLAP Council）给出了较为正式和严格的在线分析处理的定义，他们认为在线分析处理是使管理人员能够从多种角度对从原始数据中转化出来的、能够真正为用户所理解的并真实反映业务维特性的信息进行快速、一致和交互的存取，从而获得对数据更深入的理解。从这个定义可以看出在线分析处理根据用户选择的分析角度，快速地从一个维转变到另一个维，或者在维成员之间进行比较，使用户可以在短时间内从不同角度审视业务的经营状况，以直观易懂的方式为管理人员提供决策支持。

2．OLAP 的相关概念

1）变量

变量（Measure）也称度量，是数据的实际意义，即描述数据"是什么"。例如，数据"10000"本身并没有意义或者说意义未定，它可能是一个学校的学生人数，也可能是某产品的单价，还可能是某商品的销售量等。一般情况下，变量是一个数值的度量指标，例如，"人数""单价""销售量"等都是变量或称为度量，而"10000 万元"则是变量的一个值，销售量 10000 万元常称为度量值。

2）维

维（Dimension）是人们观察数据的特定角度。例如，企业常常关心产品销售量随时间的变化情况，这时他是从时间的角度来观察产品的销售，所以时间就是一个维（时间维）。企业也时常关心自己的产品在不同地区的销售分布情况，这时它是从地区分布的角度来观察产品的销售，所以地区也是一个维（地区维）。"维"是 OLAP 中十分重要的概念。

3）维的层次

人们观察数据的某个特定角度（即某个维）还可能存在细节程度不同的多个描述方面，我们称这多个描述方面为维的层次（Hierarchy）。例如：描述时间维时，可以从年、季、月、日等不同层次来描述，那么年、季、月、日等就是时间维的一种层次；同样，县、市、省、大区、国家等构成了地区维的一种层次。

4）维成员

维的一个取值称为该维的一个维成员（Member），也称作维值。如果一个维的某种层次具有多个层，那么该维的维成员是不同维层的取值的组合。假设时间维的层次是年、月、日这三个层，分别在年、月、日上各取一个值组合起来，就得到了时间维的一个维成员，即"某年某月某日"。一个维成员并不一定在每个维层上都要取值，例如，"某年某月""某月某日""某年"等都是时间维的成员。

5）多维立方体

多维数据模型的数据结构可以用这样一个多维数组来表示：（维1，维2，……，维n，度量值）。例如，如图2-2所示的电器商品销售数据是按商品、时间、地区，加上变量"销售额"组成的一个三维数组：（商品，时间，地区，销售额）。三维数组可以用一个立方体来直观地表示。一般地，多维数组用多维立方体Cube来表示。多维立方体Cube也称为超立方体。

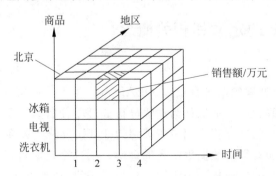

图2-2　按商品、时间和地区组织的电器商品销售数据

6）数据单元

多维立方体Cube的取值称为数据单元（Cell）。当多维立方体的各个维都选中一个维成员，这些维成员的组合就唯一确定了一个变量的值。

对于三维以上的超立方体，很难用可视化的方式直观地表示出来。为此人们用较形象的"星状模式"（Star Schema）和"雪片模式"（Snow Flake Schema）来描述多维数据模型。

2.2.3　OLAP与OLTP的区别

OLAP与OLTP有较大的区别。OLAP是数据仓库系统的主要应用，支持复杂的分析操作，侧重决策支持，并且提供直观易懂的查询结果；OLTP是传统的关系型数据库的主要应用，主要是基本的、日常的事务处理，例如银行交易。OLAP是决策人员和高层管理人员对数据仓库进行信息分析处理，而OLTP是操作人员和低层管理人员利用计算机网络对数据库中的数据进行查询、增加、删除和修改等操作，以完成事务处理工作。OLTP和OLAP的不同，主要通过以下5点区分开来。

（1）用户和系统的面向性：OLTP是面向顾客的，用于事务和查询处理；OLAP是面向市场的，用于数据分析。

（2）数据内容：OLTP系统管理当前数据；OLAP系统管理大量历史数据，提供汇总和聚集机制。

（3）数据库设计：OLTP采用实体-联系（E-R）模型和面向应用的数据库设计；OLAP采用星状或雪片模式和面向主题的数据库设计。

（4）视图：OLTP主要关注一个企业或部门内部的当前数据，不涉及历史数据或不同组织的数据；OLAP则相反。

（5）访问模式：OLTP系统的访问主要由短的原子事务组成，这种系统需要并行和恢复机制；OLAP 系统的访问大部分是只读操作。

OLAP 与 OLTP 的主要区别如表 2-2 和表 2-3 所示。

表 2-2 OLTP 与 OLAP 的比较

项目	OLTP	OLAP
用户	操作人员，低层管理人员	决策人员，高级管理人员
功能	日常操作处理	分析决策
DB 设计	面向应用	面向主题
数据	当前的，最新的，细节的，二维的，分立的	历史的，聚集的，多维的，集成的，统一的
存取	读/写数十条记录	读上百万条记录
工作单位	简单的事务	复杂的查询
用户数	上千个	上百个
DB 大小	100MB～GB	100GB～TB

表 2-3 OLTP 与 OLAP 数据的区别

OLTP 数据	OLAP 数据
原始数据	导出数据
细节性数据	综合性和提炼性数据
当前值数据	历史数据
可更新	不可更新，但周期性刷新
一次处理的数据量小	一次处理的数据量大
面向应用，事务驱动	面向分析，分析驱动
面向操作人员，支持日常操作	面向决策人员，支持管理需要

2.2.4 OLAP 的分类

OLAP 有多种实现方法，根据存储数据的方式不同可以分为 ROLAP、MOLAP、HOLAP。

1. ROLAP

ROLAP 表示基于关系数据库的 OLAP 实现（Relational OLAP），以关系数据库为核心，以关系型结构进行多维数据的表示和存储。ROLAP 将多维数据库的多维结构划分为两类表：一类是事实表，用来存储数据和维关键字；另一类是维表，即对每个维至少使用一个表来存放维的层次、成员类别等维的描述信息。维表和事实表通过主关键字和外关键字联系在一起，形成了"星状模式"。对于层次复杂的维，为避免冗余数据占用过大的存储空间，可以使用多个表来描述，这种星状模式的扩展称为"雪片模式"。ROLAP 的最大好处是可以实时地从元数据中获得最新数据更新，以保持数据实时性，缺陷在于运算效率比较低，用户等待响应时间比较长。

2. MOLAP

MOLAP 表示基于多维数据组织的 OLAP 实现（Multidimensional OLAP），以多维数据组织方式为核心。也就是说，MOLAP 使用多维数组存储数据。多维数据在存储中将形成"数据立方体（Cube）"的结构，此结构在得到高度优化后，可以最大程度地提高查询性能。

随着元数据的更改,MOLAP 存储中的对象必须定期处理以合并这些更改。两次处理之间的时间将构成滞后时间,在此期间,OLAP 对象中的数据可能无法与当前元数据相匹配。维护人员可以对 MOLAP 存储中的对象进行不中断的增量更新。MOLAP 的优势在于由于经过了数据多维预处理,分析中数据运算效率高,主要的缺陷在于数据更新有一定延滞。

3. HOLAP

HOLAP 表示基于混合数据组织的 OLAP 实现(Hybrid OLAP),用户可以根据自己的业务需求,选择哪些模型采用 ROLAP,哪些模型采用 MOLAP。一般来说,会将不常用的或需要灵活定义的分析采用 ROLAP 方式,而常用的或常规模型采用 MOLAP 实现。

OLAP 按照数据处理地点可以分为服务器端在线分析处理 Server OLAP 和客户端在线分析处理 Client OLAP。

1) Server OLAP

绝大多数 OLAP 系统都属于 Server OLAP,此类系统在服务器端的数据库上建立多维立方体,由服务器端提供多维分析,并把最终结果呈现给客户端。

2) Client OLAP

Client OLAP 把相关立方体数据下载到本地,由本地为用户提供多维分析,从而保证出现网络故障时仍然能正常工作,此类 OLAP 产品往往轻便、简洁。

2.2.5 OLAP 多维数据分析

我们已经知道 OLAP 的操作是以查询——也就是数据库的 SELECT 操作为主,但是查询可以很复杂,比如基于关系数据库的查询可以多表关联,可以使用 COUNT、SUM、AVG 等聚合函数。OLAP 正是基于多维模型定义了一些常见的面向分析的操作类型,使这些操作显得更加直观。

OLAP 的多维分析操作包括钻取、上卷、切片、切块以及旋转,下面以如图 2-3 所示的数据立方体为例来逐一解释。

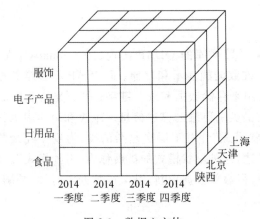

图 2-3 数据立方体

(1) 钻取:在维的不同层次间的变化,从上层降到下一层,或者说是将汇总数据拆分到更细节的数据,如图 2-4 所示通过对 2014 年第一季度的总销售数据进行钻取来查看 2014 年第一季度 1、2、3 每个月的消费数据;当然也可以钻取陕西省来查看西安市、咸阳市、宝鸡市……这些城市的销售数据。

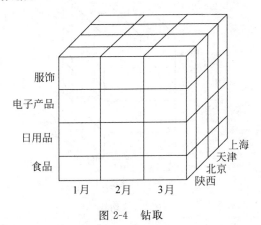

图 2-4　钻取

(2) 上卷：钻取的逆操作，即从细粒度数据向高层的聚合，如图 2-5 所示将陕西省、北京市、天津市和上海市的销售数据进行汇总来查看陕京津沪地区的销售数据。

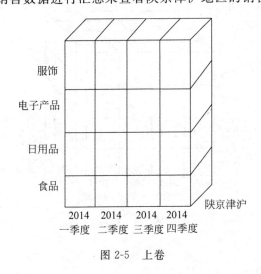

图 2-5　上卷

(3) 切片：选择维中特定的值进行分析，如图 2-6 所示只选择食品的销售数据，或者 2014 年第二季度的数据。

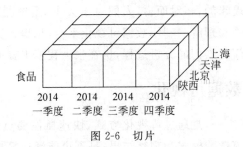

图 2-6　切片

(4) 切块：选择维中特定区间的数据或者某批特定值进行分析，如图 2-7 所示选择 2014 年第三季度到 2014 年第四季度的销售数据，或者是电子产品和日用品的销售数据。

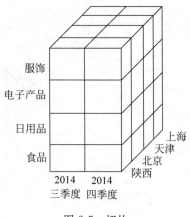

图 2-7　切块

（5）旋转：即维的位置的互换，就像是二维表的行列转换，如图 2-8 所示通过旋转实现产品维和地域维的互换。

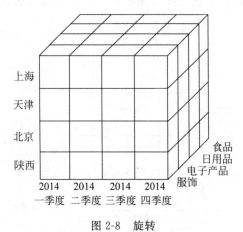

图 2-8　旋转

2.3　数据可视化

数据通常是枯燥的、乏味的，相对而言，人们对于大小、图形、颜色等这些对象怀有更加浓厚的兴趣，更加容易接受和理解。利用数据可视化平台，枯燥乏味的数据转变为丰富生动的视觉效果，不仅有利于简化人们的分析过程，也在很大程度上提高了分析数据的效率。

2.3.1　什么是数据可视化

获得信息的最佳方式之一，是通过可视化方式，快速抓住要点信息。另外，通过可视化呈现数据，也揭示了令人惊奇的模式和观察结果，是不可能通过简单统计就能显而易见看到的模式和结论。正如作家、记者和信息设计师 David McCandless 在 TED 上说："通过视觉化，我们把信息变成了一道可用眼睛来探索的风景线，一种信息地图。当你迷失在信息中时，信息地图非常实用。"

数据可视化，就是指将结构或非结构数据转换成适当的可视化图表，然后将隐藏在数据中的信息直接展现于人们面前。数据可视化技术的基本思想，是将数据库中每一个数据项作为单个图元元素表示，大量的数据集构成数据图像，同时将数据的各个属性值以多维数据的形式表示，可以从不同的维度观察数据，从而对数据进行更深入的观察和分析。通俗的理解就是用视觉形式向人们展示数据重要性的一种方法。

2.3.2 数据可视化的优势

（1）相比传统的用表格或文档展现数据的方式，数据可视化能将数据以更加直观的方式展现出来，使数据更加客观，更具说服力。在各类报表和说明性文件中，用直观的图表展现数据，显得简洁、可靠。在可视化图表工具的表现形式方面，图表类型表现得更加多样化、丰富化。除了传统的饼图、柱状图、折线图等常见图形，还有气泡图、面积图、省份地图、词云、瀑布图、漏斗图等酷炫图表，甚至还有 GIS 地图。这些种类繁多的图形能满足不同的展示和分析需求。

（2）可视化让数据分析更加便捷。实现数据的可视化，就是让人们在对数据进行处理的过程中，更加方便、快捷与精准。这样的数据分析不仅能更加贴近人们的生活，还能满足人们的实际生活需要。在进行数据可视化分析的过程中还可以采用合适的标志进行处理。恰当的标志可以让数据在分析过程中减少误差量，包括对数据分析及传递过程中的误差，此外，数据可视化还具有很好的交互性，不仅设计功能良好，且使用过程中更加有意义，更加容易被人们理解和接受。

（3）通过数据可视化更方便地获取知识。现代背景下的数据收集，具有良好的精准性，采用新的软件技术及手段，不仅让人们更加容易地获得庞大的数据库，还能挖掘其隐藏的数据目标。但在分析过程中，还需要认真地对一些有价值的数据进行深入分析与采集，因此实现数据的可视化是非常必要的。实现数据的可视化不仅让数据变得通俗易懂，还能更加直接地传递所表达的信息。

2.3.3 数据可视化工具

数据可视化主要旨在借助于图形化手段，清晰有效地传达与沟通信息。为了有效地传达思想概念，美学形式与功能需要齐头并进，通过直观地传达关键的方面与特征，从而实现对于相当稀疏而又复杂的数据集的深入洞察。这意味着面对一大堆杂乱的数据，你无法嗅觉其中的关系，但通过可视化的数据呈现，你能很清晰地发觉其中的价值。

目前，已经有很多数据可视化工具可以满足各种可视化需求。主要包括用于日常办公的 Excel，信息图表工具 Google Chart API、D3.js、Folt、Echarts、Raphaël，地图工具 Modest Maps、Leaflet、PolyMaps、OpenLayers、Kartograph、Google Fushion Tables、Quamum GIS，时间线工具 Timetoast、Xtimeline、Timeslide、Dipity，以及高级分析工具 Precessing、NodeBox、R、Weka 和 Gephi 等。下面就常用的几款信息图表工具进行介绍。

1. Google Chart API

Google Chart API 是谷歌公司提供的一个制图服务接口，可以用来为统计数据自动生成图片，而且无须安装，主要通过浏览器在线查看统计图表。Google Chart API 为每个请求返回一个 PNG 格式的图片,目前主要提供折线图、柱状图、饼图、维恩图、散点图,可以设定图表尺寸、颜色和图例。

所有 Chart API URL 都应使用如下格式:

http://chart.apis.google.com/chart?<parameter 1>&<parameter 2>&<parameter n>

多个参数间使用"&"作为分隔符,可以使用任意多个参数,比如使用如下的参数可以生成一张如图 2-9 所示的折线图。

http://chart.apis.google.com/chart?cht=lc&chs=200×125&chd=s:helloWorld&chxt=x,y&chxl=0:|Mar|Apr|May|June|July|1:||50+Kb

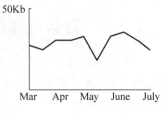

图 2-9　Google Chart 折线图

各个参数含义解释如下。

(1) http://chart.apis.google.com/chart? 为 Chart API 调用地址。

(2) & 为参数分隔符。

(3) chs=200×125 为图表尺寸。

(4) chd=s:helloWorld 为图表数据值。

(5) cht=lc 为图表类型。

(6) chxt=x,y 为显示 x、y 轴坐标。

(7) chxl=0:|Mar|Apr|May|June|July|1:||50+Kb 为 x、y 轴坐标值。

2. D3.js

D3.js 是一个 JavaScript 库,它可以通过数据来操作文档。D3 可以通过使用 HTML、SVG 和 CSS 把数据形象地展现出来。D3 严格遵循 Web 标准,因而可以让程序轻松兼容现代主流浏览器并避免对特定框架的依赖。同时,它提供了强大的可视化组件,可以让使用者以数据驱动的方式去操作 DOM。总的来说,D3 是一个特殊的 JavaScript 库,它利用现有的 Web 标准,通过更简单的(数据驱动)方式来制作炫目的可视化效果。图 2-10 展现了 D3.js 的图形。

D3.js 的主要特点如下。

(1) 绑定任意数据到 DOM。

(2) 创建交互式 SVG 条形图。

(3) 从数据集里产生 HTML 表格。

(4) 多种组合和插件来增强兼容性。

(5) 内置的可重复使用的组件以便于编码。

3. Flot

Flot 是 JQuery 的一个 JavaScript 绘图库,是一个基于浏览器的应用程序,并且能够兼容大多常见的浏览器,包括 IE、Chrome、Firefox、Safari 和 Opera。Flot 对于数据观点支持多种可视化选择,如交互式图表、堆叠式图表、平移和缩放,以及通过各种插件实现各种特定功能。图 2-11 展示了 Flot 图形。

Flot 的主要特点如下。

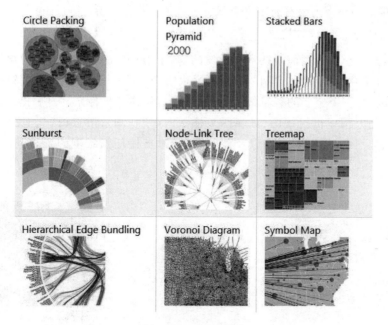

图 2-10　D3.js 图形

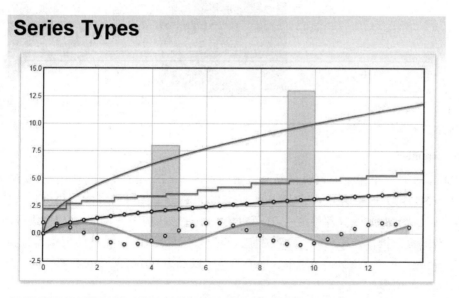

图 2-11　Flot 图形

(1) 支持线性、图片，用任何组合填充区域。
(2) 在同一个数据序列里运用组合展示元素。
(3) 绘图分类以及文本数据。
(4) 增加 DOM 操作标准的 HTML。
(5) 产生切换系列交互式视觉效果。

(6)直接的画布准入绘制自定义形状。

4. Echarts

Echarts 是一款由百度前端技术部开发的，基于 JavaScript 的数据可视化图表库，提供直观、生动、可交互、可个性化定制的数据可视化图表，提供大量常用的数据可视化图表，底层基于 ZRender（一个全新的轻量级 Canvas 类库），创建了坐标系、图例、提示、工具箱等基础组件，并在此上构建出折线图（区域图）、柱状图（条状图）、散点图（气泡图）、饼图（环形图）、K 线图、地图、力导向布局图以及和弦图，同时支持任意维度的堆积和多图表混合展现。图 2-12 展示了 Echarts 图形。

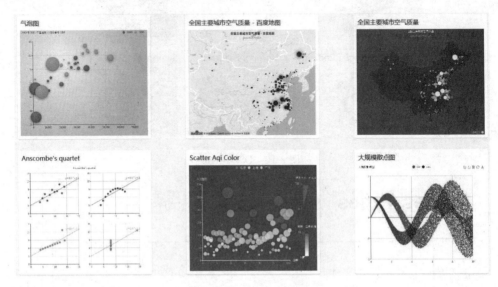

图 2-12　Echarts 图形

5. Raphaël

Raphaël 是一个用于在网页中绘制矢量图形的 JavaScript 库。它使用 SVG W3C 推荐标准和 VML 作为创建图形的基础，可以通过 JavaScript 操作 DOM 来轻松创建出各种复杂的柱状图、饼图、曲线图等各种图表，还可以绘制任意形状的图形，可以进行图表或图像的裁剪和旋转等复杂操作。Raphaël 是跨浏览器的矢量图形库，目前支持的浏览器包括 Firefox 3.0＋、Safari 3.0＋、Chrome 5.0＋、Opera 9.5＋以及 Internet Explorer 6.0＋。图 2-13 展示了 Raphaël 图形。

图 2-13　Raphaël 图形

小结

本章主要介绍了数据仓库、在线分析处理和商务智能体系结构的基本概念。数据仓库、在线分析处理、数据挖掘是商务智能的三大技术支柱,其中,数据仓库是商务智能的基础。数据仓库是一个更好地支持企业或组织的决策分析处理的数据集合,它有面向主题、集成、相对稳定、随时间不断变化 4 个特性。在线分析处理是通过多维立方体技术帮助管理者从多种角度审视数据,得出管理者需求的正确结论。数据挖掘是利用统计学、机器学习等挖掘工具对数据仓库中的数据进行高度自动化的分析,得出模式和关系的过程。数据可视化在数据分析中具有非常重要的作用,尤其从用户角度而言,它是提升用户数据分析效率的有效手段,数据可视化工具可以帮助我们实现不同类型的数据可视化分析,可以根据具体应用场合来选择合适的工具。

习题

1. 什么是数据仓库?数据仓库和数据库有什么区别?
2. 数据仓库有哪些特征?
3. 简述数据仓库的开发步骤。
4. 什么是 OLAP?OLAP 与 OLTP 之间有什么区别?
5. OLAP 有哪几种类型?
6. OLAP 多维数据分析有哪些操作类型?
7. 试述数据可视化的概念及数据可视化的优势。
8. 请举出几个数据可视化的有趣案例。

第 3 章

数据挖掘概述

随着计算机软硬件技术的发展,尤其是计算机网络的发展与普及,计算机处理和存储的数据,正在以难以预计的速度增长;另外,随着社会经济的不断发展,商业竞争日趋白热化,人们迫切需要从数据中获得有用的知识来帮助进行科学决策。针对"数据丰富而知识贫乏"这一窘境,数据挖掘应运而生。

数据挖掘使数据处理技术进入了一个更高级的阶段。它不仅能对过去的数据进行查询,并且能够找出与过去数据之间的潜在联系,进行更高层次的分析,以便更好地做出理想的决策、预测未来的发展趋势等。通过数据挖掘,有价值的知识、规则或高层次的信息就能从数据库的相关数据集合中抽取出来,从而使大型数据库作为一个丰富、可靠的资源为知识的提取服务。

3.1 数据挖掘的起源与发展

3.1.1 数据挖掘的起源

为解决上述问题,来自不同学科的研究者汇集到一起,开始着手开发能够处理不同数据类型的更有效的、可伸缩的工具。这些工作都是建立在研究者先前使用的方法学和算法之上,并在数据挖掘领域达到高潮。特别地,数据挖掘利用了来自如下一些领域的思想:①统计学的抽样、估计和假设检验;②人工智能、模式识别和机器学习的搜索算法、建模技术和学习理论。数据挖掘也迅速地接纳了来自其他领域的思想,这些领域包括最优化、进化计算、信息论、信号处理、可视化和信息检索。

一些其他领域也起到重要的支撑作用。特别地,需要数据库系统提供有效的存储、索引和查询处理支持。源于高性能(并行)计算的技术在处理海量数据集方面常常是重要的。分布式技术也能帮助处理海量数据,并且当数据不能集中到一起处理时更是至关重要。

图 3-1 展示了数据挖掘与其他领域之间的联系。

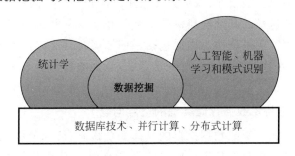

图 3-1　数据挖掘汇集了许多学科的知识

3.1.2　数据挖掘的发展

经过十几年的研究和实践,数据挖掘技术已经吸收了许多学科的最新研究成果,从而形成了独具特色的研究分支。毋庸置疑,数据挖掘研究和应用具有很大的挑战性。像其他新技术的发展历程一样,数据挖掘也必须经过概念的提出、概念的接受、广泛研究和探索、逐步应用和大量应用等阶段。从现状看,大部分学者认为数据挖掘的研究仍然处于广泛研究和探索阶段。一方面,数据挖掘的概念已经被广泛接受。在理论上,一批具有挑战性和前瞻性的问题被提出,吸引越来越多的研究者;另一方面,数据挖掘的广泛应用还有待时日,需要深入的研究积累和丰富的工程实践。

随着数据挖掘概念在学术界和工业界的影响越来越大,数据挖掘的研究向着更深入和更实用的技术方向发展。从事数据挖掘研究的人员主要在大学、研究机构,也有部分在企业或公司。所涉及的研究领域很多,研究集中在学习算法的研究、数据挖掘的实际应用以及有关数据挖掘理论等方面。进行的大多数基础研究项目是由政府资助进行的,而公司的研究更注重和实际商业问题相结合。

数据挖掘的概念从 20 世纪 80 年代被提出后,其经济价值就已经显现出来,而且被众多商业厂家所推崇,形成初步的市场。一份最近的 Gartner 报告中列举了在今后 3～5 年内对工业将产生重要影响的 5 项关键技术,其中数据挖掘和人工智能排名第一。同时,这份报告将并行计算机体系结构研究和数据挖掘列入今后 5 年内公司应该投资的 10 个新技术领域。另外,目前的数据挖掘系统也绝不是像一些商家为了宣传自己的商品所说的那样神奇,仍有许多问题需要研究和探索。把目前数据挖掘的研究现状描述为鸿沟(Chasm)阶段是比较准确的。所谓 Chasm 阶段是说数据挖掘技术在广泛被应用之前仍有许多"鸿沟"需要跨越。例如,就目前商家推出的数据挖掘系统而言,它们都是一些通用的辅助开发工具。这些工具只能给那些熟悉数据挖掘技术的专家或高级技术人员使用,仅对专业人员开发对应的应用起到加速或横向解决方案(Horizontal Solution)的作用。但是,数据挖掘来自于商业应用,而商业应用又会由于应用的领域不同而存在很大差异。大多数学者赞成这样的观点:数据挖掘在商业上的成功不能期望通过通用的辅助开发工具,而应该是数据挖掘概念与特定领域商业逻辑相结合的纵向解决方案(Vertical Solution)。

分析目前的研究和应用现状,数据挖掘在如下几个方面需要重点开展工作。

1. 数据挖掘技术与特定商业逻辑的平滑集成问题

谈到数据挖掘和知识发现技术,人们大多引用"啤酒与尿布"的例子。事实上,目前关于数据挖掘的确很难找到这样的其他经典例子。数据挖掘和知识发现技术的广阔应用前景,需要有效和显著的应用实例来证明。因此包括领域知识对行业或企业知识挖掘的约束与指导、商业逻辑有机地嵌入数据挖掘过程等关键课题,将是数据挖掘与知识发现技术研究和应用的重要方向。

2. 数据挖掘技术与特定数据存储类型的适应问题

不同的数据存储方式会影响数据挖掘的具体实现机制、目标定位、技术有效性等。指望一种通用的应用模式结合所有的数据存储方式发现有效知识是不现实的。因此,针对不同数据存储类型的特点,进行针对性研究是目前流行而且也是将来一段时间所必须面对的问题。

3. 大型数据的选择与规格化问题

数据挖掘技术是面向大型数据集的,而且源数据库中的数据是动态变化的,数据存在噪声、不确定性、信息丢失、信息冗余、数据分布稀疏等问题,因此挖掘前的预处理工作是必需的。数据挖掘技术又是面向特定商业目标的,大量的数据需要选择性地利用,因此针对特定数据挖掘问题进行数据选择、针对特定挖掘方法进行数据规格化是无法回避的问题。

4. 数据挖掘系统的构架与交互式挖掘技术

虽然经过多年的探索,数据挖掘系统的基本架构和过程已经趋于明朗化,但是受应用领域、挖掘数据类型以及知识表达模式等的影响,在具体的实现机制、技术路线以及各阶段或部件(如数据清洗、知识形成、模式评估等)的功能定位等方面仍需细化和深入研究。由于数据挖掘是在大量的元数据集中发现潜在的、事先并不知道的知识,因此和用户进行交互式探索性挖掘是必然的。这种交互可能发生在数据挖掘的各个不同阶段,从不同角度或不同程度进行交互。所以良好的交互式挖掘(Interaction Mining)也是数据挖掘系统成功的前提。

5. 数据挖掘语言与系统的可视化问题

对 OLTP 应用来说,结构化查询语言 SQL 已经得到充分的发展,并成为支持数据库应用的重要基石。但是,对于数据挖掘技术而言,由于诞生的时间较晚,加之它相比 OLTP 应用的复杂性,开发相应的数据挖掘操作语言仍然是一件极富挑战性的工作。可视化要求已经成为目前信息处理系统的必不可少的技术,对于一个数据挖掘系统来说,它更是重要的。可视化挖掘除了要和良好的交互式技术结合外,还必须在挖掘结果或知识模式的可视化、挖掘过程的可视化以及可视化指导用户挖掘等方面进行探索和实践。数据的可视化从某种程度来说起到了推动人们主动进行知识发现的作用,因为它可以使人们从对数据挖掘的神秘感变成可以直观理解的知识和形象的过程。

6. 数据挖掘理论与算法研究

经过十几年的研究,数据挖掘已经在继承和发展相关基础学科(如机器学习、统计学等)已有成果方面取得了可喜的进步,探索出了许多独具特色的理论体系。但是,这绝不意味着挖掘理论的探索已经结束,恰恰相反,它留给了研究者丰富的理论课题。一方面,在这些大的理论框架下有许多面向实际应用目标的挖掘理论等待探索和创新;另一方面,随着数据挖掘技术本身和相关技术的发展,新的挖掘理论的诞生是必然的,而且可能对特定的应用产生推动作用。新理论的发展必然促进新的挖掘算法的产生,这些算法可能扩展挖掘的有效性。如针对数据挖掘的某些阶段、某些数据类型、大容量元数据集等更有效;可能提高挖掘的精度或效率;可能融合特定的应用目标,如 CRM、电子商务等。因此,对数据挖掘理论和算法的探讨将是长期而艰巨的任务。特别是,像定性定量转换、不确定性推理等一些根本性的问题还没有得到很好的解决,同时需要针对大容量数据的有效和高效算法。从上面的叙述可以看出,数据挖掘研究和探索的内容是极其丰富和具有挑战性的。

3.2 数据挖掘所要解决的问题

前面提到,面临新的数据集带来的问题时,传统的数据分析技术常常遇到实际困难。下面是一些具体的问题,它引发了人们对数据挖掘开展研究。

(1) 可伸缩。由于数据产生和收集技术的进步,数吉字节、数太字节甚至数拍字节[①]的数据集越来越普遍。如果数据挖掘算法要处理这些海量数据集,则算法必须是可伸缩的。许多数据挖掘算法使用特殊的搜索策略处理指数级搜索问题。为实现可伸缩可能还需要实现新的数据结构,才能以有效的方式访问每个记录。例如,当要处理的数据不能放进内存时,可能需要非内存算法。使用抽样技术或开发并行和分布算法也可以提高可伸缩程度。

(2) 高维性。目前,经常会遇到具有成百上千属性的数据集,而不是几十年前常见的只具有少量属性的数据集。在生物信息领域,微阵列技术的进步已经产生了涉及数千特征的基因表达数据。具有时间或空间分量的数据集也经常具有很高的维度。例如,考虑包含不同地区的温度测量结果的数据集,如果在一个相当长的时间周期内反复地测量,则维度(特征数)的增长正比于测量的次数。为低维数据开发的传统的数据分析技术通常不能很好地处理这样的高维数据。此外,对于某些数据分析算法,随着维度(特征数)的增加,计算复杂性迅速增加。

(3) 异种数据和复杂数据。通常,传统的数据分析方法只处理包含相同类型属性的数据集,或者是连续的,或者是分类的。随着数据挖掘在商务、科学、医学和其他领域的作用越来越大,越来越需要能够处理异种属性的技术。近年来,已经出现了更复杂的数据对象。这些非传统的数据类型的例子包括含有半结构化文本和超链接的 Web 页面集、具有序列和三维结构的 DNA 数据、包含地球表面不同位置上的时间序列测量值(温度、气压等)的气象数据。为挖掘这种复杂对象而开发的技术应当考虑数据中的联系,如时间和空间的自相关性、图的连通性、半结构化文本和 XML 文档中元素之间的父子联系。

(4) 数据的所有权与分布。有些时候,需要分析的数据并非存放在一个站点,或归属一个机构,而是地理上分布在属于多个机构的资源中。这就需要开发分布式数据挖掘技术。分布式数据挖掘算法面临的主要挑战包括:①如何降低执行分布式计算所需的通信量;②如何有效地统一从多个资源得到数据挖掘结果;③如何处理数据安全性问题。

(5) 非传统的分析。传统的统计方法基于一种假设-检验模式,即提出一种假设,设计

---

① Gigabytes、Terabytes、Petabytes 分别是 10^9 B,10^{12} B,10^{15} B。

实验来收集数据,然后针对假设分析数据。但是,这一过程费时费力。当前的数据分析任务常常需要产生和评估数千种假设,因此需要自动地产生和评估假设,这促使人们开发了一些数据挖掘技术。此外,数据挖掘所分析的数据集通常不是精心设计的实验的结果,并且它们通常代表数据的时机性样本,而不是随机样本。而且,这些数据集通常涉及非传统的数据类型和数据分布。

3.3 数据挖掘的定义

数据挖掘是一门涉及面很广的交叉学科,融合了模式识别、数据库、统计学、机器学习、粗糙集、模糊数学和神经网络等多个领域的理论,因此可从多个视角来看待它。

从技术角度来看,数据挖掘是从大量的、不完全的、有噪声的、模糊的、随机的实际数据中,提取隐含在其中的、人们不知道的但又是潜在有用的信息和知识的过程。这个定义有如下含义:数据源是真实的、大量的,并且可能是有噪声的;所发现的信息是用户感兴趣的知识;发现的知识是用户能够理解并使用的。在数据挖掘中,原始数据可以是结构化的,如关系数据库中的数据;也可以是半结构化的,如文本、图形和图像数据;甚至可以是分布在网络上的异构数据。挖掘出来的知识可用于查询优化、信息管理、决策支持和过程控制等,还可用于数据自身的维护。数据挖掘把人们对数据的应用从低层次的简单查询,提升到从数据库中挖掘知识,从而提供决策支持。

从商业角度来看,数据挖掘就是按企业的既定业务目标,对大量的企业数据进行探索和分析,以揭示隐藏的、未知的规律性并将其模式化,从而支持商业决策活动。数据挖掘技术只有面向特定的商业领域才有应用价值,是一种新的商业信息处理模式,其主要特点是对商业数据库中的大量业务数据进行抽取、转换、分析和处理,从中提取出辅助商业决策的关键信息和知识。

从以上定义,可以得到数据挖掘具有以下特点。

(1) 数据量巨大。如何高效地存取大量数据,如何在特定应用领域中找出特定的高效率算法,以及如何选取数据子集,都成为数据挖掘工作者要重点考虑的问题。

(2) 动态性。许多领域的行业数据所包含的规律时效性很强,随着时间和环境的变化规律也在改变。这种数据和知识的迅速变化,就要求数据挖掘能快速做出相应的反应以及时提供决策支持。

(3) 适用性。数据挖掘的规律适用于一部分数据,但不可能适用于全部数据,这是因为外部的环境不可能完全相同。

(4) 系统性。数据挖掘不是一个简单算法,而是一个较为复杂的系统,它需要业务理解、数据理解、数据准备、建模、评估等一系列步骤,是一个不断循环和不断完善的系统工程。

3.4 数据挖掘的过程

在数据挖掘中,被研究的业务对象是整个过程的基础,它驱动了整个数据挖掘过程,也是检验最后结果和指引分析人员完成数据挖掘的依据和顾问。图3-2中各步骤是按一定顺序完成的,当然整个过程中还会存在步骤间的反馈。数据挖掘的过程并不是自动的,绝大多数的工作需要人工完成。在整个数据挖掘过程中,60%的时间用在数据准备上,这说明了数据挖掘对数据的严格要求,而后续挖掘工作仅占总工作量的10%。

图 3-2　数据挖掘的一般流程

从大量的、不完全的、有噪声的、模糊的甚至随机的实际应用数据中提取出隐含在其中的非常有用的信息、模式(规则)和趋势的数据挖掘过程主要包括 6 个步骤,各步骤的大体内容如下。

(1) 定义问题。首先明确定义将要解决的问题。数据挖掘者要熟悉所研究行业的数据和业务问题,缺乏这些,就不能够充分发挥数据挖掘的价值,很难得到正确的结果。模型的建立取决于问题的定义,有时相似的问题,所要求的模型几乎完全不同。

清晰地定义出业务问题,认清数据挖掘的目的,是数据挖掘的重要一步。挖掘的最后结果是不可预测的,但要探索的问题应是有预见的,为了数据挖掘而数据挖掘则带有盲目性,是不会成功的。

(2) 数据准备。有些人将数据挖掘看作是一个不可思议的过程,认为它吞进的是原始数据,吐出来的是"钻石"。数据准备正是这个过程的核心。这一阶段又可分为三个子步骤:数据集成,数据选择,数据预处理。数据集成将多文件或多数据库运行环境中的数据进行合并处理,解决语义模糊性,处理数据中的遗漏和清洗脏数据等。数据选择的目的是辨别出需要分析的数据集合,缩小处理范围,提高数据挖掘的质量,因此需要搜索所有与业务对象有关的内部和外部数据信息,并从中选择出适用于数据挖掘应用的数据。而数据预处理则是为了克服目前数据挖掘工具的局限性,提高数据质量,同时将数据转换成一个适用于特定挖掘算法的分析模型。建立一个真正适合挖掘算法的分析模型是数据挖掘成功的关键。

(3) 确定主题。数据挖掘是一个经常需要回溯的过程,因此没有必要在数据完全准备好之后才开始进行数据挖掘。随着时间的推移,你所使用的数据、你对它们分组的方式以及数据清洗的效果等都将改变,并有可能改进整个模型。这一步会涉及了解研究主题的局限性,选择待完成的良好研究主题,确定待研究的合适的数据元素,以及决定如何进行数据操作等。

(4) 读入数据并建立模型。一旦确定要输入的数据之后,接着就是要用数据挖掘工具读入数据并从中构造出一个模型。根据所选用的数据挖掘工具的不同,所构造出的数据模型也会有很大的差别。

(5) 挖掘操作。依照上述准备工作,利用选好的数据挖掘工具在数据中查找,这个搜索过程可以由系统自动执行,自底向上搜索原始事实以发现它们之间的某种联系,也可以加入用户交互过程,由分析人员主动发问,从上到下地找寻以验证假设的正确性。数据挖掘的搜索过程需要反复多次,通过评价数据挖掘结果不断调整数据挖掘的精度,以达到发现知识的目的。

(6) 结果表达和解释。根据最终用户的决策目标对提取出的信息进行分析,把最有价值的信息区分出来,并通过决策支持工具提交给决策者。

数据挖掘过程的分步实现，不同的阶段会需要有不同专长的人员，他们大体可以分为以下三类。

（1）业务分析人员：要求精通业务，能够解释业务对象，并能根据各业务对象确定出用于数据定义和挖掘算法的业务需求。

（2）数据分析人员：要求精通数据分析技术，对统计学有较熟练的掌握，有能力把业务需求转化为数据挖掘的各步操作，并为每步操作选择合适的技术。

（3）数据管理人员：要求精通数据管理技术，并能从数据库或数据仓库中搜集数据。

从上可见，数据挖掘是一个多种专业人员相互配合的工作过程，也是一个在资金上和技术上高投入的过程。这一过程要反复进行，在反复的过程中，不断地趋近事物的本质，不断地优选问题的解决方案。

20世纪90年代后期，当时的数据挖掘市场是年轻而不成熟的，但是这个市场显示出了爆炸式的增长。三个在这方面经验丰富的公司Daimler Chrysler、SPSS、NCR发起并建立了一个社团，目的是建立数据挖掘方法和过程的标准。在获得了EC（European Commission）的资助后，他们开始实现他们的目标。为了征集业界广泛的意见，共享知识，他们创建了Special Interest Group（SIG）。SIG组织开发并提炼出CRISP-DM（Cross-Industry Standard Process for Data Mining），如图3-3所示，同时在Mercedes-Benz和OHRA（保险领域企业）中进行了大规模数据挖掘项目的实际试用。SIG还将CRISP-DM和商业数据挖掘工具集成起来。SIG组织目前在伦敦、纽约、布鲁塞尔已经发展到二百多个成员。

当前CRISP-DM提供了一个数据挖掘生命周期的全面评述，包括项目的相应周期、它们各自的任务和任务之间的关系。在这个描述层中，识别出所有关系是不可能的。所有数据挖掘任务之间关系的存在依赖于用户的目的、背景和兴趣，最重要的还有数据。SIG组织已经发布了CRISP-DM Version 1.0 Process Guide and User Manual的电子版，可以免费使用。

一个数据挖掘项目的生命周期包含6个阶段。这6个阶段的顺序是不固定的。我们经常需要前后调整这些阶段。这依赖于每个阶段中特定任务的产出物是否是下一个阶段必需的输入。图3-3中的箭头指出了最重要的和依赖度高的阶段关系。

图3-3中的外圈象征数据挖掘自身的循环本质——在一个解决方案发布之后一个数据挖掘的过程才可以继续。在这个过程中得到的知识可以触发新的、经常是更聚焦的商业问题。后续的过程可以从前一个过程中得到益处。

（1）业务理解。最初的阶段集中在理解项目目标和从业务的角度理解需求，同时将这个知识转化为数据挖掘问题的定义和完成目标的初步计划。将知识转化为定义和计划。

（2）数据理解。数据理解阶段从初始的数据收集开始，通过一些活动的处理，以熟悉数据，识别数据的质量问题，首次发现数据的内部属性，或是探究引起兴趣的子集以形成隐含信息的假设。

（3）数据准备。数据准备阶段包括从未处理数据中构造最终数据集的所有活动。这些数据将是模型工具的输入值。这个阶段的任务有可能执行多次，没有任何规定的顺序。任务包括表、记录和属性的选择，模型工具的转换和数据的清洗。

（4）建立模型。在这个阶段，可以选择和应用不同的模型技术，模型参数被调整到最佳的数值。有些技术可以解决一类相同的数据挖掘问题。有些技术在数据形成上有特殊要

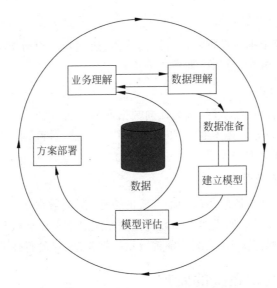

图 3-3　CRISP-DM 的组成架构

求,因此需要经常跳回到数据准备阶段。

(5) 模型评估。到项目的这个阶段,就已经从数据分析的角度建立了一个高质量显示的模型。在开始最后部署模型之前,重要的事情是彻底地评估模型,检查构造模型的步骤,确保模型可以完成业务目标。这个阶段的关键任务是确定是否有重要业务问题没有被充分地考虑。在这个阶段结束后,必须达成一个数据挖掘结果使用的决定。

(6) 方案部署。通常,模型的创建不是项目的结束。模型的作用是从数据中找到知识,获得知识,并以便于用户使用的方式重新组织和展现。根据需求,这个阶段可以产生简单的报告,或实现一个比较复杂的、可重复的数据挖掘过程。在很多案例中,这个阶段是由客户而不是数据分析人员承担部署的工作。

3.5　数据挖掘系统

3.5.1　数据挖掘系统的分类

数据挖掘源于多个学科,因此数据挖掘研究产生了大量的、各种不同类型的数据挖掘系统。这样,就需要对数据挖掘系统进行分类。这种分类可以帮助用户区分数据挖掘系统,确定最适合其需求的数据挖掘系统。根据不同的标准,数据挖掘系统可以进行以下分类。

1. 根据数据挖掘的数据库类型分类

由于数据库系统本身可以根据不同的标准分类,因此,数据挖掘系统可以进行相应的分类。根据数据模型分类,可以分为关系的、事务的、面向对象的、数据仓库的数据挖掘系统;根据所处理数据的特定类型分类,可以分为空间的、时间序列的、文本的、多媒体的或 Web 的数据挖掘系统。

2. 根据挖掘的知识类型分类

该类数据挖掘系统依据所挖掘出的规则而分类，这些规则有分类规则、特征规则、聚类分析、关联规则、孤立点分析、时间序列模式分析等。

3. 根据挖掘方法分类

根据所采用的挖掘方法的不同，分为面向数据库的方法、机器学习方法、统计学方法、模式识别方法、可视化方法等。具体地，可以分为模糊集方法、神经网络方法、统计方法、粗糙集方法、决策树、生物智能方法等。

4. 根据数据挖掘应用分类

不同的应用需要有针对该应用的特别有效的方法，因此数据挖掘系统还可以根据其应用领域来分类，从而出现了诸如股票市场数据挖掘系统、DNA序列数据挖掘系统、电信行业数据挖掘系统、旅游数据挖掘系统、医药销售数据挖掘系统、保险行业数据挖掘系统等。

3.5.2 数据挖掘系统的发展

一般来讲，开发数据挖掘系统是一个由多功能部件组成的、多种类技术相互合作的系统性研发过程。粗略地说，数据挖掘系统的发展可分为三个阶段：独立数据挖掘软件（1995年之前），横向数据挖掘工具集（1995年起），纵向数据挖掘解决方案（1999年起）。

（1）独立数据挖掘软件。独立的数据挖掘软件出现于数据挖掘技术发展的早期，研究人员每开发出一种新型的数据挖掘算法，就会形成一个相应的软件原型，这些原型系统会不断尝试和不断完善。这类软件要求用户对具体的算法和数据挖掘技术有相当的了解，还需要负责大量的数据预处理工作。

（2）横向数据挖掘工具集。随着数据挖掘和知识发现技术的不断发展和研究的不断深入，人们逐渐认识到随着数据量的增加和应用领域的拓宽而涌现的一些新问题，诸如：现实领域中的问题多种多样，单靠少数几个数据挖掘算法难以解决；有待挖掘的数据通常不符合算法要求，需要有数据清洗、转换等数据预处理操作配合，才能得出有价值的模型。因此需要大量多领域、多方法、多技术的结合，由此积累了许多数据挖掘模型和算法，从而出现了一批集成化的数据挖掘工具集。从1995年开始，软件开发商提供了"工具集"的数据挖掘软件。由于这类工具并非面向特定的应用，而是通用的算法集合，所以称之为横向数据挖掘工具。典型的数据挖掘工具有 SPSS Clementine、IBM Intelligent Miner、SAS Enterprise Miner、Oracle Darwin、SGI MineSet 等。

（3）纵向数据挖掘解决方案。随着横向数据挖掘工具的使用日益广泛，人们发现只有熟悉数据挖掘算法的专家才能使用这类工具。如果对数据挖掘技术及算法不了解，就难以开发出好的应用系统。从1999年开始，大量的数据挖掘工具研制者开始提供纵向的数据挖掘解决方案。这种方案的核心是针对特定的应用提供完整的数据挖掘解决方案，优点是挖掘目标明确、针对性强、挖掘模型选择方便、系统研制快捷。由于和特定的商业领域相联系，因此数据挖掘技术的应用成为企业信息系统的一部分。

根据以上所述，按照数据挖掘系统的特征和发展趋势，可将数据挖掘系统归纳为4代。4代数据挖掘系统的特征、所采用的数据挖掘算法数量、集成的功能、分布计算模型的方式和数据挖掘模型等方面如下叙述。

(1) 第一代数据挖掘系统。在第一代数据挖掘系统中,数据挖掘通常作为一个独立的应用,系统仅支持一个或少数几个数据挖掘算法,这些算法被用来挖掘向量数据,这些数据模型在挖掘时一次性地调入内存进行处理,通常在单台机器上运行。

(2) 第二代数据挖掘系统。第二代数据挖掘系统支持数据库和数据仓库的集成,同时它们具有高性能的接口,具有很好的可扩展性。第二代数据挖掘系统通过支持数据挖掘模式和数据挖掘查询语言来增加系统的灵活性,能够挖掘大数据集、更复杂的数据集以及高维数据。

(3) 第三代数据挖掘系统。第三代数据挖掘系统能够挖掘 Internet/Extranet 的分布式和高度异质的数据,并且能够有效地将其同操作系统集成。这一代数据挖掘系统的关键技术之一是对建立在异质系统上的多个预言模型以及管理这些预言模型的元数据提供支持。

(4) 第四代数据挖掘系统。第四代数据挖掘系统能够采用多个算法挖掘嵌入式系统、移动系统和普遍存在的计算设备所产生的各种类型的数据,使系统的集成度更高,计算方式和数据模型更加复杂。

3.6 数据挖掘的功能和方法

3.6.1 数据挖掘的功能

数据挖掘是一门交叉学科,融合了数据库、人工智能、机器学习、统计学等多个领域的理论和技术。数据挖掘的主要功能有以下几点。

1. 关联分析

关联分析的目的是找出数据集中属性值之间的联系,形成关联规则。为了发现有意义的关联规则,需要给定两个阈值:最小支持度和最小可信度。在这个意义上,挖掘出的关联规则就必须满足最小支持度和最小可信度。关联规则是在 1993 年由 R. Agrawal 等人提出的,然后扩展到从关系数据库、空间数据库和多媒体数据库中挖掘关联关系,并且要求挖掘出通用的、多层次的、用户感兴趣的关联规则。随着应用和技术的发展,几年来对挖掘关联规则的技术提出了更新的要求,如在线挖掘、提高挖掘大型数据库的计算效率、减小 I/O 开销、挖掘定量型关联规则等。

2. 概念描述

一个概念通常是对一个包含大量数据的数据集总体情况的描述。概念描述就是通过对与某类对象关联数据的汇总、分析和比较,对此类对象的内涵进行描述,并概括这类对象的有关特征。这种描述是汇总的、简洁的和精确的,当然也是非常有用的。概念描述分为特征性描述和区别性描述。前者描述某类对象的共同特征,后者描述不同类对象之间的区别。生成一个类的特征性描述只涉及该类对象中所有对象的共性;生成区别性描述则涉及目标类和对比类中对象的共性。

3. 数据总结

数据总结的目的是对数据进行浓缩,给出数据集的紧凑描述。数据挖掘是从数据泛化的角度来研究数据总结的。数据泛化是一种把数据库中的相关数据从低层次抽象到高层次的过程。用户有时希望可以从高层次的视图上浏览数据,因而需要对数据进行不同层次上的泛化以适应各种查询及处理需求。目前,数据泛化的主要技术有面向属性的归纳技术和多维数据分析方法。

4. 分类分析

类刻画了一类事物,这类事物具有某种意义上的共同特征,并明显与不同类事物相区别。分类分析就是通过分析示例数据库中的数据,为每个类别做出准确的描述或建立分析模型或挖掘出分类规则,然后用这个分类规则对其他数据库中的记录进行分类。从机器学习的观点来看,分类技术是一种有指导的学习,即每个训练样本的数据对象已经有类标识,通过学习可以形成与表达数据对象与类标识间对应的知识。目前已有多种分类分析模型得到应用,主要有神经网络方法、Bayesian 分类、决策树、统计分类方法、粗糙集分类、SVM 方法、覆盖算法等。在数据挖掘中这些方法均遇到数据规模的问题,即大多数方法能有效解决小规模数据库的数据挖掘问题,但当应用于大数据量的数据库时,会出现性能恶化、精度下降的问题。

5. 聚类分析

聚类是把一组个体按照相似性归成若干类别,它的目的是使得属于同一类别的个体之间的差别尽可能小,而不同类别上的个体间的差别尽可能大。聚类结束后,每类中的数据由唯一的标志进行标识,各类数据的共同特征也被提取出来,用于对该特征进行描述。提高聚类效率、减少时间和空间开销,以及如何在高维空间进行有效数据聚类是聚类研究中的主要问题。聚类分析的方法很多,如 k-平均算法、k-中心点算法、基于凝聚的层次聚类和基于分裂的层次聚类等。采用不同的聚类方法,对于相同的记录集合可能有不同的划分结果。

分类和聚类技术不同,前者总是在特定的类标识下寻求新元素属于哪个类,而后者则是通过对数据的分析比较生成新的类标识。

6. 时间序列分析

时间序列分析中的相似模式发现分为相似模式聚类和相似模式搜索两种。相似模式聚类是将时间序列数据分隔成等长或不等长的子序列,然后用模式匹配的方法进行聚类,找出序列中所有相似的模式。相似模式搜索是指给定一个陌生子序列,在时间序列中搜索所有与给定子序列模式最接近的数据子序列。时间序列分析主要应用于天气数据预报、金融市场数据分析、医疗诊断分析、科学工程数据以及通信信号、雷达信号数据处理等方面。

7. 偏差分析

偏差分析包括分类中的反常实例、例外模式、观测结果对期望值的偏离以及量值随时间的变化等,基本思想就是对数据库中的偏差数据进行检测和分析,检测出数据库中的一些异常记录,它们在某些特征上与数据库中的大部分数据有着显著不同。通过发现异常,可以引起人们对特殊情况的格外关注。异常模式包含:出现在其他模式边缘的奇异点;不满足常规类的异常实例;与父类或兄弟类不同的类;观察值与模型推测出的期望值有明显差异的例子等。偏差分析方法主要有基于统计的方法、基于距离的方法和基于偏移的方法。孤点数据的发现可以应用在信用卡使用、金融欺诈防范、医学数据分析等领域中。

8. 建模

通过数据挖掘,建造出描述一种状态或活动的数学或物理模型。机器学习中的数据挖掘就是对一些自然现象进行建模,重新发现科学定律,如 BACON 系统。基本的思路是:采用数据驱动,通过启发式约束搜索,依赖于理论数据项,应用一些通用的发现方法,找出概念之间的内在联系并表示出来,从而探索出理论模型。

3.6.2 数据挖掘的方法

由于数据挖掘应用领域十分广泛,因此产生了多种数据挖掘的算法和方法,如决策树方法、模糊集方法、神经网络方法、粗糙集方法、统计分析方法、可视化方法等。有时对于某一数据库很有效的算法对另一数据库有可能完全无效,因此,应针对具体的挖掘目标和应用对象而设计不同的算法。目前具有代表性的方法有以下几类。

1. 决策树方法

决策树表示形式简单,所发现的模型也易于为用户理解,是挖掘分类知识中最流行的方法之一。它利用信息论中的信息熵作为结点分类的标准,建立决策树的一个结点,再根据属性当前的值域建立结点的分支。决策树的建立是一个递归过程。在知识表示方面具有直观、易于理解等优点。最早的决策树算法是 ID3 方法,它对较大的数据集处理效果较好。在 ID3 的基础上,Quinlan 又提出了改进的 C4.5 算法。

2. 模糊集方法

模糊集方法是利用模糊集合理论对实际问题进行模糊评判、模糊决策、模糊模式识别和模糊聚类分析,是一种应用较早的处理不确定性问题的有效方法。系统的复杂性越高,模糊性越强。模糊集理论是用隶属度来刻画模糊事物的亦此亦彼性的。

在很多场合,数据挖掘任务所面临的数据具有同样的模糊性和不精确性,因此把模糊数学理论应用于数据挖掘则顺理成章。使用模糊集方法可以对已挖掘的大量的关联规则的有用性、兴趣度等进行评判,也可用于分类、聚类等数据挖掘任务。

3. 神经网络方法

神经网络是指一类计算模型,它模拟人脑神经元结构及某些工作机制,利用大量的简单计算单元连成网络来实现大规模并行计算,它有并行处理、分布存储、高度容错、自组织等诸多优点,因此它是数据挖掘中的重要方法。近年来人们研究从训练后的神经网络中提取规则的方法,从而推动了神经网络在数据挖掘分类问题中的应用。神经网络的知识体现在网络连接的权值上,它是一个分布式矩阵结构;神经网络的学习体现在神经网络权值的逐步调整上。在数据挖掘中应用最多的是前馈式网络。它以感知器、反向传播模型、函数型网络为代表,可用于预测、模式识别等方面。

4. 粗糙集方法

粗糙集是一种刻画具有信息不完整、不确定系统的数学工具,能有效地分析和处理不精确、不一致、不完整等各种不完备信息,并从中发现隐含的知识,揭示潜在的规律。粗糙集的核心概念是不可区分关系以及上近似、下近似等。对于给定的一个信息表,粗糙集的方法是通过等价类的划分寻找信息表中的核属性和约简集,然后从约简后的信息表中导出分类/决策规则。对信息表进行属性约简,获得和原信息表相同信息分布的子表,提高了数据挖掘的效率,并且使得获得的知识更为简单、易于理解。属性约简是数据挖掘中数据预处理阶段的重要环节。

粗糙集理论具有良好的数学性质和可解释性,但在应用于实际数据时,还需要解决复杂度高、数据中的噪声等问题。

5. 统计分析方法

统计方法是从事物的外在数量上的表现去推断该事物可能的规律性,统计分析的本质是以数据为对象,从中获取规律,为人类认识客观事物,并对其发展趋势进行预测、决策和控制提供有效的依据。统计分析方法在数据挖掘中有许多应用,理论也最为成熟。常见的统计方法有回归分析、判别分析、差异分析、聚类分析、描述统计、相关分析和主成分分析等。

6. 可视化方法

可视化是把数据、信息和知识转化为可视的表示形式的过程,其内涵是将数据通过图形化、地理化真实而形象地表现出来并且找出数据背后蕴含的信息,其本质是从抽象数据到可视结构的映射。

可视化技术是 20 世纪 80 年代后期提出的一个全新的研究领域。通过丰富的图形表现能力,可视化技术能够准确地表达原始数据、挖掘过程、挖掘结果,使用户可以深入地理解问题并选择更适当的数据挖掘算法,达到深入剖析数据的目的。其特点为:信息可视化的焦点在于信息;信息的数据量很大;信息的来源多种多样等。可视化数据挖掘拓宽了传统的图表功能,使用户对数据的剖析更清楚。

7. 生物智能算法

生物智能算法在优化与搜索应用中前景广阔,用于数据挖掘中,常把任务表示成优化或搜索问题,利用生物智能算法可以找到最优解或次优解。生物智能算法主要包括以下几个方面。

(1) 遗传算法。遗传算法是由 John Holland 于 1975 年提出的一种有效地解决最优化问题的方法,是一种基于生物进化理论的技术。其基本观点是"适者生存",用于数据挖掘中,则常把任务表示为一种搜索问题,利用遗传算法强大的搜索能力找到最优解,是一种仿生全局优化方法。遗传算法作用于一个由问题的多个潜在解(个体)组成的群体上,并且群体中的每个个体都由一个编码表示,同时每个个体均需依据问题的目标函数而被赋予一个适应值。遗传算法是多学科结合与渗透的产物,它广泛应用在计算机科学、工程技术和社会科学等领域。

(2) 蚁群算法。蚁群算法是由意大利学者 Dorigo M. 等人在 20 世纪 90 年代初首先提出来的。它是一种新型仿生类进化算法,是继模拟退火、遗传算法、禁忌搜索等之后的又一启发式智能优化算法。蚂蚁有能力在没有任何提示的情况下找到从巢穴到食物源的最短路径,并且能随环境的变化,适应性地搜索新的路径,产生新的选择。蚁群算法成功地应用于求解 TSP、二次分配、图着色、车辆调度、集成电路设计及通信网络负载等问题。

(3) 粒子群优化算法。粒子群优化(PSO)算法是一种基于群体智能的随机优化算法,源于对鸟群或鱼群群体运动行为的研究。由于 PSO 算法概念简单、易于实现、调整参数少,现已广泛地应用于许多工程领域。然而,粒子群优化算法具有易于陷入局部极值点、进化后期收敛慢、精度较差的缺点，为了克服粒子群优化算法的缺点，目前出现了大量的改进粒子群优化算法。

（4）人工鱼群算法。人工鱼群算法（AFSA）是李晓磊等人于2002年提出的一种基于动物自治的优化方法，是集群智能思想的一个具体应用。它的主要特点是不需要了解问题的特殊信息，只需要对问题的解进行优劣的比较,通过各人工鱼个体的觅食、聚群和追尾等局部寻优行为，最终在群体中使全局最优解突显出来。该算法具有良好的求解全局极值的能力，收敛速度较快。

3.7 数据挖掘的典型应用领域

数据挖掘技术源于商业的直接需求，并在各种领域都有广泛的使用价值。数据挖掘已在金融、零售、医药、通信、电子工程、航空、旅馆等具有大量数据和深度分析需求、易产生大量数字信息的领域得到广泛使用，并带来了巨大的社会效益和经济效益。它既可以检验行业内长期形成的知识模式，也能够发现隐藏的新规律。将数据挖掘用于企业信息管理，虽然面临着很大的挑战和许多亟待解决的问题，但有充分的理由相信，这些问题将随着各应用领域的信息化推进逐步得到解决，数据挖掘的应用前景十分乐观。

1. 金融领域的应用

在金融方面，银行和金融机构往往持有大量关于客户的、各种服务的以及交易事务的数据，并且这些数据通常比较完整、可靠和高质量，这大大方便了系统化的数据分析和数据挖掘。在银行业中，数据挖掘被用来建模、预测，识别伪造信用卡，估计风险，进行趋势分析、效益分析、顾客分析等。在此领域应用的数据挖掘，可以进行贷款偿付预测和客户信用政策分析以调整贷款发放政策，降低经营风险。信用卡公司可以应用数据挖掘中的关联规则来识别欺诈。股票交易所和银行也有这方面的需要。对目标客户群进行分类及聚类，以识别不同的客户群，为不同的客户提供更好的服务，以推动市场。此外，还可以运用数据分析工具找出异常模式，以侦破洗钱和其他金融犯罪活动。智能数据挖掘利用了广泛的高质量的机器学习算法，能够在应付大量数据的同时保证理想的响应时间，使得市场分析、风险预测、欺诈管理、客户关系管理和竞争优势分析等应用成为可能。

2. 网络金融交易应用

从网络金融角度来看，网络金融是指通过互联网进行的金融交易。这种交易具有速度快、交易量大、交易次数多、交易人所在地分散的特点。这种基于生产力水平的加速常常超出生产力本身的发展速度，使人类进入脆弱的虚拟经济时代。在股市交易中，人们的兴趣在于预测股市起伏，并且各种各样的算法都曾经被使用过。有的算法在一种情况下有效或在一段时间内有效，有的算法更能捕捉转瞬即逝的个股买/卖点或在众多股票中选出应买卖的股票。金融时序数据是一种常见的数据结构，在这一方面，已有不少学者研究了对其进行挖掘的一般性问题或框架。对股市进行动态数据挖掘，可以随时掌握由大量数据所反映的金融市场暗流。此外，还可以将监管搜索范围完全扩大到一般的网页上，借助一定的文字分析技术提高准确率。

另一方面的应用是研究股市炒作的快速检测算法和技术。互联网的出现和使用也只是近十年的事,而标志着金融领域重要突破的中国股市的产生和发展也正好在这十余年。电子交易每天产生的海量数据已超出人工处理的能力,但这正使得应用计算机算法进行智能自动监控成为可能。从证监会的角度看,可以通过各种交易数据发现异常现象和相应的操作,识别出哪些是合法炒作,哪些是非法炒作。

3. 零售业务应用

在零售业方面,计算机使用率越来越高,大型超市大多配备了完善的计算机及数据库系统。零售业积累的大量销售数据、顾客购买历史记录、货物进出与服务记录等数据中真正有价值的信息是哪些?这些信息之间有哪些关联?回答这些问题就需要对大量的数据进行深层分析,从而获得有利于商业运作、提高竞争力的信息。数据挖掘技术有助于识别顾客购买行为,发现顾客购买模式和趋势,改进服务质量,取得更高的顾客保持力和满意程度,降低零售业成本。

通常企业所掌握的客户信息特别是以前购买行为的信息中,可能正包含着这个客户决定他下一个购买行为的关键信息,甚至是决定性因素。这个时候的数据挖掘的作用就体现为它可以帮助企业寻找到那些影响顾客购买行为的信息和因素。对这些丰富数据资源的挖掘,可有助于识别顾客购买行为,发现顾客购买模式和趋势,改进服务质量,取得更高的顾客满意程度,提高销量。

还有一个问题就是研究超市顾客的购买行为,这是一种典型的时间序列挖掘问题。在零售服务业中,直接给潜在的顾客寄广告是一种常见的办法。通过分析人们的购买模式,估计他们的收入和孩子数目,作为潜在的市场信息。在庞大的数据集中找出哪些人适合寄广告或折扣券,哪些人会喜欢哪一类的折扣券,哪些人应给予的折扣多一些,哪些产品摆在一起会比分别放在各自的类中卖得更快更多,这都成了数据挖掘的任务。

零售业中数据挖掘的成功应用包括:①销售、顾客、产品、时间和地区的多维分析;②对促销活动有效性的分析,以此提高企业利润;③对顾客忠诚度的分析,以留住老顾客,吸引新顾客;④挖掘关联信息,以形成购买推荐和商品参照,以帮助顾客选择商品,提高销量。

4. 医疗电信领域应用

在医疗领域中,成堆的电子数据可能已放在那儿很多年了,比如病人、症状、发病时间、发病频率以及当时的用药种类、剂量、住院时间等。在药物实验中,可能有很多种不同的组合,每种若均加以实验则成本太大,决策树方法可以用来大大减少实验次数,这种方法已经被许多大的制药公司所采用。生物医学的大量研究大都集中在 DNA 数据的分析上,人类大约有10^5个基因,一个基因通常由成百个核苷按一定序列组成,核苷按不同的次序可以组成不同的基因,几乎不计其数。因此,数据挖掘成为 DNA 分析中的强大工具,如对 DNA 序列间的相似搜索和比较;应用关联分析对同时出现的基因序列的识别;应用路径分析发现在疾病不同阶段的致病基因等。

电信业已经迅速从单纯的提供市话和长话服务演变为综合电信服务,如语音、传真、寻呼、移动电话、图形、电子邮件、互联网接入服务等。电信市场的竞争也变得越来越激烈和全方位化。目前,不管是住宅电话还是移动电话,每天的使用量很大。对电话公司来讲,如何充分使用这些数据为自己赢得更多的利润就成了主要问题。利用数据挖掘来帮助理解商业行为、对电信数据多维分析、检测非典型的使用模式以寻找潜在的盗用者、分析用户一系列的电信服务使用模式来改进服务、根据地域分布疏密性找出最急需建立网点的位置、确定电信模式、捕捉盗用行为、更好地利用资源和提高服务质量,是非常必要的。借助数据挖掘,可以减少很多损失,保住顾客。

数据挖掘在电信业的应用包括:①对电信数据的多维分析;②检测非典型的使用模式以寻找潜在的盗用者;③分析用户一系列的电信服务使用模式来改进服务;④搅拌分析等。

3.8 数据挖掘的发展趋势

数据挖掘是一门综合性学科,一个多学科交叉的研究领域。它融合了数据库技术、人工智能、机器学习、统计学、知识工程、信息检索、高性能计算及数据可视化等许多学科的概念、理论、方法和技术。经过20年的研究和实践,数据挖掘已经吸收了许多学科的研究成果,成为独具特色的研究分支。数据挖掘的概念已经被广泛接受,并吸引了一大批学者投入到数据挖掘的研究领域。

经历了20年的发展,包括统计学、人工智能等在内的许多理论和技术成果已经被成功应用到数据挖掘中。数据挖掘的理论体系是由数据库、人工智能、数理统计、计算机科学以及其他方面的学者在探讨性的研究中创立的。这些理论本身的发展和应用为数据挖掘提供了有价值的理论和应用积累。

随着数据挖掘在学术界和工业界的影响越来越大,数据挖掘的研究向着更深入和实用的技术方向发展。从事数据挖掘研究的人员主要在大学、研究机构,也有部分在企业或公司。所涉及的研究领域很多,研究集中在学习算法的研究、数据挖掘的实际应用以及有关数据挖掘的理论等方面。

分析目前的研究和应用现状,数据挖掘在如下几个方面需要重点开展工作。

(1) 数据挖掘理论与算法的研究。数据挖掘继承和发展了相关基础学科已有的成果,探索出许多独具特色的理论体系。但是,这绝不意味着数据挖掘理论的探索已经结束,相反地,它留给了研究者丰富的理论课题。一方面,在这些大的理论框架下有许多面向实际应用目标的挖掘理论等待探索和创新;另一方面,随着数据挖掘技术本身和相关技术的发展,新的挖掘理论的诞生是必然的,而且可能对特定的应用产生推动作用。新理论的发展必然促进新的挖掘算法的产生,这些算法可能扩展挖掘的有效性,如数据挖掘的某些阶段、某些数据类型、大容量源数据集等;可能提高挖掘的精度或效率;可能融合特定的应用目标,如CRM、电子商务等。因此,对数据挖掘理论和算法的探讨将是长期而艰巨的任务。

(2) 复杂数据类型的挖掘问题。许多数据集中包含着复杂的数据类型,如关系型数据、半结构化数据、非结构化数据、复杂的数据对象、超文本数据和多媒体数据、空间和时间数据、视频数据、声音数据等,局域网和广域网上连接了许多数据源并形成了巨大的、分布式的、分层的和异构的数据库。这些复杂数据类型的数据集,对数据挖掘提出了新的挑战。目前,数据挖掘主要处理的是数值型数据和分类数据,针对非结构化数据、时空数据、多媒体数据的数据挖掘仍是迫切需要解决的问题。

(3) 数据挖掘语言与数据挖掘的可视化。标准的数据挖掘语言或其他方面的标准化工作将有助于数据挖掘的系统化开发,改进多个数据挖掘系统和功能间的相互操作。可视化对于一个数据挖掘系统来说非常重要,除了要和良好的交互性技术结合外,还要在挖掘结果的可视化、挖掘过程的可视化以及可视化指导用户挖掘等方面进行探索和研究。数据挖掘语言和可视化将促进数据挖掘在企业和社会中的应用。

(4) 数据挖掘的性能问题。数据挖掘的性能包括数据挖掘算法的有效性、可伸缩性和并行处理能力。数据挖掘算法的效率和可伸缩性是指为了有效地从数据库中抽取有用的知识,数据挖掘算法必须是有效的和可收缩的。也就是说,一个数据挖掘算法在大型数据库中的运行时间必须是可预计的和可接受的。许多现有的数据挖掘算法往往适合于常驻内存的、小数据集的数据挖掘,而大型数据库中存放了TB级的数据,所有数据无法同时导入内存。所以,从数据库的观点来看,有效性和可伸缩性是实现数据挖掘系统的关键问题。

(5) 数据挖掘系统的架构。虽然经过多年的探索,数据挖掘系统的基本架构和过程已经趋于明朗,但是受应用领域、挖掘数据类型以及知识表达模式等的影响,在具体的实现机制、技术路线以及各阶段或部件(如数据清洗、知识形成、模式评估等)的功能定位等方面仍需细化和深入研究。目前新颖的数据挖掘框架日益受到重视,如云模型和数据场理论、双库协同机制、基于多智能体的主动型数据挖掘框架等。

(6) 交互式数据挖掘技术。由于数据挖掘是在大量的元数据集中发现潜在的、事先并不知道的知识,因此和用户交互式地进行探索性挖掘是必然的。这种交互可能发生在数据挖掘的各个不同阶段,从不同角度或不同粒度进行交互。所以良好的交互式挖掘也是数据挖掘系统成功的前提。

(7) 数据挖掘中的私有性问题。数据挖掘可能会导致对私有权的入侵,研究采用哪些措施防止暴露敏感信息是十分重要的。当从不同角度和不同抽象级上观察数据时,数据安全性将受到严重威胁。这时,数据保护和数据挖掘可能会造成一些矛盾的结果。例如,数据安全性保护的目标可能与从不同角度挖掘多层知识的需求相矛盾。

(8) 数据挖掘中的不确定性问题。不确定性是客观事物的一个固有特征,尤其在实际应用中存在大量不确定数据。不确定性数据挖掘的任务就是发现隐含在这些不确定数据中的知识,寻找并且能够形式化地表现不确定性的规律性,至少是某种程度的规律性。如果数据挖掘模型不能准确地描述或者没有充分考虑数据挖掘对象的不确定性,那么由数据挖掘模型得到的结果是不可信的,甚至是错误的。

(9) 数据挖掘中的动态性问题。传统的数据挖掘是从静态的数据库中发现知识,许多实际数据库系统中的数据不是稳定不变的,而是不断递增和变化的,这种改变可能使先前发现的模式无效,因此发现知识或模式也需要动态维护,及时更新。为了随时获得一个与数据相关的有效模式,需要以一定的不多的时间间隔重复同样的数据分析过程。由于某些数据挖掘过程的高成本,产生了对增量数据挖掘算法的研究需求。开发增量式数据挖掘算法并与数据库更新操作相结合,可以提高数据挖掘的效率,不必重新挖掘整个数据库。因此,需要研究新的动态数据挖掘算法来应对以增量形式获得的新数据。

数据挖掘将成为对工业生产乃至日常生活产生重要影响的技术之一。随着数据挖掘理论与方法的进一步完善和计算机处理能力的进一步提高,数据挖掘无论在理论上还是在应用上都将得到更大的发展,数据挖掘将产生深远的社会影响。一方面越来越多的研究人员将投入到数据挖掘的研究中;另一方面广大的用户也将逐渐看到它的价值。随着众多数据挖掘研究人员对于技术的不断改进，软件供应商所提供的工具的不断完善，数据挖掘技术的应用和开发不再是专业人士的专利，而成为一项经过一定培训就可以为人们所利用的普及的工具。同时更多的软件隐含地把数据挖掘作为它们的功能部件，使用户感觉不到它们的存在，这种隐含的应用将成为普通大众执行数据挖掘的重要手段。

小结

　　本章介绍了数据挖掘的起源及其发展、定义、数据挖掘所要解决的问题、数据挖掘的过程以及数据挖掘系统。数据挖掘来自实际领域的需求，其理论与方法涉及多个学科知识的交叉，在生产实践、商业活动中获得了成功的应用，是数据智能化的积极推动因素。目前，各个领域都对数据挖掘提出了新的要求，也为数据挖掘的发展提供了强大的发展动力。

习题

1. 数据挖掘的特点是什么？怎么定义数据挖掘？
2. 数据挖掘的过程是什么？
3. 数据挖掘的基本功能有哪些？谈谈你对其的理解。
4. 数据挖掘方法有哪些？谈谈你对其的理解。
5. 上网查找数据挖掘的一些应用，并谈谈你对数据挖掘的大致认识。

第 4 章

分类分析

分类任务就是确定对象属于哪个预定义的目标类。分类问题是一个普遍存在的问题,有许多不同的应用。例如:根据电子邮件的标题和内容检查出垃圾邮件;根据核磁共振扫描的结果区分肿瘤是恶性的还是良性的;根据星系的形状对它们进行分类,如图 4-1 所示。

(a) 螺旋状星系M81

(b) 椭圆星系M60和旋涡星系NGC4647

图 4-1　星系的分类

本章介绍分类的基本概念和解决分类问题的一般方法,讲述构建分类模型的基本技术——贝叶斯分类器、决策树、支持向量机和粗糙集,最后讨论评估分类器性能的方法。

4.1　预备知识

分类任务的输入数据是记录的集合。每条记录也称实例或样例,用元组(x, y)表示,其中,x是属性的集合,而y是一个特殊的属性,指出样例的类标号(也称为分类属性或目标属性)。表 4-1 列出一个样本数据集,用来将脊椎动物分为以下几类:哺乳类、鸟类、鱼类、爬行类和两栖类。属性集指明脊椎动物的性质,如体温、表皮覆盖、繁殖后代的方式、飞行的能力和在水中生存的能力等。尽管表 4-1 中的属性主要是离散的,但是属性集也可以包含连续特征。但类标号却必须是离散属性,这正是区别分类与回归的关键特征。回归是一种预测建模任务,其中目标属性 y 是连续的。

表 4-1 脊椎动物的数据集

名称	体温	表皮覆盖	胎生	水生动物	飞行动物	有腿	冬眠	类标号
人类	恒温	毛发	是	否	否	是	否	哺乳类
蟒蛇	冷血	鳞片	否	否	否	否	是	爬行类
鲑鱼	冷血	鳞片	否	是	否	否	否	鱼类
鲸	恒温	毛发	是	是	否	否	否	哺乳类
青蛙	冷血	无	否	半	否	是	是	两栖类
巨蜥	冷血	鳞片	否	否	否	是	否	爬行类
蝙蝠	恒温	毛发	是	否	是	是	是	哺乳类
鸽子	恒温	羽毛	否	否	是	是	否	鸟类
猫	恒温	软毛	是	否	否	是	否	哺乳类
豹纹鲨	冷血	鳞片	是	是	否	否	否	鱼类
海龟	冷血	鳞片	否	半	否	是	否	爬行类
企鹅	恒温	羽毛	否	半	否	是	否	鸟类
豪猪	恒温	刚毛	是	否	否	是	是	哺乳类
鳗	冷血	鳞片	否	是	否	否	否	鱼类
蝾螈	冷血	无	否	半	否	是	是	两栖类

定义 分类 分类任务就是通过学习得到一个**目标函数** f,把每个属性集 x 映射到一个预先定义的类标号 y。

目标函数也称**分类模型**。分类模型可以用于以下目的。

(1) **描述性建模**。分类模型可以作为解释性的工具,用于区分不同类中的对象。例如,对于生物学家或者其他人,一个描述性模型有助于概括表 4-1 中的数据,并说明哪些特征决定一种脊椎动物是哺乳类、爬行类、鸟类、鱼类或者两栖类。

(2) **预测性建模**。分类模型还可以用于预测未知记录的类标号。如图 4-2 所示,分类模型可以看作是一个黑箱,当给定未知记录的属性集上的值时,它自动地赋予未知样本类标号。例如,有一种叫作毒蜥的生物,其特征如表 4-2 所示。

表 4-2 毒蜥特征

名字	体温	表皮覆盖	胎生	水生动物	飞行动物	有腿	冬眠	类标号
毒蜥	冷血	鳞片	否	否	否	是	是	?

可以使用根据表 4-1 中的数据集建立的分类模型来确定该生物所属的类。

分类技术非常适合预测或描述二元或标称类型的数据集,对于序数分类(例如,把人分类为高收入、中等收入或低收入组),分类技术不太有效,因为分类技术不考虑隐含在目标类中的序关系。其他形式的联系,如子类与超类的关系(例如,人类和猿都是灵长类动物,而灵长类是哺乳类的子类)也被忽略。本章余下的部分只考虑二元的或标称类型的类标号。

图 4-2 分类器的任务是根据输入属性集 x 确定类标号 y

4.2 解决分类问题的一般方法

分类技术（或分类法）是一种根据输入数据集建立分类模型的系统方法。分类法的例子包括决策树分类法、基于规则的分类法、粗糙集理论、支持向量机和朴素贝叶斯分类法。这些技术都使用一种**学习算法**确定分类模型，该模型能够很好地拟合输入数据中类标号和属性集之间的联系。学习算法得到的模型不仅要很好地拟合输入数据，还要能够正确地预测未知样本的类标号。因此，训练算法的主要目标就是建立具有很好的泛化能力模型，即建立能够准确地预测未知样本类标号的模型。

图 4-3 展示了建立分类模型的一般方法。首先，需要一个**训练集**，它由类标号已知的记录组成。使用训练集建立分类模型，该模型随后将运用于**检验集**，检验集由类标号未知的记录组成。

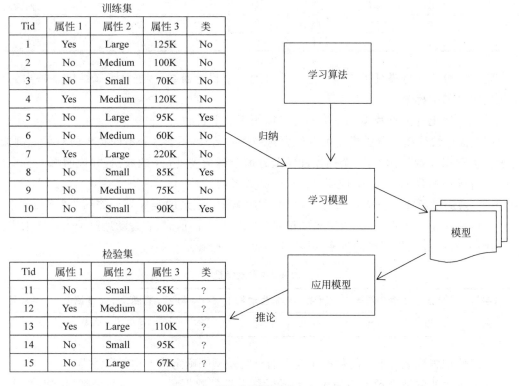

图 4-3 建立分类模型的一般方法

分类模型的性能根据模型正确和错误预测的检验记录计数进行评估，这些计数存放在称作**混淆矩阵**的表格中。表 4-3 描述了二元分类问题的混淆矩阵。表中每个表项 f_{ij} 表示

实际类标号为 i 但被预测为类 j 的记录数,例如,f_{01} 代表原本属于类 0 但被误分为类 1 的记录数。按照混淆矩阵中的表项,被分类模型正确预测的样本总数是 $(f_{11}+f_{00})$,而被错误预测的样本总数是 $(f_{10}+f_{01})$。

表 4-3 二元分类问题的混淆矩阵

		预测的类	
		类=1	类=0
实际的类	类=1	f_{11}	f_{10}
	类=0	f_{01}	f_{00}

虽然混淆矩阵提供衡量分类模型性能的信息,但是用一个数汇总这些信息更便于比较不同模型的性能。为实现这一目的,可以使用**性能度量**,如**准确率**,其定义如下:

$$\text{准确率}=\frac{\text{正确预测数}}{\text{预测总数}}=\frac{f_{11}+f_{00}}{f_{11}+f_{10}+f_{01}+f_{00}} \tag{4-1}$$

同样,分类模型的性能可以用**错误率**来表示,其定义如下:

$$\text{错误率}=\frac{\text{错误预测数}}{\text{预测总数}}=\frac{f_{10}+f_{01}}{f_{11}+f_{10}+f_{01}+f_{00}} \tag{4-2}$$

大多数分类算法都在寻求这样一些模型,当把它们应用于检验集时具有最高的准确率,或者等价地,具有最低的错误率。

4.3 分类算法

4.3.1 贝叶斯分类器

在很多应用中,属性集和类变量之间的关系是不确定的。换句话说,尽管测试记录的属性集和某些训练样例相同,但是也不能正确地预测它的类标号。这种情况产生的原因可能是噪声,或者出现了某些影响分类的因素却没有包含在分析中。例如,考虑根据一个人的饮食和锻炼的频率来预测他是否有患心脏病的危险。尽管大多数饮食健康、经常锻炼身体的人患心脏病的概率较小,但仍有人由于遗传、过量抽烟、酗酒等其他原因而患病。确定一个人的饮食是否健康、体育锻炼是否充分也是需要论证的课题,这反过来也会给学习问题带来不确定性。

本节将介绍一种对属性集和类变量的概率关系建模的方法。首先介绍贝叶斯定理,它是一种把类的先验知识和从数据中收集的新证据相结合的统计原理;然后解释贝叶斯定理在分类问题中的应用,接下来描述贝叶斯分类器的两种实现:朴素贝叶斯和贝叶斯信念网络。

1. 贝叶斯定理

假设 X,Y 是一对随机变量,它们的联合概率 $p(X=x,Y=y)$ 是指 X 取值 x 且 Y 取值 y 的概率,条件概率是指一随机变量在另一随机变量取值已知的情况下取某一特定值的概率。例如,条件概率 $p(Y=y|X=x)$ 是指在变量 X 取值 x 的情况下,变量 Y 取值 y 的概率。X

和 Y 的联合概率和条件概率满足如下关系：

$$p(X,Y) = p(Y|X)p(X) = p(X|Y)p(Y) \tag{4-3}$$

调整公式(4-3)最后两个表达式得到公式(4-4)，称为贝叶斯定理。

$$p(Y|X) = \frac{p(X|Y)p(Y)}{p(X)} \tag{4-4}$$

贝叶斯定理可以用来解决预测问题。譬如，考虑两队之间的足球比赛：队 0 和队 1。假设 65% 的比赛队 0 胜出，剩余的比赛队 1 获胜。队 0 获胜的比赛中只有 30% 是在队 1 的主场，而队 1 取胜的比赛中 75% 是主场获胜。如果下一场比赛在队 1 的主场进行，哪一支球队最有可能胜出呢？

用随机变量 X 代表东道主，随机变量 Y 代表比赛的胜利者。X 和 Y 可在集合 $\{0,1\}$ 中取值。那么问题中给出的信息可总结如下。

队 0 取胜的概率是 $p(Y=0)=0.65$，

队 1 取胜的概率是 $p(Y=1)=1-p(Y=0)=0.35$，

队 1 取胜时作为东道主的概率是 $p(X=1|Y=1)=0.75$，

队 0 取胜时队 1 作为东道主的概率是 $p(X=1|Y=0)=0.3$。

我们的目的是计算 $p(Y=1|X=1)$，即队 1 在主场获胜的概率，并与 $p(Y=0|X=1)$ 比较。应用贝叶斯定理得到：

$$\begin{aligned}
p(Y=1|X=1) &= \frac{p(X=1|Y=1)p(Y=1)}{p(X=1)} \\
&= \frac{p(X=1|Y=1)p(Y=1)}{p(X=1,Y=1)+p(X=1,Y=0)} \\
&= \frac{p(X=1|Y=1)p(Y=1)}{p(X=1|Y=1)p(Y=1)+p(X=1|Y=0)p(Y=0)} \\
&= \frac{0.75 \times 0.35}{0.75 \times 0.35 + 0.3 \times 0.65} \\
&= 0.5738
\end{aligned}$$

进一步，$p(Y=0|X=1)=0.4253$，$p(Y=1|X=1)=0.5738$，所以队 1 更有机会赢得下一场比赛。

2. 贝叶斯定理在分类中的应用

在描述贝叶斯定理怎样应用于分类之前，先从统计学的角度对分类问题加以形式化。设 X 表示属性集，Y 表示类变量。如果类变量和属性之间的关系不确定，那么可以把 X 和 Y 看作随机变量，用 $p(Y|X)$ 以概率的方式捕捉二者之间的关系。这个条件概率又称为 Y 的后验概率，与之相对地，$p(Y)$ 称为 Y 的先验概率。

在训练阶段，要根据从训练数据中收集的信息，对 X 和 Y 的每一种组合学习后验概率 $p(Y|X)$。通过找出使后验概率 $p(Y|X)$ 最大的类 Y 可以对测试记录 X 进行分类。为解释这种方法，考虑任务：预测一个贷款者是否会拖欠还款。表 4-4 中的训练集有如下属性：有房、婚姻状况和年收入。拖欠还款的贷款者属于类 Yes，还清贷款的贷款者属于类 No。

假设给定一测试记录有如下属性集：$X=$(有房=否，婚姻状况=已婚，年收入=$120k)。要分类该记录，需要利用训练数据中的可用信息计算后验概率 $p(\text{Yes}|X)$ 和 $p(\text{No}|X)$。如果 $p(\text{Yes}|X) > p(\text{No}|X)$，那么记录分类为 Yes，反之分类为 No。

表 4-4 预测贷款拖欠问题的训练集

Tid	有房	婚姻状况	年收入	拖欠贷款
1	是	单身	125k	否
2	否	已婚	100k	否
3	否	单身	70k	否
4	是	已婚	120k	否
5	否	离异	95k	是
6	否	已婚	60k	否
7	是	离异	220k	否
8	否	单身	85k	是
9	否	已婚	75k	否
10	否	单身	90k	是

准确估计类标号和属性值的每一种可能组合的后验概率非常困难,因为即便属性数目不是很大,仍然需要很大的训练集。此时,贝叶斯定理很有用,因为它允许我们用先验概率 $p(Y)$、类条件概率 $p(X|Y)$ 和证据 $p(X)$ 来表示后验概率:

$$p(Y \mid X) = \frac{p(X \mid Y)p(Y)}{p(X)} \tag{4-5}$$

在比较不同 Y 值的后验概率时,分母 $p(X)$ 总是常数,因此可以忽略。先验概率 $p(Y)$ 可以通过计算训练集中属于每个类的训练记录所占的比例很容易地估计。通过对类条件概率 $p(X|Y)$ 的估计,介绍两种贝叶斯分类方法的实现:朴素贝叶斯分类器和贝叶斯信念网络。

3. 朴素贝叶斯分类器

给定类标号 y,朴素贝叶斯分类器在估计类条件概率时假设属性之间条件独立。条件独立假设可形式化地表示如下:

$$p(X \mid Y = y) = \prod_{i=1}^{d} p(X_i \mid Y = y) \tag{4-6}$$

其中每个属性集 $X = \{X_1, X_2, \cdots, X_d\}$ 包含 d 个属性。

1) 条件独立性

在深入研究朴素贝叶斯分类器如何工作的细节之前,先介绍条件独立概念。设 X, Y 和 Z 表示三个随机变量的集合。给定 Z,如果下面的条件成立,则 X 条件独立于 Y:

$$p(X \mid Y, Z) = p(X \mid Z) \tag{4-7}$$

条件独立的一个例子是一个人的手臂长短和他的阅读能力之间的关系。你可能会发现手臂较长的人阅读能力也较强。这种关系可以用另一个因素解释,那就是年龄。小孩子的手臂往往比较短,也不具备成人的阅读能力。如果年龄一定,则观察到的手臂长度和阅读能力之间的关系就消失了。因此,可以得出结论,在年龄一定时,手臂长度和阅读能力二者条件独立。

X 和 Y 之间的条件独立也可以写成如下公式:

$$p(X, Y \mid Z) = \frac{p(X, Y, Z)}{p(Z)}$$

$$= \frac{p(X,Y,Z)}{p(Y,Z)} \times \frac{p(Y,Z)}{p(Z)}$$

$$= p(X|Y,Z) \times p(Y|Z)$$

$$= p(X|Z) \times p(Y|Z) \qquad (4\text{-}8)$$

2）朴素贝叶斯分类器工作原理

有了条件独立假设，就不必计算 X 的每一个组合的类条件概率，只需对给定的 Y，计算每一个 X_i 的条件概率。后一种方法更实用，因为它不需要很大的训练集就能获得较好的概率估计。

分类测试记录时，朴素贝叶斯分类器对每个类 Y 计算后验概率：

$$p(Y|X) = \frac{p(Y)\prod_{i=1}^{d}p(X_i|Y)}{p(X)} \qquad (4\text{-}9)$$

由于对所有的 Y，$p(X)$ 是固定的，因此只要找出使分子 $p(Y)\prod_{i=1}^{d}p(X_i|Y)$ 最大的类就足够了。在接下来两部分，将描述几种估计分类属性和连续属性的条件概率 $p(X_i|Y)$ 的方法。

3）估计分类属性的条件概率

对分类属性 X_i，根据类 y 中属性值等于 X_i 的训练实例的比例来估计条件概率 $p(X_i = x_i | Y = y)$。在表 4-4 给出的训练集中，还清贷款的 7 个人中 3 个人有房，因此，条件概率 p（有房＝是|No）等于 3/7。同理，拖欠还款的人中单身的条件概率 p（婚姻状况＝单身|Yes）等于 2/3。

4）估计连续属性的条件概率

朴素贝叶斯分类法使用以下两种方法估计连续属性的类条件概率。

（1）可以把每一个连续的属性离散化，然后用相应的离散区间替换连续属性值。这种方法把连续属性转换成序数属性。通过计算类 y 的训练记录中落入 X_i 对应区间的比例来估计条件概率 $p(X_i = x_i | Y = y)$。估计误差由离散策略和离散区间的数目决定。如果离散区间的数目太大，则就会因为每一个区间中训练记录太少而不能对 $p(X_i|Y)$ 做出可靠的估计。相反，如果区间数目太小，有些区间就会含有来自不同类的记录，因此失去了正确的决策边界。

（2）可以假设连续变量服从某种概率分布，然后使用训练数据估计分布的参数。高斯分布通常被用来标识连续属性的类条件概率分布。该分布有两个参数，均值 μ 和 σ^2。对每个类 y_j，属性 X_i 的类条件概率等于：

$$p(X_i = x_i | Y = y_j) = \frac{1}{\sqrt{2\pi}\sigma_{ij}}e^{-\frac{(x_i-\mu_{ij})^2}{2\sigma_{ij}^2}} \qquad (4\text{-}10)$$

参数 μ_{ij} 可以用类 y_j 的所有训练记录关于 X_i 的样本均值（$\bar{x}$）来估计。同理，参数 σ^2 可以用这些训练记录的样本方差（s^2）来估计。例如，表 4-4 中年收入这一属性。该属性关于类 No 的样本均值和方差如下：

$$\bar{x} = \frac{125 + 100 + 70 + \cdots + 75}{7} = 110$$

$$s^2 = \frac{(125-110)^2 + (100-110)^2 + \cdots + (75-110)^2}{7 \times 6} = 2975$$

$$s = \sqrt{2975} = 54.54$$

给定一测试记录,应征税的收入等于120k美元,其类条件概率计算如下。

$$p(\text{收入} = \$120k \mid \text{No}) = \frac{1}{\sqrt{2\pi}(54.54)} e^{-\frac{(120-110)^2}{2 \times 2975}} = 0.0072$$

注意,前面对类条件概率的解释有一定的误导性。公式(4-10)的右边对应于一个概率密度函数 $f(X_i \cdot , \mu_{ij}, \sigma_{ij})$。因为该函数是连续的,所以随机变量 X_i 取某一特定值的概率为0。取而代之,应该计算 X_i 落在区间 x_i 到 $x_i + \varepsilon$ 的条件概率,其中 ε 是一个很小的常数。

$$p(x_1 \leqslant X_i \leqslant x_i + \varepsilon \mid Y = y_i) = \int_{x_i}^{X_i + \varepsilon} f(X_i \cdot , \mu_{ij}, \sigma_{ij}) dX_i$$

$$\approx f(X_i \cdot , \mu_{ij}, \sigma_{ij}) \times \varepsilon \tag{4-11}$$

由于 ε 是每个类的一个常量乘法因子,在对后验概率 $p(Y|X)$ 进行规范化的时候就抵消掉了。因此,仍可使用式(4-10)来估计类条件概率 $p(X_i|Y)$。

5) 朴素贝叶斯分类器举例

考虑表4-4中的数据集,可以计算每个分类属性的类条件概率,同时利用前面介绍的方法计算连续属性的样本均值和方差。这些概率汇总如下。

$p(\text{有房}=\text{是}|\text{No})=3/7$

$p(\text{有房}=\text{否}|\text{No})=4/7$

$p(\text{有房}=\text{是}|\text{Yes})=0$

$p(\text{有房}=\text{否}|\text{Yes})=1$

$p(\text{婚姻状况}=\text{单身}|\text{No})=2/7$

$p(\text{婚姻状况}=\text{离婚}|\text{No})=1/7$

$p(\text{婚姻状况}=\text{已婚}|\text{No})=4/7$

$p(\text{婚姻状况}=\text{单身}|\text{Yes})=2/3$

$p(\text{婚姻状况}=\text{离婚}|\text{Yes})=1/3$

$p(\text{婚姻状况}=\text{已婚}|\text{Yes})=0$

年收入:

如果类=No:样本均值=110,样本方差=2975。

如果类=Yes:样本均值=90,样本方差=25。

为了预测测试记录 $X=$(有房=否,婚姻状况=已婚,年收入=\$120k)的类标号,需要计算后验概率 $p(\text{No}|X)$ 和 $p(\text{Yes}|X)$。回想一下前面的讨论,这些后验概率可以通过计算先验概率 $p(Y)$ 和类条件概率 $\prod_i p(X_i | Y)$ 的乘积来估计,对应于式(4-9)右端的分子。

每个类的先验概率可以通过计算属于该类的训练记录所占的比例来估计。因为有3个记录属于类 Yes,7个记录属于类 No,所以 $p(\text{Yes})=0.3$,$p(\text{No})=0.7$。使用上述概率汇总信息,类条件概率计算如下。

$$p(\text{No} \mid X) = p(\text{有房} = \text{否} \mid \text{No}) \times p(\text{婚姻状况} = \text{已婚} \mid \text{No})$$
$$\times p(\text{年收入} = \$120k \mid \text{No})$$
$$= 4/7 \times 4/7 \times 0.0072 = 0.0024$$

$$p(\text{Yes} \mid X) = p(\text{有房} = \text{否} \mid \text{Yes}) \times p(\text{婚姻状况} = \text{已婚} \mid \text{Yes})$$
$$\times p(\text{年收入} = \$120k \mid \text{Yes})$$
$$= 1 \times 0 \times 1.2 \times 10^{-9} = 0$$

放到一起可得到类 No 的后验概率 $p(\text{No}|X) = \alpha \times 7/10 \times 0.0024 = 0.0016\alpha$,其中,$\alpha = 1/p(X)$ 是常量。同理,可以得到类 Yes 的后验概率等于 0,因为它的类条件概率等于 0。因为 $p(\text{No}|X) > p(\text{Yes}|X)$,所以记录分类为 No。

6) 朴素贝叶斯分类器的特征

朴素贝叶斯分类器具有以下特点。

(1) 面对孤立的噪声点,朴素贝叶斯分类器是健壮的。因为在从数据中估计条件概率时,这些点被平均。通过在建模和分类时忽略样例,朴素贝叶斯分类器也可以处理属性值遗漏问题。

(2) 面对无关属性,该分类器是健壮的。如果 X_i 是无关属性,那么 $p(X_i|Y)$ 几乎变成均匀分布。X_i 的类条件概率不会对总的后验概率的计算产生影响。

(3) 相关属性可能会降低朴素贝叶斯分类器的性能,因为对这些属性,条件独立的假设已不成立。

4.3.2 贝叶斯信念网络

朴素贝叶斯分类器的条件独立假设太严格,特别是对那些属性之间有一定相关性的分类问题。本节介绍一种更灵活的类条件概率 $p(X|Y)$ 的建模方法。该方法不要求给定类的所有属性都条件独立,而是允许指定哪些属性条件独立。下面先讨论怎样表示和建立该概率模型,接着说明如何使用模型推理。

1. 模型表示

贝叶斯信念网络(Bayesian Belief Networks,BBN),简称贝叶斯网络,用图形表示一组随机变量之间的概率关系。贝叶斯网络有以下两个主要成分。

(1) 一个有向无环图,表示变量之间的依赖关系。

(2) 一个概率表,把各结点和它的直接父结点关联起来。

考虑三个随机变量 A、B 和 C,其中 A 和 B 相互独立,并且都直接影响第三个变量 C。三个变量之间的关系可以用图 4-4(a)中的有向无环图概括。图中每个结点表示一个变量,每条弧表示两个变量之间的依赖关系。如果从 X 到 Y 有一条有向弧,则 X 是 Y 的父母,Y 是 X 的子女。另外,如果网络中存在一条从 X 到 Z 的有向路径,则 X 是 Z 的祖先,而 Z 是 X 的后代。例如,在图 4-4(b)中,A 是 D 的后代,D 是 B 的祖先,而且 B 和 D 都不是 A 的后代结点。贝叶斯网络的一个重要性质表述如下。

条件独立 贝叶斯网络中的一个结点,如果它的父母结点已知,则它条件独立于它的所有非后代结点。

图 4-4(b)中,给定 C,A 条件独立于 B 和 D,因为 B 和 D 都是 A 的非后代结点。朴素贝叶斯分类器中的条件独立假设也可以用贝叶斯网络来表示,如图 4-4(c)所示,其中 y 是目标类,$\{X_1, X_2, \cdots, X_d\}$ 是属性集。

除了网络拓扑结构要求的条件独立性外,每个结点还关联一个概率表。

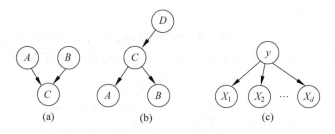

图 4-4 使用有向无环图表示概率关系

(1) 如果结点 X 没有父母结点,则表中只包括先验概率 $p(X)$。
(2) 如果结点 X 只有一个父母结点 Y,则表中包含条件概率 $p(X|Y)$。
(3) 如果结点 X 有多个父母结点 $\{Y_1, Y_2, \cdots, Y_k\}$,则表中包含条件概率 $p(X|Y_1, Y_2, \cdots, Y_k)$。

图 4-5 是贝叶斯网络的一个例子,对心脏病或心口痛患者建模。假设图中每个变量都是二值的。心脏病结点(HD)的父母结点对应于影响该疾病的危险因素,例如锻炼(E)和饮食(D)等。心脏病结点的子结点对应于该病的症状,如胸痛(CP)和高血压(BP)等。如图 4-5 所示,心口痛(Hb)可能源于不健康的饮食,同时又可能导致胸痛。

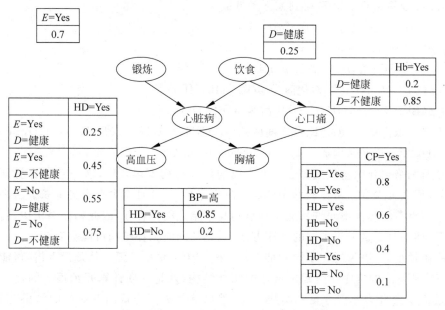

图 4-5 发现心脏病和心口痛病人的贝叶斯网络

影响疾病的危险因素对应的结点只包含先验概率,而心脏病、心口痛以及它们的相应症状所对应的结点都包含条件概率。为了节省空间,图中省略了一些概率。注意 $p(X=\bar{x}|Y) = 1 - p(X=x|Y)$,其中,$\bar{x}$ 和 x 是相反的结果。因此,省略的概率可以很容易求得。例如,条件概率:

$$p(\text{心脏病} = \text{No} \mid \text{锻炼} = \text{No}, \text{饮食} = \text{健康})$$
$$= 1 - p(\text{心脏病} = \text{Yes} \mid \text{锻炼} = \text{No}, \text{饮食} = \text{健康})$$
$$= 1 - 0.55 = 0.45$$

2. 建立模型

贝叶斯网络的建模包括两个步骤：创建网络结构；估计每一个结点的概率表中的概率值。网络拓扑结构可以通过对主管的领域专家知识编码获得。如下算法给出了归纳贝叶斯网络拓扑结构的一个系统的过程。

算法 贝叶斯网络拓扑结构的生成算法

1：设 $T=(X_1,X_2,\cdots,X_d)$ 表示变量的全序
2：for $j=1$ to d do
3： 令 $X_{T(j)}$ 表示 T 中第 j 个次序最高的变量
4： 令 $\pi(X_{T(j)})=\{X_{T(1)},X_{T(2)},\cdots,X_{T(j-1)}\}$ 表示排在 $X_{T(j)}$ 前面的变量的集合
5： 从 $\pi(X_{T(j)})$ 中去掉对 X_j 没有影响的变量（使用先验知识）
6： 在 $X_{T(j)}$ 和 $\pi(X_{T(j)})$ 中剩余的变量之间画弧
7：end for

考虑图 4-5 中的变量。执行步骤 1 后，设变量次序为 (E,D,HD,Hb,CP,BP)。从变量 D 开始，经过步骤 2 到步骤 7，得到如下条件概率。

(1) $p(D|E)$ 化简为 $p(D)$；
(2) $p(HD|E,D)$ 不能化简；
(3) $p(Hb|HD,E,D)$ 化简为 $p(Hb|D)$；
(4) $p(CP|Hb,HD,E,D)$ 化简为 $p(CP|Hb,HD)$；
(5) $p(BP|CP,Hb,HD,E,D)$ 化简为 $p(BP|HD)$。

基于以上条件概率，创建结点之间的弧 $(E,HD),(D,HD),(D,Hb),(HD,CP),(Hb,CP)$ 和 (HD,BP)，这些弧构成了如图 4-5 所示的网络结构。

贝叶斯网络拓扑结构生成算法保证生成的拓扑结构不包含环，这一点很容易证明。如果存在环，那么至少有一条弧从低序结点指向高序结点，并且至少存在另一条弧从高序结点指向低序结点。该算法不允许从低序结点到高序结点的弧存在，因此拓扑结构中不存在环。

然而，如果对变量采用不同的排序方案，得到的网络拓扑结构可能会有变化。某些拓扑结构可能质量很差，因为它在不同的结点对之间产生了很多条弧。从理论上讲，可能需要检查所有 $d!$ 种可能的排序才能确定最佳的拓扑结构，这是一项计算开销很大的任务。替代的方法是把变量分为原因变量和结果变量，然后从各原因变量向其对应的结果变量画弧。这种方法简化了贝叶斯网络结构的建立。

一旦找到了合适的拓扑结构，可以确定与各结点关联的概率表。对这些概率的估计比较容易，与朴素贝叶斯分类器中所用的方法类似。

3. 使用 BBN 推理举例

假设对使用图 4-5 中的 BBN 来诊断一个人是否患有心脏病。下面阐述在不同情况下如何做出诊断。

1）没有先验信息

在没有任何先验信息的情况下，可以通过计算先验概率 $p(HD=Yes)$ 和 $p(HD=No)$

来确定一个人是否可能患心脏病。为了表述方便,设 $\alpha \in \{\text{Yes}, \text{No}\}$ 表示锻炼的两个值,$\beta \in \{\text{健康}, \text{不健康}\}$ 表示饮食的两个值。

$$\begin{aligned}
p(\text{HD} = \text{Yes}) &= \sum_{\alpha} \sum_{\beta} p(\text{HD} = \text{Yes} \mid E = \alpha, D = \beta) p(E = \alpha, D = \beta) \\
&= \sum_{\alpha} \sum_{\beta} p(\text{HD} = \text{Yes} \mid E = \alpha, D = \beta) p(E = \alpha) p(D = \beta) \\
&= 0.25 \times 0.7 \times 0.25 + 0.45 \times 0.7 \times 0.75 \\
&\quad + 0.55 \times 0.3 \times 0.25 + 0.75 \times 0.3 \times 0.75 \\
&= 0.49
\end{aligned}$$

因为 $p(\text{HD}=\text{No})=1-p(\text{HD}=\text{Yes})=0.51$,所以,此人不得心脏病的概率略大。

2) 高血压

如果一个人有高血压,可以通过比较后验概率 $p(\text{HD}=\text{Yes}|\text{BP}=\text{高})$ 和 $p(\text{HD}=\text{No}|\text{BP}=\text{高})$ 来诊断他是否患有心脏病。为此,先计算 $p(\text{BP}=\text{高})$:

$$\begin{aligned}
p(\text{BP} = \text{高}) &= \sum_{\gamma} p(\text{BP} = \text{高} \mid \text{HD} = \gamma) p(\text{HD} = \gamma) \\
&= 0.85 \times 0.49 + 0.2 \times 0.51 \\
&= 0.5185
\end{aligned}$$

其中 $\gamma \in \{\text{Yes}, \text{No}\}$。因此,此人患心脏病的后验概率是:

$$\begin{aligned}
p(\text{HD} = \text{Yes} \mid \text{BP} = \text{高}) &= \frac{p(\text{BP} = \text{高} \mid \text{HD} = \text{Yes}) p(\text{HD} = \text{Yes})}{p(\text{BP} = \text{高})} \\
&= \frac{0.85 \times 0.49}{0.5185} \\
&= 0.8033
\end{aligned}$$

同理,$p(\text{HD}=\text{No}|\text{BP}=\text{高})=1-0.8033=0.1967$。因此,当一个人有高血压时,则增加了他患有心脏病的危险。

3) 高血压、饮食健康、经常锻炼身体

假设得知此人经常锻炼身体并且饮食健康。这些新信息会对诊断造成怎样的影响?加上这些新信息,此人患心脏病的后验概率:

$$\begin{aligned}
&p(\text{HD} = \text{Yes} \mid \text{BP} = \text{高}, D = \text{健康}, E = \text{Yes}) \\
&= \left[\frac{p(\text{BP} = \text{高} \mid \text{HD} = \text{Yes}, D = \text{健康}, E = \text{Yes})}{p(\text{BP} = \text{高} \mid D = \text{健康}, E = \text{Yes})} \right] \times \\
&\quad p(\text{HD} = \text{Yes} \mid D = \text{健康}, E = \text{Yes}) \\
&= \frac{p(\text{BP} = \text{高} \mid \text{HD} = \text{Yes}) p(\text{HD} = \text{Yes} \mid D = \text{健康}, E = \text{Yes})}{\sum_{\gamma} p(\text{BP} = \text{高} \mid \text{HD} = \gamma) p(\text{HD} = \gamma \mid D = \text{健康}, E = \text{Yes})} \\
&= \frac{0.85 \times 0.25}{0.85 \times 0.25 + 0.2 \times 0.75} \\
&= 0.5862
\end{aligned}$$

而此人不患心脏病的概率是:

$$p(\text{HD} = \text{No} \mid \text{BP} = \text{高}, D = \text{健康}, E = \text{Yes}) = 1 - 0.5862 = 0.4138$$

因此模型暗示健康的饮食和有规律的体育锻炼可以降低患心脏病的危险。

4. BBN 的特点

BBN 模型的一般特点如下。

（1）BBN 提供了一种用图形模型来捕获特定领域的先验知识的方法。网络还可以用来对变量间的因果依赖关系进行编码。

（2）构造网络可能既费时又费力。然而，一旦网络结构确定下来，添加新变量就十分容易了。

（3）贝叶斯网络很适合处理不完整的数据。对有属性遗漏的实例可以通过对该属性的所有可能取值的概率求和或求积分来加以处理。

（4）因为数据和先验知识以概率的方式结合起来，所以该方法对模型的过分拟合问题具有鲁棒性。

4.3.3 决策树

决策树又称判定树，是一种由结点和有向边组成的层次结构，主要用于分类和预测。它采用自顶向下的递归方式，从一组无序、无规则的实例中推理出决策树形式的分类规则。决策树中每个内部结点代表对某一属性的测试，并根据不同属性判断从该结点向下的分支；每条边代表一个测试结果；每个树叶结点代表类或类分布，树的顶层结点是根结点。一棵典型的决策树如图 4-6 所示，用它可以预测某个人购买房屋的意向。其中，矩形表示内部结点，椭圆表示树叶结点。

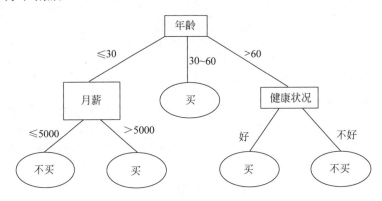

图 4-6　购买房屋问题决策树

从这棵决策树可以看出：样本向量为（年龄、月薪、健康状况、买房意向）。若给出测试向量（年龄、月薪、健康状况），输入待测记录，可以预测某位消费者是否会购买房屋。由此可知，决策树构造的结果是一棵二叉树或多叉树，它的输入是一组带有类标记的训练数据。内部结点（非叶结点）代表一个形如（$a=b$）的逻辑判断，其中，a 是属性，b 是该属性的某个属性值；树的边是逻辑判断的分支结果。多叉树的内部结点是属性，边是该属性的所有取值。树的叶结点即为类标记。

与其他分类方法相比，决策树分类的优点如下。

（1）分类速度快，计算量相对较小，容易转换为分类规则。只须沿着树根向下一直走到叶结点，经过的分支能唯一确定一个分类的谓词。图 4-6 中，"年龄→月薪→≤5000"这条路径谓词表示为"如果一个人年龄小于等于 30 且月薪小于等于 5000，那么他不会买房"。

(2) 分类准确性高,从决策树中挖掘出的规则准确性高且便于理解。

1. ID3 算法

Quinlan 提出的 ID3 算法是决策树算法的代表,具有描述简单、分类速度快的优点,大多数决策树算法都是在此基础上改进的。ID3 算法采用分治策略,通过选择窗口形成决策树,利用信息增益寻找训练集数据库中最大信息量的属性建立决策树的一个结点,再根据该属性的不同取值建立树的分支;在每个分支子集重复建立树的下层结点和分支过程。

ID3 算法的基本思想如下。

(1) 任意选取某一属性作为决策树的根结点,对该属性所有取值创建树的分支。

(2) 用这棵树对训练集进行分类,若某一叶结点所有实例都属于同一类,则以该类为标记标识此叶结点;若所有叶结点都有类标记,则算法终止。

(3) 否则,选取一个从该结点到根路径中没有出现过的属性为标记,标识该结点,再对该属性所有取值继续创建树的分支,重复步骤(2)。

ID3 算法可以创建一棵基于训练集的正确的决策树,但不一定是最简单的。

2. 属性选择度量

ID3 算法在树的每个结点上以信息增益作为度量来选择测试属性,这种度量称为属性选择度量。选择具有最高信息增益(或最大熵压缩)的属性作为当前结点的测试属性,该属性使得结果划分中样本分类所需的信息量最小,即对某一对象分类所需的期望测试数目达到最小,同时能确保找到一棵简单的(不一定是最简单的)决策树。

香农(C. E. Shannon)在 1948 年提出的信息论中给出信息量(Information)和熵(Entropy)的定义。熵是系统信息量的加权平均,即系统的平均信息量。

1) 期望信息量

设 S 是 n 个样本的集合。假定分类属性具有 m 个不同值,定义 m 个不同类 $C_i(i=1, 2, \cdots, m)$,s_i 是类 C_i 中的样本数。对一个给定样本分类的期望信息为:

$$I(s_1, s_2, \cdots, s_m) = -\sum_{i=1}^{m} p_i \log_2(p_i) \quad (4\text{-}12)$$

式中,p_i 表示样本属于类 C_i 的概率,可用 s_i/S 估计,因此 S 中的样本要有一定的数量和代表性。

2) 熵

设属性 A 具有 v 个不同值 $\{a_1, a_2, \cdots, a_v\}$。可以用属性 A 把 S 划分为 v 个子集 $\{S_1, \cdots, S_v\}$,其中,S_j 包含 S 中在属性 A 上取值 a_j 的样本。如果 A 选作测试属性,那么 A 的 v 个不同值对应各个分支。设 s_{ij} 是样本子集 S_j 中类 C_i 的样本数。由 A 划分样本子集的熵确定为:

$$E(A) = \sum_{j=1}^{v} \frac{s_{1j} + \cdots + s_{mj}}{n} I(s_{1j}, \cdots, s_{mj}) \quad (4\text{-}13)$$

式中,$\frac{s_{1j} + \cdots + s_{mj}}{n}$ 表示子集中的样本个数除以 S 中的样本总数,即第 j 个子集的权。如果熵值越小,样本子集划分的纯度就越高。给定样本子集 S_j 的期望信息:

$$I(s_{1j}, s_{2j}, \cdots, s_{mj}) = -\sum_{i=1}^{m} p_{ij} \log_2(p_{ij}) \quad (4\text{-}14)$$

式中，$p_{ij} = s_{ij}/|S_j|$ 是 S_j 中的样本属于 C_i 的概率，$|S_j|$ 表示集合 S_j 中的样本数量。

3) 信息增益

A 作为分支属性的信息增益表示为：

$$\text{gain}(A) = I(s_1, s_2, \cdots, s_m) - E(A) \tag{4-15}$$

gain(A) 是指由于知道属性 A 的值而导致熵的期望压缩。熵是衡量系统混乱程度的统计量。熵越大，表示系统越混乱。因此最佳分类方案是使熵的减少量（Information Gain）达到最大，即 gain(A) 最大，通常采用"贪心算法+深度优先搜索"得到。算法计算每个属性的信息增益，具有最高信息增益的属性选作给定集合 S 的分支属性。创建一个结点，对该属性的每个值创建分支，进而划分样本。

表 4-5 是顾客购买房屋的训练集，以此说明属性选择方法。

表 4-5 顾客购买房屋的训练集

样本编号	年龄	月薪	健康状况	买房意向（类别）
1	≤30	≤5000	好	不买
2	≤30	≤5000	不好	不买
3	≤30	>5000	不好	买
4	≤30	>5000	好	买
5	30～60	≤5000	好	买
6	30～60	>5000	好	买
7	30～60	>5000	不好	买
8	>60	≤5000	好	买
9	>60	≤5000	不好	不买
10	>60	>5000	不好	不买

从表 4-5 中可以看出，类属性"买房意向"有两个取值{买，不买}，因此存在两个类别，则 $m=2$。设 C_1 对应于"买"，C_2 对应于"不买"，则 C_1 有 6 个样本，$s_1=6$，C_2 有 4 个样本，$s_2=4$。由式 (4-12) 计算期望信息 $I(s_1, s_2)$：

$$I(s_1, s_2) = I(6, 4) = -\frac{6}{10}\log_2\frac{6}{10} - \frac{4}{10}\log_2\frac{4}{10} = 0.9710$$

然后计算每个属性的熵。对于属性"年龄"有三个取值{≤30, 30～60, >60}，即三个子集，分别计算三个子集的期望信息。

年龄 = "≤30"：$s_{11}=2, s_{21}=2, I(s_{11}, s_{21}) = -\frac{2}{4}\log_2\frac{2}{4} - \frac{2}{4}\log_2\frac{2}{4} = 1$

年龄 = "30～60"：$s_{12}=3, s_{22}=0, I(s_{12}, s_{22}) = -\frac{3}{3}\log_2\frac{3}{3} = 0$

年龄 = ">60"：

$$s_{13}=1, s_{23}=2, I(s_{13}, s_{23}) = -\frac{1}{3}\log_2\frac{1}{3} - \frac{2}{3}\log_2\frac{2}{3} = 0.9183$$

由式 (4-13) 计算样本"年龄"划分成子集的熵：

$$E(\text{年龄}) = \frac{4}{10}I(s_{11}, s_{21}) + \frac{3}{10}I(s_{12}, s_{22}) + \frac{3}{10}I(s_{13}, s_{23}) = 0.6755$$

信息增益为：

$$\text{gain}(年龄) = I(s_1, s_2) - E(年龄) = 0.2955$$

同理,属性"月薪"和"健康状况"的信息增益分别为:

$$\text{gain}(月薪) = 0.1246$$

$$\text{gain}(健康状况) = 0.1246$$

由于"年龄"属性具有最高信息增益,因此被选为测试属性。创建一个以"年龄"为标记的结点,为每个属性值引出一个分支,如图 4-7 所示。

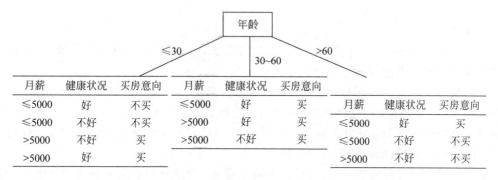

图 4-7 对属性"年龄"进行划分

3. 决策树剪枝

当创建决策树时,由于数据中存在噪声和孤立点,许多分支反映的是训练数据中的异常。剪枝阶段的任务是利用统计学方法,去掉最不可靠、可能是噪声的分支,从而提高对于测试数据的正确分类能力,达到净化树的目的。

剪枝常用的方法包括先剪枝和后剪枝。

1) 先剪枝

先剪枝(Pre-Pruning)是在完全正确分类训练集之前,较早地停止树的生长。最直接的先剪枝方法是事先限定决策树的最大生长高度,使决策树不能过度生长。这种停止标准一般能取得比较好的效果。不过限定树高度的方法要求用户对数据的取值分布有较为清晰的把握,而且需要对参数值进行反复尝试,否则无法给出一个较为合理的树高度阈值。更普遍的做法是采用统计意义下的 χ^2 检验、信息增益等度量,评估每次结点分裂对系统性能的增益。如果结点分裂的增益值小于预先给定的阈值,则不对该结点进行扩展。如果在最好情况下的扩展增益都小于阈值,即使有些结点的样本不属于同一类,算法也可以终止。选取阈值是困难的,阈值较高可能导致决策过于简化,而阈值较低可能对树的化简不够充分。

先剪枝存在视野效果的问题。在相同的标准下,当前的扩展不满足标准,但进一步的扩展有可能满足标准。采用先剪枝的算法有可能过早停止决策树的构造,但由于不必生成完整的决策树,算法的效率很高,适合应用于大规模问题。具体在什么时候停止决策树的生长有多种不同的方法。

(1) 一种最为简单的方法是在决策树到达一定高度的情况下停止树的生长,这种停止标准在特定情况下能取得比较好的效果。

(2) 到达此结点的实例具有相同的特征向量,而不必一定属于同一类,也可停止生长,这种情况可以处理数据冲突问题。

(3) 到达此结点的实例个数小于某一个阈值后停止树的生长,其不足之处是不能处理那些数量较少的特殊情况。

（4）更为普遍的做法是计算每次扩张对系统性能的增益，如果这个增益值小于某个阈值则不进行扩展，如果在最好情况下的扩展增益都小于阈值，则即使有些叶结点的实例集不属于同一类，算法也停止。

先剪枝在决策树生成时可能会丧失一些有用的结论，而这些结论往往在决策树完全建成以后才会被发现，而且，确定何时终止决策树生长是个问题，目前使用较多的是后剪枝方法。

2）后剪枝

后剪枝（Post-Pruning）技术允许决策树过度生长，然后根据一定的规则，减去决策树中那些不具有一般代表性的结点或分支。

后剪枝算法有自上而下和自下而上两种剪枝策略。自下而上的算法首先从最底层的内结点开始剪枝，剪去满足一定条件的内结点，在生成的新决策树上递归调用这个算法，直到没有可以剪枝的结点为止；自上而下的算法是从根结点开始向下逐个考虑结点的剪枝问题，只要结点满足剪枝的条件就进行剪枝。

后剪枝是一个边修剪边检验的过程，一般规则是：在决策树不断剪枝的过程中，利用训练样本集或检验样本集数据，检验决策子树对目标变量的预测精度，并计算出相应的错误串。如果存在某个叶子剪去后能使得在测试集上的准确度不降低，则剪去该叶子。

（1）降低分类错误率剪枝（Reduced Error Pruning，REP）方法

REP 方法由 Quinlan 首先提出，它是一种最简单的剪枝方法，需要一个独立的测试集（剪枝数据集）来计算子树的精确度。它将树上的每一个结点作为修剪的候选对象，过程如下。

自底向上，对于树 T 的每一个子树 S，使它成为叶子结点，生成一棵新树。如果在测试集上，新树能得到一个较小或相等的分类错误，而且子树 S 中不包含具有相同性质的子树，则 S 被删除，用叶子结点代替。重复此过程，直到任意一棵子树被叶子结点替代而不增加其在测试集上的分类错误为止。这样会造成由于训练集中的巧合规律性而加入的结点很可能被删除，因为同样的巧合不大会出现在测试集中。反复地比较错误率，每次总是选取那些删除后可能最大提高决策树在测试集上的精度的结点进行修剪，直到进一步的修剪会降低决策树在测试集上的精度为止。

（2）悲观误差剪枝（Pessimistic Error Pruning，PEP）方法

PEP 方法是 Quinlan 为了克服 REP 方法需要独立剪枝数据集的缺点而提出的。假设训练集生成原始树为 T，某一叶子结点的实例个数为 $n(t)$，其中错误分类的个数为 $e(t)$，由于训练数据既用来生成决策树又用来修剪树，因此基于此训练数据集的误差率：$r(t) = e(t)/n(t)$ 是有偏差的，它不能精确地选择最好的修剪树。

为此，Quinlan 对误差估计增加了连续性校正，将误差率修改为：

$$r'(t) = \left[e(t) + \frac{1}{2}\right]/n(t) \tag{4-16}$$

设 S 为树 T 的子树 $T(t)$，其叶子结点的个数为 $L(S)$，$T(t)$ 的分类误差为：

$$r'(T_t) = \frac{\sum_s [e(s) + 1/2]}{\sum_s n(s)} = \frac{\sum_s e(s) + L(S)/2}{\sum_s n(s)} \tag{4-17}$$

在定量分析中,为简单起见,用错误总数取代错误率,即 $e'(t)=e(t)+1/2$。那么对于子树 $T(t)$,有:

$$e'(T_t) = \sum_s e(s) + L(S)/2 \tag{4-18}$$

如果得到的决策树精确地分类各个实例,即误差 $e(s)=0$,此时 $e'(T_t)=1/2$,它仅代表决策树关联每个叶子的时间复杂性的度量。当训练集中有样本冲突时,此结果不成立。

一般来说,某一中间结点 t 被叶子结点替换的条件是:替换后子树 T_t 的误差率要小于节点 t 的误差率。但由于连续校正的存在,有时候会发生 $n'(t) \leqslant n'(T_t)$ 这种情况。此时节点 t 也要被删除。为此,Quinlan 削弱了对错误率的限制,修改为:

$$e'(t) \leqslant e'(T_t) + \text{SE}[e'(T_t)] \tag{4-19}$$

其中,$\text{SE}[e'(T_t)]$ 称为标准误差,定义如下:

$$\text{SE}[e'(T_t)] = \sqrt{b^2 - 4ac} \tag{4-20}$$

如果式(4-20)成立,则子树不应被剪掉,用相应的叶子结点代替。对所有非叶子结点以此计算测试,来判断它们是否应被修剪。

PEP 方法在误差估计中引入连续校正机制并没有充分的理论基础。在统计上,通常用二项式分布取代正态分布。事实上,连续校正只对引入复杂度因子有效,然而这个因子不能被看成错误率,否则可能导致剪枝不彻底或过分剪枝。如果所得到的决策树完全精确地分类所有的训练实例,则:

$$e'(T_t) + \text{SE}[e'(T_t)] = [L(T_t) + \sqrt{L(T_t)}]/2 \tag{4-21}$$

由于 $e'(t)=e(t)$,式(4-21)简化为:

$$L(T_t) + \sqrt{L(T_t)} \geqslant 2e'(t) \tag{4-22}$$

也就是说,如果子树 T_t 中关于帮助纠正分类错误的叶子结点数足够大,就得对 T_t 剪枝。常量 1/2 简单地表示一个叶子对整棵树的复杂性的贡献。

4. 从决策树提取分类规则

从构建的决策树中可以提取分类规则,并以 IF-THEN 的形式表示。具体方法是:从根结点到叶结点的每一条路径创建一条分类规则,路径上的每一对"属性-值"为规则的前件(即 IF 部分)的一个合取项,叶结点为规则的后件(即 THEN 部分)。

对于图 4-6 的决策树可以提取如下分类规则。

```
IF 年龄 = '≤30' AND 月薪 = '≤5000'    THEN 买房意向 = '不买'
IF 年龄 = '≤30' AND 月薪 = '>5000'    THEN 买房意向 = '买'
IF 年龄 = '30~60'                      THEN 买房意向 = '买'
IF 年龄 = '>60' AND 健康状况 = '好'    THEN 买房意向 = '买'
IF 年龄 = '>60' AND 健康状况 = '不好'  THEN 买房意向 = '不买'
```

4.3.4 支持向量机

支持向量机(Support Vector Machine,SVM)的核心内容是由 20 世纪 90 年代 Vapnik 等人提出的,它建立在统计学理论和结构风险最小原理基础上,是一种新的机器学习方法,兼顾了训练误差和泛化能力,能较好地解决小样本、非线性、高维数和局部极小点等实际问题,广泛应用于分类、模式识别、函数逼近和时间序列预测等方面。

SVM 的基本思想是通过非线性变换将输入空间映射到高维特征空间,在高维空间中求得一个经验风险为 0、具有最大间隔的最优超平面,从而正确区分输入空间的两类样本。最优分类面如图 4-8 所示,图中实心点和空心点分别代表两类训练样本,H 为分类线,H_1 和 H_2 与分类线平行,分别为过两类样本中离分类线最近的点。H_1 与 H_2 间的距离 d 称作分类间隔,线上的样本为支持向量。

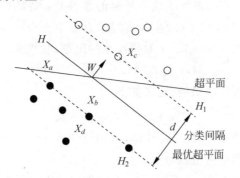

图 4-8 线性可分情况下的超平面

给定 n 个线性可分的训练样本。样本表示为 $\{X_i, y_i\}(i=1,2,\cdots,n)$,$y_i \in \{-1,1\}$。这里考虑简单的二分类问题,则如图 4-8 所示的线性分类的最优超平面表示为:

$$W \cdot X + b = 0 \tag{4-23}$$

式中,W 和 b 是超平面的参数,$W \cdot X$ 表示向量 W 和 X 的内积。

对于最优超平面的两个点 X_a 和 X_b,满足式(4-23),则:

$$W \cdot X_a + b = 0, \quad W \cdot X_b + b = 0$$

两个方程相减得到:

$$W \cdot (X_b - X_a) = 0$$

其中,$X_b - X_a$ 是一个平行于最优超平面的向量,它的方向从 X_a 到 X_b。由于点积结果为 0,因此系数向量 W 的方向与最优超平面垂直。

可以证明,最优超平面上的点 X_t 类标号定义为 $y_t = 1$,满足:

$$W \cdot X_t + b = \mu > 0 \tag{4-24}$$

而最优超平面下的点 X_u 类标号定义为 $y_b = -1$,满足:

$$W \cdot X_u + b = \psi < 0 \tag{4-25}$$

调整决策边界参数 W 和 b,两个平行的超平面分别表示为:

$$H_1 : W \cdot X + b = 1 \tag{4-26}$$

$$H_2 : W \cdot X + b = -1 \tag{4-27}$$

设 X_c 和 X_d 分别是超平面 H_1 和 H_2 上的点,得到:

$$W(X_c - X_d) = 2$$
$$\|W\| \times d = 2$$
$$d = \frac{2}{\|W\|} \tag{4-28}$$

式中,$\|W\|$ 表示向量 W 的长度。

支持向量机的训练是为了从 n 个训练数据中估计参数 W 和 b，即：

$$y_i = 1, W \cdot X_i + b \geq 1 \tag{4-29}$$

$$y_i = -1, W \cdot X_i + b \leq -1 \tag{4-30}$$

即 $y_i(W \cdot X_i + b) \geq 1, i = 1, 2, \cdots, n$。

这样支持向量机的训练就转化为以下被约束的优化问题。

$$\min f(W) = \frac{\|W\|^2}{2} \tag{4-31}$$

$$\text{s. t.} \quad y_i(W \cdot X_i + b) \geq 1, \quad i = 1, 2, \cdots, n \tag{4-32}$$

由于目标函数是二次的，而约束在参数 W 和 b 上是线性的，这个凸优化问题可以通过标准的拉格朗日乘子方法求解。该优化问题的拉格朗日方程为：

$$L(W, b, \lambda_i) = \frac{1}{2} \|W\|^2 - \sum_{i=1}^{n} \lambda_i [y_i(W \cdot X_i + b) - 1] \tag{4-33}$$

令 $L(W, b, \lambda_i)$ 关于 W、b 的梯度为 0，则有：

$$W = \sum_{i=1}^{n} \lambda_i y_i X_i, \quad \sum_{i=1}^{n} \lambda_i y_i = 0 \tag{4-34}$$

将拉格朗日方程转化为对偶问题，得到该优化问题的对偶公式：

$$L_D(\lambda_i) = \sum_{i=1}^{n} \lambda_i - \frac{1}{2} \sum_{i,j} \lambda_i \lambda_j y_i y_j X_i \cdot X_j \tag{4-35}$$

利用数值计算方法求解式(4-35)，得到一组 λ_i。通过式(4-34)求得 W 和 b 的解，则最优超平面可以表示成：

$$\left(\sum_{i=1}^{n} \lambda_i y_i X_i \cdot X\right) + b = 0 \tag{4-36}$$

表 4-6 给出一组二维数据集，它包含 8 个训练实例。使用二次规划方法，求解式(4-35)给出的优化问题，得到每一个训练实例的拉格朗日乘子 λ_i（表中最后一列）。

表 4-6 二维数据集

X_1	X_2	y	拉格朗日乘子
0.3858	0.4687	1	65.5261
0.4871	0.6110	−1	65.5261
0.9218	0.4103	−1	0
0.7382	0.8936	−1	0
0.1763	0.0579	1	0
0.4057	0.3529	1	0
0.9355	0.8132	−1	0
0.2146	0.0099	1	0

令 $W = (W_1, W_2)$，b 为最优超平面的参数。使用式(4-34)得到：

$$W_1 = \sum_{i=1}^{n} \lambda_i y_i X_{i1} = 65.5261 \times 1 \times 0.3858 + 65.5261 \times (-1) \times 0.4871 = -6.64$$

$$W_2 = \sum_{i=1}^{n} \lambda_i y_i X_{i2} = 65.5261 \times 1 \times 0.4687 + 65.5261 \times (-1) \times 0.6110 = -9.32$$

则：

$$b^{(1)} = 1 - W \cdot X_1 = 1 - (-6.64)(0.3858) - (-9.32)(0.4687) = 7.9300$$
$$b^{(2)} = 1 - W \cdot X_2 = -1 - (-6.64)(0.4871) - (-9.32)(0.6110) = 7.9289$$

对 $b^{(1)}$、$b^{(2)}$ 取平均,得到 $b=7.93$。对应于这些参数的最优超平面如图 4-9 所示。

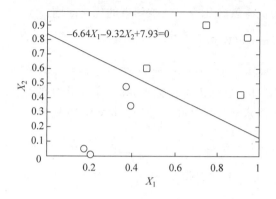

图 4-9 线性可分数据集的最优超平面

则样本实例 z 按如下公式分类:

$$f(z) = \text{sign}(w \cdot z + b) = \text{sign}\left(\sum_{i=1}^{n}\lambda_i y_i X_i \cdot z + b\right)$$

如果 $f(z)=1$,待测实例被分为正类,否则为负类。

4.3.5 粗糙集

1982 年,波兰华沙理工大学 Z. Pawlak 教授首先提出了粗糙集理论,这是一种新型的处理模糊和不确定知识的数学工具。它不仅能够在缺少关于数据的先验知识的情况下,仅仅以对观测数据的分类能力为基础,解决模糊或不确定性数据的分析和处理,而且算法简单,易于操作。目前,粗糙集方法已经在人工智能、知识与数据发现、模式识别与分类、故障检测等方面得到广泛应用。

粗糙集理论的特点是不需要预先给定某些特征或属性的数量描述,而是直接从给定问题的描述集出发,通过不可分辨关系(等价关系)确定给定问题的近似域,从而找出该问题的内在规律。

给定一个有限的非空对象集合 U,称为论域。$R \in U \times U$,它表示 U 上的一个等价关系。这里,这种等价关系 R 代表论域 U 中的一种关系,它可以是一种属性的描述,或为一个属性集合的描述;R 可以是定义的一种变量,也可以是定义的一种规则。等价关系 R 将集合 U 划分成不相交的子集,记作 U/R,表示 T 的所有等价类族。

如果 U 上的两个元素 x 和 y 属于相同的等价类,则称 x 和 y 是不可分辨的。一个二元组的关系信息系统 $K=(U,R)$ 称为近似空间(或知识库)。R 的等价类和空集 $\varnothing$ 称为近似空间 $K=(U,R)$ 的原子集合。多个原子集合的并集称为复合集合,所有复合集合(包括空集)的族,表示为 $\text{Com}(K)$。

粗糙集理论把知识看成是对有关对象论域的划分,而等价关系 R 和由其产生的等价类则是关于 U 的有效信息或知识。任意给定一个集合 $X \in U$,如果使用 R 等价类无法精确描

述 X，则 X 就是 R 的粗糙集；反之 X 是 R 的精确集。

粗糙集 X 可以用两个精确子集：下近似（集）和上近似（集）来加以定义：

$$K_-(X) = \bigcup_{[x]_R \in X} [x]_R \tag{4-37}$$

$$K^-(X) = \bigcup_{[x]_R \cap X \neq \varnothing} [x]_R \tag{4-38}$$

式中，$[x]_R = \{y \mid x R y\}$ 是包含 x 的等价类，即 $[x]_R$ 中的每一个对象都与 X 具有相同的特征属性。下近似 $K_-(X)$ 是所有在 X 子集中的原子集的并集，即由那些根据现有知识判断肯定属于 X 的对象组成的最大集合，也是包含在 X 中的最大复合集；上近似 $K^-(X)$ 是所有具有与 X 相交非空的原子集的并集，是包含 X 的最小复合集。下近似中的一个元素必然属于 X；而上近似的元素可能属于 X。下近似（集）和上近似（集）还可以表示为：

$$K_-(X) = \{x \mid [x]_R \in X\} \tag{4-39}$$

$$K^-(X) = \{x \mid [x]_R \cap X \neq \varnothing\} \tag{4-40}$$

即当 U 中某个元素 x 的所有等价元素都属于 X 时，则它必然属于 X；当其至少有一个等价元素属于 X 时，则它有可能属于 X。

一个集合 $X \in U$ 的下近似和上近似，将论域 U 划分为三个不相交的区域：正区域 POS(X)、负区域 NEG(X) 和边界区域 BND(X)，分别定义如下。

$$\text{POS}(X) = K_-(X) \tag{4-41}$$

$$\text{NEG}(X) = U - K^-(X) \tag{4-42}$$

$$\text{BND}(X) = K^-(X) - K_-(X) \tag{4-43}$$

在这种定义下，对于一个集合 $X \in U$，任何属于 POS(X) 的元素 x，一定属于 X；任何属于 NEG(X) 的元素 x，肯定不属于 X，但属于 X 的补集；当一个元素 x 属于 BND(X) 时，不能确定它是否属于 X 或 X 的补集。所以，在某种意义上边界域是论域的不确定域。一个集合的上近似是正区域和边界区域的并集，即 $K^-(X) = \text{POS}(X) \cup \text{BND}(X)$。如果 BND($X$) = $\varnothing$，则表明 X 是关于 R 的精确集；反之，X 是关于 R 的粗糙集。

集合的不确定性是由于边界域的存在而引起的。集合的边界域越大，其精确性越差。对于两个非空集合 X 和 Y，如果它们是完全不相同的，则 X 和 Y 是不相交的，即 $|X \cap Y| = 0$；如果 X 和 Y 正好完全相同，则 $|X \cup Y| = |X \cap Y| = |X| = |Y|$。利用这个特性可以度量集合的不确定性（即精确性）。

两个集合 X 和 Y 之间的相似程度定义为：

$$s(X, Y) = \frac{|X \cap Y|}{|X \cup Y|} \tag{4-44}$$

若 $X \neq Y$，则 $s(X, Y) = 0$；若 $X = Y$，则 $s(X, Y) = 1$。将式(4-39)代入式(4-44)，其中，$K_-(X)$ 是式(4-44)中的 X，$K^-(X)$ 是式(4-44)中的 Y，从而得到 X 的 R 粗糙度公式：

$$D(K_-(X), K^-(X)) = 1 - \frac{|K_-(X) \cap K^-(X)|}{|K_-(X) \cup K^-(X)|} = 1 - \frac{|K_-(X)|}{|K^-(X)|} \tag{4-45}$$

$D(K_-(X), K^-(X))$ 反映了解集合 X 的知识的不完全程度。显然，对于每一个 R，有 $0 \leqslant D(K_-(X), K^-(X)) \leqslant 1$；若 $D(K_-(X), K^-(X)) = 0$，则 X 的边界域为空集，集合 X 是 R 可定义的；若 $D(K_-(X), K^-(X)) < 1$，集合 X 有非空边界域，集合 X 是部分 R 不可定义的；若 $D(K_-(X), K^-(X)) = 1$，集合 X 是全部 R 不可定义的。

精确度函数 $\rho(X)$ 是度量集合 X 不确定性程度的另一种形式，其定义为：

$$\rho(X) = 1 - D(K_-(X), K^-(X)) = \frac{|K_-(X)|}{|K^-(X)|} = S(K_-(X), K^-(X)) \quad (4\text{-}46)$$

对于空集，定义 $\rho(\varnothing)=1$。如果 X 是复合集合，那么 $\rho(X)=1$；如果 X 不是复合集合，那么 $0 \leqslant \rho(X) < 1$。精确度与 R 粗糙度恰恰相反，表示了解集合 X 的知识的完全程度。

对粗糙集的研究主要基于分类。分类和概念同义，一种类别对应一个概念。知识由概念组成，如果某知识中含有不精确概念，则该知识不精确。粗糙集对不精确概念的描述是通过上近似和下近似这两个精确概念来表示的。一个概念（或集合）的下近似（集）是其下近似中的元素肯定属于该概念；一个概念（或集合）的上近似（集）指的是其上近似中的元素可能属于该概念。下、上近似构成了粗糙集研究中的两个基本运算。

粗糙集理论的基本出发点是假设所研究的每一个对象涉及一些信息（数据、知识）。例如，如果对象是某种疾病的病例，那么这种疾病的症状形成了有关病例的信息。如果对象由相同的信息描述，那么它们就是相似的或不可分辨的，由此产生的不可分辨关系正是粗糙集理论的数学基础。

所有相似对象的集合称为初等集合，形成知识的基本成分（又称知识基）。任何初等几何的并集称为精确集；否则，一个集合就是粗糙的（或不精确的）。每个粗糙集都具有边界元素，也就是那些既不能确定为集合元素也不能确定为集合补集元素的元素（显然，精确集完全没有边界元素）。对于具有边界实例的对象，不能利用现有知识对其进行适当分类。

给定一张包括 6 个病例的数据集，如表 4-7 所示。表的列标示为属性（症状），行标示为对象（病例），表中的数据记录了属性值。表中的每一行都可看成有关特殊病例的信息。如病例 P2 由表中下列属性值描述：

{(头疼,是),(肌肉痛,否),(体温,高),(流感,是)}

以此类推，这张表形成了疾病病例信息。

表 4-7 流感病例

病例	头疼	肌肉痛	体温	流感
P1	否	是	高	是
P2	是	否	高	是
P3	是	是	很高	是
P4	否	是	正常	否
P5	是	否	高	否
P6	否	是	很高	是

表中病例 P2、P3 和 P5 相对于属性"头疼"是不可分辨的；病例 P3 和 P6 相对于属性"肌肉痛"和"流感"是不可分辨的；病例 P2 和 P5 相对于属性"头疼""肌肉痛"和"体温"是不可分辨。这样，属性"头疼"产生两个初等集合：{P2,P3,P5} 和 {P1,P4,P6}；而属性"头疼"和"肌肉痛"生成三个初等集合：{P1,P4,P6}、{P2,P5} 和 {P3}。同样，人们可以确定由任意属性子集所生成的初等集合。

因为病例 P2 患有流感，而病例 P5 没有患流感，对于属性"头疼""肌肉痛"和"体温"来说，它们是不可分辨的。因此，流感不能以属性"头疼""肌肉痛"和"体温"作为特征进行描述，由此得出 P2 和 P5 是边界实例，即它们不能根据有效知识进行适当的分类。剩下的病例 P1、P3 和 P6 所显示的症状足以将它们确定地分类成流感。但不能排除 P1 和 P5 患流感，而 P4 毫无疑问没有流感。所以病例集合中"患有流感"的下近似集合是{P1,P3,P6}，上近似集合是{P1,P2,P3,P5,P6}。同样，P4 没有患流感；P2 和 P5 不能排除患流感，所以没有患流感的下近似是{P4}，上近似是{P2,P4,P5}。可以容易得到，为了确定是否患流感，不必使用这张表中的所有属性。如果一个病例有很高的体温，一定患有流感；但如果体温正常，那一定没有患流感。

4.3.6 其他分类算法

除了贝叶斯分类器、决策树、支持向量机和粗糙集等分类方法外，k-最临近分类、基于案例的推理和遗传算法也常用于分类。

1. k-最临近分类

最临近分类基于类比学习，训练样本用 n 维数值属性描述，每个样本代表 n 维空间的一个点。这样，所有的训练样本都存放在 n 维模式空间中。给定一个未知样本，k-最临近分类法搜索模式空间，找出最接近未知样本的 k 个训练样本。这 k 个训练样本是未知样本的 k 个"近邻"。"临近性"用欧几里得距离定义，其中两个点 $X=(x_1,x_2,\cdots,x_n)$ 和 $Y=(y_1,y_2,\cdots,y_n)$ 的欧几里得距离是：

$$d(x,y) = \sqrt{\sum_{i=1}^{n}(x_i - y_i)^2} \tag{4-47}$$

未知样本被分配到 k 个最临近者中最公共的类。当 $k=1$ 时，未知样本被指定到模式空间中与之最邻近的训练样本的类。

最临近分类是基于要求的或懒散的学习法，即它存放所有的训练样本，并且直到新的（未标记的）样本需要分类时才建立分类。这与诸如判定树归纳和后向传播这样的急切学习法形成鲜明对比，后者在接受待分类的新样本之前构造一个一般模型。当与给定的无标号样本比较的可能的临近者（即存放的训练样本）数量很大时，懒散学习法可能招致很高的计算开销。这样，它们需要有效的索引技术。正如所预料的，懒散学习法在训练时比急切学习法快，但在分类时慢，因为所有的计算都推迟到那时。与判定树归纳和后向传播不同，最临近分类对每个属性指定相同的权。当数据中存在许多不相关属性时，这可能引起混乱。

最临近分类也可以用于预测，即返回给定的未知样本的实数值预测。在此情况下，分类返回未知样本的 k 个最临近者实数值标号的平均值。

2. 基于案例的推理

基于案例的推理（Case-Based Reasoning，CBR）分类法是基于要求的。不像最临近分类法将训练样本作为欧氏空间的点存放，CBR 存放的样本或"案例"是复杂的符号描述。CBR 的商务应用包括诸如顾客服务台问题求解，其中案例描述产品有关的诊断问题。CBR 还被用在诸如工程和法律领域，其中案例分别是技术设计和法律条款。

当给定一个待分类的新案例时，基于案例的推理首先检查是否存在一个同样的训练案例。如果找到一个，则返回附在该案例上的解。如果找不到同样的案例，则基于案例的推理将搜索具有类似于新案例成分的训练案例。概念上讲，这些训练案例可以视为新案例的邻接者。如果案例用图描绘，这涉及搜索类似于新案例的子图。基于案例的推理试图组合临近的训练案例,提出新案例的解。如果解之间出现不相容,可能需要回溯搜索其他解。基于案例的推理可能使用背景知识和问题求解策略,以便提出可行的组合解。

基于案例的推理存在的挑战包括找到一个好的相似性度量(例如匹配子图),开发对训练案例索引的有效技术和组合解的方法。

3. 遗传算法

遗传算法试图结合自然进化的思想。一般地,遗传学习开始如下:创建一个由随机产生的规则组成的初始**群体**。每个规则可以用一个二进位串表示。作为一个简单的例子,假定给定的训练集用两个布尔属性 A_1 和 A_2 描述,并且有两个类 C_1 和 C_2。规则"IF A_1 AND NOT A_2 THEN C_2"可以用二进位串"100"编码,其中最左边的两个二进位分别代表属性 A_1 和 A_2,而最右边的二进位代表类。类似地,规则"IF NOT A_1 AND NOT A_2 THEN C_1"可以用"001"编码。如果一个属性具有 $k(k>2)$ 个值,则可以用 k 个二进位对该属性的值编码。类可以用类似的形式编码。

根据适者生存的原则,形成由当前群体中最适合的规则组成新的群体,以及这些规则的后代。典型情况下,规则的**适合度**用它对训练样本集的分类准确率评估。

后代通过使用诸如交叉和变异等遗传操作来创建。在交叉操作中,基于规则对子串进行交叉,生成新的规则对。在变异操作中,规则串中随机选择的位被反转。

继续由先前的规则群体产生新的规则群体的过程,直到群体 P "进化",P 中的每个规则满足预先指定的适合度阈值。

遗传算法易于并行,并且也已用于分类和其他优化问题。在数据挖掘中,它们可能用于评估其他算法的适合度 C。

4.4 评估分类器的性能

估计误差有助于学习算法进行**模型选择**,即找到一个具有合适复杂度、不易发生过分拟合的模型。模型一旦建立,就可以应用到检验数据集上,预测未知记录的类标号。

测试模型在检验集上的性能是有用的,因为这样的测量给出模型泛化误差的无偏估计。在检验集上计算出的准确率或错误率可以用来比较不同分类器在相同领域上的性能。然而,为了做到这一点,检验记录的类标号必须是已知的。本节介绍一些常用的评估分类器性能的方法。

4.4.1 保持方法

在保持(Holdout)方法中,将被标记的原始数据划分成两个不相交的集合,分别称为训练集和检验集。在训练数据集上归纳分类模型,在检验集上评估模型的性能。训练集和检验集的划分比例通常根据分析家的判断(例如,50—50,或者 2/3 作为训练集、1/3 作为检验集)。分类器的准确率根据模型在检验集上的准确率估计。

保持方法有一些众所周知的局限性。第一,用于训练的被标记样本较少,因为要保留一部分记录用于检验,因此,建立的模型不如使用所有被标记样本建立的模型好。第二,模型可能高度依赖于训练集和检验集的构成。一方面,训练集越小,模型的方差越大;另一方面,如果训练集太大,根据用较小的检验集估计的准确率又不太可靠。这样的估计具有很宽的置信区间。最后,训练集和检验集不再是相互独立的。因为训练集和检验集来源于同一个数据集,在一个子集中超出比例的类在另一个子集就低于比例,反之亦然。

4.4.2 随机二次抽样

可以多次重复应用保持方法来改进对分类器性能的估计,这种方法称作随机二次抽样。设 acc_i 是第 i 次迭代的模型准确率,总准确率是 $acc_{sub} = \sum_{i=1}^{k} acc_i/k$。随机二次抽样也会遇到一些与保持方法同样的问题,因为在训练阶段也没有利用尽可能多的数据。并且,由于它没有控制每个记录用于训练和检验的次数,因此,有些用于训练的记录使用的频率可能比其他记录高很多。

4.4.3 交叉验证

替代随机二次抽样的一种方法是**交叉验证**。在该方法中,每个记录用于训练的次数相同,并且恰好检验一次。为了解释该方法,假设把数据分为相同大小的两个子集,首先选择一个子集作训练集,而另一个作检验集,然后交换两个集合的角色,原先作训练集的现在作检验集,反之亦然,这种方法叫二折交叉验证。总误差通过对两次运行的误差求和得到。在这个例子中,每个样本各作一次训练样本和检验样本。k 折交叉验证是对该方法的推广,把数据分为大小相同的 k 份,在每次运行时,选择其中一份作检验集,而其余的全作为训练集,该过程重复 k 次,使得每份数据都用于检验恰好一次。同样,总误差是所有 k 次运行的误差之和。k 折交叉验证方法的一种特殊情况是令 $k=N$,其中,N 是数据集的大小,在这种所谓**留一**方法中,每个检验集只有一个记录。该方法的优点是使用尽可能多的训练记录,此外,检验集之间是互斥的,并且有效地覆盖了整个数据集;该方法的缺点是整个过程重复 N 次,计算上开销很大,此外,因为每个检验集只有一个记录,性能估计度量的方差偏高。

4.4.4 自助法

迄今为止,我们介绍的方法都是假定训练记录采用不放回抽样,因此,训练集和检验集都不包含重复记录。在自助方法中,训练记录采用有放回抽样,即已经选作训练的记录将放回原来的记录集中,使得它等机率地被重新抽取。如果原始数据有 N 个记录,可以证明,平均来说,大小为 N 的自助样本大约包含原始练集数据中 63.2% 的记录。这是因为一个记录被自助抽样抽取的概率是 $1-(1-1/N)^N$,当 N 充分大时,该概率逐渐逼近 $1-e^{-1}=0.632$。没有抽中的记录就成为检验集的一部分,将训练集建立的模型应用到检验集上,得到自助样本准确率的一个估计 ε_i。抽样过程重复 b 次,产生 b 个自助样本。

按照如何计算分类器的总准确率,有几种不同的自助抽样法。常用的方法之一是 0.632 自助,它通过组合每个自助样本的准确率(ε_i)和由包含所有标记样本的训练集计算的准确率(acc_s)计算总准确率(acc_{boot}):

$$acc_{boot} = \frac{1}{b}\sum_{i=1}^{b}(0.632 \times \varepsilon_i + 0.368 \times acc_s) \tag{4-48}$$

小结

(1) 分类和预测是数据分析的两种形式,可以用于提取描述重要数据类的模型或预测未来的数据趋势。

(2) 贝叶斯分类器是一种对属性集和类变量的概率关系建模的方法。

(3) ID3 决策树算法,以自顶向下递归的方式构造决策树。对于训练样本集,ID3 算法通过计算信息增益选择各分支属性,以信息增益最大为分支标准。再对各分支的训练样本递归建立决策树,最后得到一棵多层的决策树。

(4) 支持向量机从线性可分情况下的最优分类发展而来,即找到用于分类的最优超平面。

(5) 粗糙集理论建立在分类机制的基础上,把分类理解为在特定空间的等价关系,而等价关系构成了对该空间的划分。它主要是利用已知的知识库,用知识库中的已知知识近似描述不精确或不确定的知识。

习题

1. 简述朴素贝叶斯分类的主要思想。
2. 考虑表 4-8 中的数据集。

(1) 估计条件概率 $P(A|+),P(B|+),P(C|+),P(A|-),P(B|-),P(C|-)$。

(2) 根据(1)中的条件概率,使用朴素贝叶斯方法预测测试样本 ($A=0,B=1,C=0$) 的类标号。

表 4-8 习题 2 数据集

记录	A	B	C	类
1	0	0	0	+
2	0	0	1	-
3	0	1	1	-
4	0	1	1	-
5	0	0	1	+
6	1	0	1	+
7	1	0	1	-
8	1	0	0	-
9	1	1	1	+
10	1	0	1	+

3. 考虑表 4-9 中的二元分类问题的训练样本集。

(1) 整个训练样本集关于类属性的熵是多少?

(2) 关于这些训练样本,a_1 和 a_2 的信息增益是多少?

(3) 对于连续属性 a_3,计算所有可能划分的信息增益。

表 4-9 习题 3 数据集

实例	a_1	a_2	a_3	目标类
1	T	T	1.0	+
2	T	T	6.0	+
3	T	F	5.0	−
4	F	F	4.0	+
5	F	T	7.0	−
6	F	T	3.0	−
7	F	F	8.0	−
8	T	F	7.0	+
9	F	T	5.0	−

4. 什么是粗糙集？粗糙集的作用及特点各是什么？

5. 考虑如下测试分类法 A 是否优于另一个分类法 B 的方法。设 N 是数据集的大小，p_A 是分类法 A 的准确率，p_B 是分类法 B 的准确率，而 $p=(p_A+p_B)/2$ 是两种分类法的平均准确率。为了测试分类法 A 是否显著优于 B，使用如下 Z 统计量：

$$Z=\frac{p_A-p_B}{\sqrt{\frac{2p(1-p)}{N}}}$$

如果 $Z>1.96$，则认为分类法 A 优于分类法 B。表 4-10 在不同的数据集上比较了三个不同分类法的准确率：决策树分类法、朴素贝叶斯分类法和支持向量机。

表 4-10 各种分类法准确率的比较

数据集	大小(N)	决策树/%	朴素贝叶斯/%	支持向量机/%
Anneal	898	92.09	79.62	87.19
Australia	690	85.51	76.81	84.78
Auto	205	81.95	58.05	70.73
Breast	699	95.14	95.99	96.42
Cleve	303	76.24	83.50	84.49
Credit	690	85.80	77.54	85.07
Diabetes	768	72.40	75.91	76.82
German	1000	70.90	74.70	74.40
Glass	214	67.29	48.59	59.81
Heart	270	80.00	84.07	83.70
Hepatitis	155	81.94	83.23	87.10
Horse	368	85.33	78.80	82.61
Ionosphere	351	89.17	82.34	88.89
Iris	150	94.67	95.33	96.00
Labor	57	78.95	94.74	92.98
Led7	3200	73.34	73.16	73.56
Lymphography	148	77.03	83.11	86.49
Pima	768	74.35	76.04	76.95
Sonar	208	78.85	69.71	76.92

续表

数据集	大小(N)	决策树/%	朴素贝叶斯/%	支持向量机/%
Eic-tac-toe	958	83.72	70.04	98.33
Vehicle	846	71.04	45.04	74.94
Wine	178	94.38	96.63	98.88
Zoo	101	93.07	93.07	96.04

用加表 4-11 所示的 3×3 表格汇总表 4-10 中给定的分类法在数据上的分类性能。

表 4-11 分类法在数据上的分类性能

赢-输-平局	决策树	朴素贝叶斯	支持向量机
决策树	0—0—23		
朴素贝叶斯		0—0—23	
支持向量机			0—0—23

表格中每个单元的内容包含比较行与列的两个分类器时的赢、输和平局的数目。

第 5 章

关联分析

"数据海量,信息缺乏"是很多行业在数据爆炸过程中普遍面对的尴尬,如今对信息的获取能力,决定了在前所未有的激烈竞争环境中的决策能力。如何挖掘出数据中存在的各种有用的信息,即对这些数据进行分析,发现其数据模式及特征,然后可能发现某个客户、消费群体或组织的金融和商业兴趣,并可以观察金融市场的变化趋势,有效地获取信息,是每个人、每个组织的难题。信息是现代企业的生命线,如果一个"结点"既不提供信息也不使用信息,也就失去了存在的价值。关联分析(Association Analysis)用于发现隐藏在大型数据集中的令人感兴趣的关联关系,描述数据之间的密切度。

5.1 引言

引例 1——购物篮分析

1993 年美国学者 Rakesh Agrawa 发表的一篇论文,即 *Mining Association Rules between Sets of Items in Large Databases*,是目前关于关联分析方面被引用最多的一篇文献,提出通过分析购物篮中的商品集合,从而找出商品之间关联关系的关联算法,并根据商品之间的关系,找出客户的购买行为。世界著名商业零售企业沃尔玛拥有世界上最大的数据仓库系统,集中了其各门店原始的详细交易数据,为了能够准确地了解顾客在其门店的购买习惯,沃尔玛对其顾客的购物行为进行了购物篮分析。想知道顾客经常一起购买的商品有哪些,数据挖掘技术的先锋 NCR Teradata 公司帮助沃尔玛创造了这一传奇。

NCR 利用数据挖掘工具对这些数据进行分析和挖掘,意外发现"跟尿布一起被购买最多的商品竟是啤酒"。这是沃尔玛最为经典的商品陈列故事,该规则表明尿布和啤酒的销售之间存在着很强的联系,因为许多购买尿布的顾客也购买啤酒。既然尿布与啤酒在一起被购买的机会会增多,于是沃尔玛就在其一个个门店里,将尿布和啤酒赫然摆在一起出售,并且这个奇特的举措使两者的销售都大为增加。

引例 2——网页挖掘

当人们浏览网页的时候,经常看到不少页面:"浏览本页面的网友还喜欢""我们猜测你还喜欢以下页面"等这样的功能。网站通过收集每个用户的历史浏览数据,可以得出浏览过当前页面的所有用户以及这些用户浏览了哪些其他页面,然后将这些页面合并,就得出了一个同时被浏览页面列表的排序,然后根据一定的策略,排除一些页面,保留一些高关联性的页面。

上述案例的关联规则就是:"购买某类商品的顾客,还会同时购买何种商品""浏览过该页面的用户,还浏览过哪些页面"。这中间最重要的两个步骤,就是"找到关联内容和去除低关联内容",而判断关联程度高低的最常用的度量分别是支持度(Support)和置信度(Confidence)。

关联规则可以发现交易数据库中不同商品之间的联系,这些规则找出顾客购买行为模式,如购买了某一商品对购买其他商品的影响。发现这样的规则可以应用于指导商家科学地安排进货、管理库存、布置货架、制定营销策略以及根据购买模式对用户进行分类。

关联规则可以发现大型事务或关系型数据库中项之间有趣的联系。随着大量数据不断地收集和存储,许多业界人士对于从数据库中挖掘这种模式越来越感兴趣。从大量商务事务记录中发现有趣的相关联系,可以帮助分析顾客的购买行为模式,从而帮助许多商务决策制定,如分类设计、交叉销售、营销规划和顾客购买习惯分析。

对于引例 1,按常规思维,尿布与啤酒风马牛不相及。但是经过大量的调查和数据分析,发现了隐藏在"尿布与啤酒"背后的一种消费行为模式。这是数据挖掘技术对历史数据进行分析的结果,反映了数据内在的规律,这两个本质上没有关联的物品发生了关联,产生了商业价值。

对于引例 2,在电子商务服务竞争日益激烈的今天,终端用户需要更快速有效的资讯导航工具,帮助其搜索更为相关的网页,并挖掘深藏其中的重要资讯。网络服务的提供者(Internet Service Provider,ISP)通过学习用户的行为模式(Usage Pattern),从而为用户提供大量的资讯服务,并作为网页内容设计与网站维护的参考。此外,学习用户的行为模式也有助于降低网络设备负载,提升网站管理绩效。企业分析师也在寻求能了解顾客信息需求或喜好,并能自动执行知识管理(Knowledge Management)和决策制定(Decision Making)的绩效工具,为企业争取更多的竞争优势。

除了上述案例,关联分析也可以应用于其他领域,如生物信息学、医疗诊断、网页挖掘和科学数据分析等。例如,医学研究人员希望从已有的成千上万份病例中找出患某种疾病的病人的共同特征、某一种疾病的并发症、该种疾病的致病因子或关联因子,从而为治愈或预防这种疾病提供一些帮助。再如,在生态环境研究中,某一区域生态环境目前的状态是由于众多生态环境自然因子(地质、地貌、气候等)和社会经济因子(人类的开发利用方式和强度)所决定的,可以按照图层(每一个因子对应一个图层)建立生态环境影响因子空间数据库,以便挖掘生态环境现状与影响因子之间的关联关系,为生态环境治理提供决策依据。可见对关联规则的研究具有重大意义。诸多的研究人员对关联规则的挖掘问题进行了大量的研究。他们的工作涉及关联规则挖掘理论的探索、原有算法的改进和新算法的设计、并行关联规则挖掘(Parallel Association Rule Mining)、数量关联规则挖掘(Quantitive Association

Rule Mining)、加权关联规则的发现(Weighted Association Rules)等问题以及关联规则挖掘在医学和生态环境中的应用研究。在提高挖掘规则算法的效率、适应性、可用性以及应用推广等方面,许多学者都进行了不懈的努力。

5.2 基本概念

关联分析(Association Analysis)用于发现隐藏在大型数据集中的令人感兴趣的联系,所发现的模式通常用关联规则(Association Rule)或频繁项集的形式表示。

关联规则的概念产生于 1993 年,由 Agrawal、Imielinski 和 Swami 提出。其一般定义如下:令 $I=\{i_1,i_2,\cdots,i_m\}$ 表示一个项集。设任务相关的数据 D 是数据库事务的集合,其中每个事务 T 是项的集合,使得 $T \subset I$。每一个事务都有一个标识符,称为 TID。设 A 是一个项集,事务 T 包含 A,当且仅当 $A \subseteq T$。关联规则是形如 $A \Rightarrow B$ 的蕴含式,其中,$A \subset I, B \subset I$,并且 $A \cap B = \varnothing$。

如果 D 中包含 $A \cup B$(即集合 A 和 B 的并或 A 和 B 的二者)的比例是 s,则称关联规则 $A \Rightarrow B$ 在事务集 D 中的**支持度**为 s,它也可以表示成概率 $P(A \cup B)$。如果 D 中包含 A 事务的同时也包含 B 的比例是 c,则称关联规则 $A \Rightarrow B$ 在事务集 D 中具有置信度 c,它可以表示为条件概率 $P(B|A)$。即

$$\text{support}(A \Rightarrow B) = P(A \cup B) \tag{5-1}$$

$$\text{confidence}(A \Rightarrow B) = P(B | A) \tag{5-2}$$

支持度和置信度是描述关联规则的两个重要概念,支持度用于衡量关联规则在整个数据集中的统计重要性。简单地说,支持度度量的是在所有行为中规则 A,B 同时出现的概率。置信度用于衡量关联规则的可信程度,即置信度度量的是出现 A 的情况下,B 出现的概率。如对于购物篮分析,挖掘支持度的意义就是"购买 A 商品,也购买 B 的人数 $\cup$ 全部销售订单";置信度就是"购买 A 商品,也购买 B 的人数 $\cup$ 所有包含商品 A 的销售"。

同时满足最小支持度阈值(min_sup)和最小置信度阈值(min_conf)的规则称为强关联规则。一般来说,只有支持度和置信度较高的关联规则才可能是用户感兴趣、有用的关联规则。在本文中采用 $0\% \sim 100\%$ 之间的值表示支持度和置信度值。

项的集合称为**项集**。包含 k 个项的项集称为 k 项集。例如,集合{computer,antivirus_software}是一个 2 项集。

项集的出现频率是包含项集的事务数,简称项集的**频率**、**支持度计数**或**计数**。式(5-1)定义的项集支持度有时称作**相对支持度**,而出现频率称作**绝对支持度**。如果项集 I 的相对支持度满足预先定义的**最小支持度阈值**(即 I 的绝对支持度满足对应的最小支持度计数阈值),则 I 是频繁项集。频繁 k 项集的集合通常记作 L_k。

由式(5-2),有

$$\text{confidence}(A \Rightarrow B) = P(B | A) = \frac{\text{support}(A \cup B)}{\text{support}(A)} = \frac{\text{support\_count}(A \cup B)}{\text{support\_count}(A)} \tag{5-3}$$

式(5-3)表明规则 $A \Rightarrow B$ 的置信度容易从 A 和 $A \cup B$ 的支持度计数推出。即,一旦得到 A,B 和 $A \cup B$ 的支持度计数,导出对应的关联规则 $A \Rightarrow B$ 和 $B \Rightarrow A$,并检查它们是否是强关联规则是直截了当的。这样一来,挖掘关联规则的问题可以归结为挖掘频繁项集。

一般说来，关联规则的挖掘可以看作以下两步的过程。

（1）**根据最小支持度找出数据集 D 中所有的频繁项集**：根据定义，这些项集的每一个出现的频繁性至少与预定义的最小支持度计数 min_sup 一样。

（2）**由频繁项集产生强关联规则**：根据定义，这些规则必须满足预先给定的最小支持度和最小置信度阈值。

关联规则的原理看似很简单，但实际运用的时候，就会发现存在很多问题，想从浩瀚的记录集里挖掘一条有意义的关联规则，如果仅从支持度和置信度两个度量指标进行评估和选择强弱，会发现在个别情况下推荐的规则效果非常差。由于第二步的开销远低于第一步，挖掘关联规则的总体性能由第一步决定。第一步骤是关键，它将影响整个关联规则挖掘算法的效率，因此，关联规则挖掘算法的核心问题是频繁项集的产生。

从大型数据集中挖掘频繁项集的主要挑战是这种挖掘常常产生大量满足最小支持度（min_sup）阈值的项集，当 min_sup 设置得很低时尤其如此。这是因为如果一个项集是频繁的，则它的每个子集也是频繁的。一个长项集将包含组合个数的较短的频繁子集项。例如，一个长度为 100 的频繁项集 $\{a_1,a_2,\cdots,a_{100}\}$ 包含 $C_{100}^1=100$ 个频繁 1 项集 $a_1,a_2,\cdots,a_{100}$，C_{100}^2 个频繁 2 项集 $\{a_1,a_2\},\{a_1,a_3\},\cdots,\{a_{99},a_{100}\}$，等等。这样，频繁项集的总个数为

$$C_{100}^1+C_{100}^2+\cdots+C_{100}^{100}=2^{100}-1\approx 1.27\times 10^{30} \tag{5-4}$$

这对于任何计算机，项集的个数都太大，无法计算和存储。为了克服这一困难，引进闭频繁项集合和极大频繁项集的概念。

如果不存在真超项集①Y 使得 Y 与 X 在 S 中有相同的支持度计数，则称项集 X 在数据集 S 中是**闭**的。项集 X 是数据集 S 中的**闭频繁项集**，如果 X 在 S 中是闭的和频繁的。项集 X 是 S 中的**极大频繁项集**（或**极大项集**），如果 X 是频繁的，并且不存在超项集 Y 使得 $Y\subset X$ 并且 Y 在 S 中是频繁的。

设 C 是数据集 S 中满足最小支持度阈值 min_sup 的闭频繁项集的集合，令 M 是 S 中满足 min_sup 的极大频繁项集的集合。假定有 C 和 M 中的每个项集的支持度计数。注意，C 和它的计数信息可以用来导出频繁项集的完整集合。因此，我们称 C 包含关于频繁项集的完整信息。另一方面，M 只存储了极大项集的支持度信息。通常，它并不包含其对应的频繁项集的完整的支持度信息。我们用下面的例子解释这些概念。

【例 5-1】 闭的和极大的频繁项集。

假定事务数据库只有两个事务：$\{<a_1,a_2,\cdots,a_{100}>;<a_1,a_2,\cdots,a_{50}>\}$。设最小支持度计数阈值 min_sup=1。我们发现两个闭频繁项集和它们的支持度，即 $C=\{\{a_1,a_2,\cdots,a_{100}\}:1;\{a_1,a_2,\cdots,a_{50}\}:2\}$。只有一个极大频繁项集：$M=\{\{a_1,a_2,\cdots,a_{100}\}:1\}$（我们不能包含 $\{a_1,a_2,\cdots,a_{50}\}$）为极大频繁项集，因为它有一个频繁超集 $\{a_1,a_2,\cdots,a_{100}\}$）。与上面相比，那里我们确定了 $2^{100}-1$ 个频繁项集，数量太大，根本无法枚举！

闭频繁项集的集合包含频繁项集的完整信息。例如，我们可以从 C 推出 ①$\{a_2,a_{45}:2\}$，因为 $\{a_2,a_{45}\}$ 是 $\{a_1,a_2,\cdots,a_{50}:2\}$ 的子集；②$\{a_8,a_{55}:1\}$，因为 $\{a_8,a_{55}\}$ 不是 $\{a_1,$

---

① Y 是 X 的真超项集，即 X 是 Y 的真子项集，即 $X\subset Y$。换言之，X 中的每一项都包含在 Y 中，但是 Y 中至少有一个项不在 X 中。

$a_2,\cdots,a_{50}:2\}$的子集,而是$\{a_1,a_2,\cdots,a_{100}:1\}$的子集。然而,从极大频繁项集我们只能断言两个项集($\{a_2,a_{45}\}$和$\{a_8,a_{55}\}$)是频繁的,但是我们不能断言它们的实际支持度计数。

5.3 关联规则的种类

关联规则的分类有多种,根据不同的标准,产生的分类也不同,下面介绍几种最常见的分类方法。

1. 基于规则中所处理的值类型

如果规则考虑的关联是项的出现与否,则它是布尔关联规则。例如,下面的规则是布尔关联规则。

$$\text{computer} \Rightarrow \text{financial\_management\_software} \quad (5\text{-}5)$$

如果规则描述的是量化的项或属性之间的关联,则它是量化关联规则。在这种规则中,项或属性的量化值划分为区间。下面的规则是量化关联规则的一个例子,其中,X是代表顾客的变量,量化属性 age 和 income 已离散化。

$$\text{age}(X,"30\cdots90") \wedge \text{income}(X,"42k\cdots48k") \Rightarrow \text{buys}(X,"\text{high\_resolution\_TV}") \quad (5\text{-}6)$$

布尔关联规则处理的值都是离散的、种类化的,它显示了这些变量之间的关系;而数值型关联规则可以和多维关联或多层关联规则结合起来,对数值型字段进行处理,将其进行动态的分割,或者直接对原始的数据进行处理,当然数值型关联规则中也可以包含种类变量。

2. 基于规则中涉及的数据维数分类

基于规则中涉及的数据维数,关联规则可以分为单维关联规则和多维关联规则。在单维关联规则中,所要处理的项或属性每个只涉及一个维,则它是单维关联规则;而在多维关联的规则中,要处理的数据将会涉及多个维。换言之,单维关联规则是处理单个属性中的一些关系;多维关联规则是处理各个属性之间的某些关系。如式(5-5)可以写作式(5-7)的形式:

$$\text{buys}(X,"\text{computer}") \Rightarrow \text{buys}(X,"\text{financial\_mangement\_software}") \quad (5\text{-}7)$$

式(5-7)是单维关联规则,因为它只涉及一个维 buys,这条规则只涉及用户购买的物品;式(5-6)是一个多维关联规则,因为它涉及三个维 age、income 和 buys。

3. 基于规则中数据的抽象层分类

基于规则中数据的抽象层次,关联规则可以分为单层关联规则和多层关联规则。

有些挖掘关联规则的方法可以在不同的抽象层次上发现规则。例如,假定挖掘的关联规则集包含下面的规则:

$$\text{age}(X,"30\cdots90") \Rightarrow \text{buys}(X,"\text{laptop computer}") \quad (5\text{-}8)$$

$$\text{age}(X,"30\cdots90") \Rightarrow \text{buys}(X,"\text{computer}") \quad (5\text{-}9)$$

在上面的两个规则中,购买的商品涉及不同的抽象层(即"computer"在比"laptop computer"高的抽象层)。我们称所挖掘的规则集由多层关联规则组成。反之,如果在给定的规则集中,规则不涉及不同抽象层的项或属性,则该集合包含单层关联规则。

在单层关联规则中,所有的变量都没有考虑到现实的数据是具有多个不同的层次的;而在多层关联规则中,对数据的多层性已经进行了充分的考虑。

4. 基于模式与规则之间的相互关系分类

基于模式与规则之间的相互关系，关联规则可以分为完全频繁模式挖掘、最大频繁模式挖掘和闭合频繁模式挖掘。

5. 基于关联规则所涉及的关联特性来进行分类划分

关联规则可扩展到其他数据挖掘应用领域，如进行分类学习，或进行相关分析（即可以通过相关数据项出现或不出现进行相关属性识别与分析）。

由于应用环境和目的不同，在以上多种关联规则挖掘方法中，一维单层布尔型关联规则挖掘方法是其他方法的基础。

5.4 关联规则的研究现状

关联规则由 Agrawal 等人在 1993 年提出，并于 1994 年提出了经典的 Apriori 算法，该算法奠定了关联规则挖掘算法的基础。之后不少国内外学者、机构对关联规则挖掘进行了大量的研究，扩展到从关系数据库、空间数据库和多媒体数据库中挖掘关联关系，并且要求挖掘通用的、多层次的、用户感兴趣的关联规则。

为了提高算法挖掘规则的效率，不少学者进行了大量的研究，并对原有的 Apriori 算法进行了优化，如引入了取列方法，事物压缩、划分的思想，随机采样和动态集计数等，但这些算法都不能避免 Apriori 系列算法固有的缺陷，即需要多次重复扫描数据库，而且可能产生大量的候选项集。

针对 Apriori 算法的固有缺陷，提出了不产生候选挖掘频繁项集的 FP-growth 算法，实验表明，FP-growth 算法对不同长度的规则都有很好的适用性，同时该算法在效率上有巨大的提高。但如果大项集的数量较多，并且如果由原数据库得到的 FP-Tree 的分支很多且分支长度很长，该算法将需要构造出数量巨大的条件 FP-Tree，不仅费时而且要占用大量空间，挖掘效率不高，而且递归算法本身效率也较低。为此提出许多改进的算法，FP-growth 算法利用 FP-array 技巧大大改善了挖掘性能，提出了 H-Min 算法，该算法使用了一种超链接数据结构 H-struct，能在挖掘处理过程中动态地修改数据链接求频繁项集的目的。

上述关联规则挖掘算法都基于两个前提：①事物数据库中的元组数不变；②最小支持度和最小置信度不变。如何处理动态数据库？关联规则的增量式更新算法就是针对以上两个前提不成立的关联更新问题。已有许多研究人员对如何高效地更新关联规则进行了分析和研究，并提出相应的算法。其中关联规则的更新主要涉及以下 4 个方面。

（1）在给定的最小支持度下，当数据库内容增加时关联更新的问题。

（2）数据库不变，最小支持度发生变化的关联更新问题。

（3）在给定的最小支持度和置信度下，当数据库内容删除时关联更新的问题。

（4）在实际应用中，数据库内容和最小支持度经常同时发生变化。

随着应用和技术的发展，几年来对挖掘关联规则技术提出了更新的要求，如在线挖掘提高挖掘大型数据库的计算效率、减小 I/O 开销、挖掘定量型关联规则等。

5.5 关联规则挖掘算法

5.5.1 Apriori 算法

Apriori 算法是 R. Agrawal 和 R. Srikartt 于 1994 年提出的一种最具影响力的挖掘布尔关联规则挖掘频繁项集的算法。其与传统算法的不同在于在挖掘时利用了先验知识。Agrawal 等发现频繁项集具有两条非常重要的性质,即反单调性质:

性质 5-1 频繁项集的子项集必为频繁项集。

性质 5-2 非频繁项集的超集一定是非频繁的。

利用上述两个性质,Apriori 算法使用一种称作逐层搜索的迭代方法,利用 k 项集来探索 $(k+1)$ 项集。Apriori 算法的频繁项集产生有以下两个重要的特点。

(1) 首先,通过扫描数据库,累积每个项的计数,并收集满足最小支持度的项,找出频繁 1 项集的集合。该集合记作 L_1。然后,L_1 用于找频繁 2 项集的集合 L_2,L_2 用于找 L_3,如此下去,直到不能再找到频繁 k 项集。找每个 L_k 需要一次数据库全扫描。

(2) 它使用产生-测试策略来发现频繁项集。在每次迭代之后,新的候选项集由前一次迭代发现的频繁项集产生,然后对每个候选的支持度进行计数,并与最小支持度阈值进行比较。该算法需要的总迭代次数是 $k_{max}+1$,其中,k_{max} 是频繁项集的最大长度。

1. Apriori 算法的频繁项集产生

Apriori 算法的基本思想是先找出所有的频繁项集,然后由频繁项集产生强关联规则,这些规则必须满足最小支持度和最小置信度。

搜索所有的频繁项集需要多次搜索事务数据库 D,这是影响关联算法性能的主要因素。Apriori 算法是用 $k-1$ 频繁项集生成候选的 k 频繁项集,但候选频繁项集通常是很大的,例如,在购物篮分析中,m 个项目组成的项集可能产生 2^m-1 个候选频繁项集以及 $3^m-2^{m+1}+1$ 个关联规则。但在一般的情况下,这些规则大部分不能满足强关联规则的条件,这个问题成为关联规则挖掘的瓶颈。因此,减少候选集的大小,然后再扫描事务数据库,计算候选项集的支持度是必要的。因此,关联规则挖掘的关键问题是如何高效地找出频繁项集。

Apriori 算法利用"频繁项集的任何子集也一定是频繁的或者非频繁项集的超集一定是非频繁的"的 Apriori 先验性质减少频繁项集的搜索空间。如图 5-1 所示为 $\{i_1,i_2,i_3,i_4\}$ 的项集格,这种结构能枚举所有可能的项集。假设 $\{i_2,i_3,i_4\}$ 是频繁项集,那么它的所有子集 $\{i_2\}$、$\{i_3\}$、$\{i_4\}$、$\{i_2,i_3\}$、$\{i_3,i_4\}$ 都是频繁的。反之,如果 $\{i_1,i_2\}$ 是非频繁的,那么它的所有超集 $\{i_1,i_2,i_3\}$、$\{i_1,i_2,i_4\}$、$\{i_1,i_2,i_3,i_4\}$ 都是非频繁的。

假定频繁项集 L_{k-1} 中的项目按英文字典顺序排列,由 $(k-1)$ 频繁项集生成候选的 k 频繁项集,即如何用 L_{k-1} 找 L_k,其中 $k \geqslant 2$,需要进行下面的操作:候选频繁项集的产生和修剪。这个步骤需要避免产生过多不必要的、重复的候选频繁项集,也不能遗漏候选频繁项集。

(1) 连接步:为找 L_k,通过 L_{k-1} 将与自身连接产生候选项 k 项集的集合。该候选项集合记作 C_k。设 l_1 和 l_2 是 L_{k-1} 中的项集。记号 $l_i[j]$ 表示 l_i 中的第 j 项(例如,$l_1[k-2]$ 表示 l_1

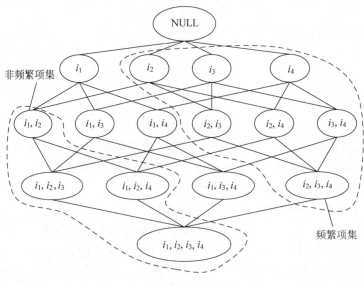

图 5-1 项集格

的倒数第 2 项)。为了有效实现，Apriori 算法假定事务或项集中的项按字典次序排序。对于 $(k-1)$ 项集 l_i，这意味着将项排序，使 $l_i[1] < l_i[2] < \cdots < l_i[k-1]$。执行连接 $L_{k-1} \bowtie L_{k-1}$，其中，L_{k-1} 的元素是可连接的，如果它们的前 $(k-2)$ 个项相同，即 L_{k-1} 的元素 l_1 和 l_2 是可连接的，如果 $(l_1[1] = l_2[1]) \wedge (l_1[2] = l_2[2]) \wedge \cdots \wedge (l_1[k-2] = l_2[k-2]) \wedge (l_1[k-1] = l_2[k-1])$。条件 $l_1[k-1] < l_2[k-1]$ 仅仅是保证不产生重复。连接 l_1 和 l_2 产生的结果项集是 $\{l_1[1], l_1[2], \cdots, l_1[k-1], l_2[k-1]\}$。

(2) 剪枝步：C_k 是 L_k 的超集，也就是说，C_k 的成员可以是频繁的，也可以不是频繁的，但所有频繁 k 项集都包含在 C_k 中。扫描数据库，确定 C_k 中每一候选项的支持度计数，从而确定 L_k（即根据定义，计数值不小于最小支持度计数的所有候选是频繁的，从而属于 L_k）。然而，C_k 可能很大，这样所涉及的计算量就很大。为了压缩 C_k，可以采用以下办法使用 Apriori 性质。即任何非频繁的 $(k-1)$ 项集都不是频繁 k 项集的子集。因此，如果一个候选 k 项集的 $(k-1)$ 项子集不在 L_{k-1} 中，则该候选也不可能是频繁的，从而可以从 C_k 中删除。这种子集测试可以使用所有频繁项集的散列树快速完成。

该算法及其相关过程可以描述为如下情形。

Apriori 算法：使用逐层迭代方法基于候选产生找出频繁项集。

输入：D：事务数据库；min_sup：最小支持度计算阈值。

输出：L：D 中的频繁项集。

处理流程如下。

```
(1)  L₁ = find_frequent_1-itemsets(D);           //根据 min_sup,发现频繁 1 项集 L₁
(2)  for(k = 2; L_{k-1} ≠ φ; k++){
(3)      C_k = apriori_gen(L_{k-1}, min_sup);     //频繁(k-1)项集生成候选 k 项集
(4)      for each 事务 t∈D {                      //扫描数据库 D,确定每个候选项集的支持度
(5)          C_t = subset(C_k, t);                //得到 t 所包含候选项集
(6)          for each 候选 c∈C_t
(7)              c.count++;  }                    //对候选项集进行支持度计数
```

(8) L_k = {c∈C_t | c.count⩾min_sup}; }//获得频繁 k 项集
(9) return L = $\bigcup_k L_k$;
procedure apriori_gen(L_{k-1}: frequent(k-1)-itemsets)
(1) for each 项集 $l_1 \in L_{k-1}$
(2)   for each 项集 $l_2 \in L_{k-1}$
(3)   if ($l_1[1] = l_2[1]$) ∧ ($l_1[2] = l_2[2]$) ∧ ... ∧ ($l_1[k-2] = l_2[k-2]$) ∧ ($l_1[k-1] = l_2[k-2]$) {
(4)   c = $l_1 \bowtie l_2$ //连接步：产生候选
(5)   if **has_infrequent_subset**(c, L_{k-1}) then
(6)   delete c;   //剪枝步：删除非频繁的候选项集
(7)   else $C_k = C_k \bigcup \{c\}$; }
(8) return C_k;
Procedure has_infrequent_subset(c, L_{k-1})
(1) for each (k-1)-subset s of c
(2)   if s∉L_{k-1} then
(3)   return TRUE;
(4)   else return FALSE;

Apriori 算法的(1)步找出频繁 1 项集的集合 L_1。在第(2)~(8)步，对于 $k \geq 2$，L_{k-1} 用于产生候选 C_k，以便找出 L_k。apriori_gen 过程产生候选，然后使用 Apriori 性质删除那些具有非频繁子集的候选(步骤(3))。一旦产生了所有候选，就扫描数据库(步骤(4))。对于每个事务，使用 subset 函数找出该事务中是候选的所有子集(步骤(5))，并对每个这样的候选累加计数(步骤(6)和(7))。最后，所有满足最小支持度的候选(步骤(8))形成频繁项集的集合 L(步骤(9))。然后调用一个过程，由频繁项集产生关联规则。

apriori_gen 函数做连接和剪枝。在连接部分，L_{k-1} 与 L_{k-1} 连接产生可能的候选(步骤(1)~(4))。在剪枝部分(步骤(5)~(7))，使用 Apriori 性质删除具有非频繁子集的候选。非频繁子集的测试显示在过程 has_infrequent_subset 中。

【**例 5-2**】 基于表 5-1 的 AllElectronics 的事务数据库 D。

该数据库中有 9 个事务，即 $|D| = 9$。假定事务中的项按字典次序存放，使用图 5-2 解释 Apriori 算法寻找 D 中的频繁项集。

表 5-1 AllElectronics 某分店的事务数据

交易 ID	购买商品 ID 列表	交易 ID	购买商品 ID 列表
T001	i_1, i_2, i_5	T006	i_2, i_3
T002	i_2, i_4	T007	i_1, i_3
T003	i_2, i_3	T008	i_1, i_2, i_3, i_5
T004	i_1, i_2, i_4	T009	i_1, i_2, i_3
T005	i_1, i_3		

(1) 在算法的第一次迭代中，每项都是候选 1 项集的集合 C_1 的成员。算法简单地扫描所有事务，对每项的出现次数计数。

(2) 假设最小事务支持度计数为 2，即 min_sup=2(这里谈论的是绝对支持度，因为使用的是支持度计数。对应的相关度为 2/9=22%)。可以确定频繁 1 项集的集合 L_1。它由满足最小支持度的候选 1 项集组成。在该例中，C_1 中的所有候选都满足最小支持度。

(3) 为了发现频繁 2 项集的集合 L_2，算法使用 $L_1 \bowtie L_2$ 产生候选 2 项集的集合 C_2。C_2

由 $C_{|L_1|}^2$ 个 2 项集组成。注意,在剪枝步,没有候选从 C_2 中删除,因为这些候选的每个子集也是频繁的。

(4)下一步,扫描 D 中的事务,计算 C_2 中每个候选项集的支持度计数,如图 5-2 的第二行的中间的表所示。

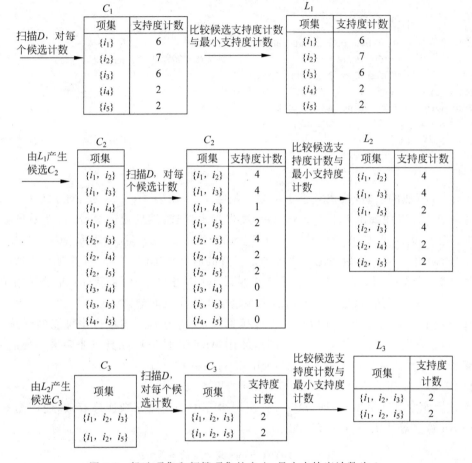

图 5-2 候选项集和频繁项集的产生,最小支持度计数为 2

(5)然后确定频繁 2 项集的集合 L_2,它由 C_2 中满足最小支持度的候选 2 项集组成。

(6)候选 3 项集的集合 C_3 的产生详细地排列在图 5-3 中。在连接步,首先令 $C_3 = L_2 \bowtie L_2 = \{\{i_1,i_2,i_3\},\{i_1,i_2,i_5\},\{i_1,i_3,i_5\},\{i_2,i_3,i_4\},\{i_2,i_3,i_5\},\{i_2,i_4,i_5\}\}$。根据 Apriori 性质,频繁项集的所有子集必须也是频繁的,可以确定后 4 个候选不可能是频繁的。因此,把它们从 C_3 中删除,这样,在此后扫描 D 确定 L_3 时就不必再求它们的计数值。注意,由于 Apriori 算法使用逐层搜索技术,给定一个候选 k 项集,只需要检查它们的 $(k-1)$ 子集是否频繁。C_3 剪枝后的版本在图 5-2 底部的第一个表中给出。

(7)扫描 D 中的事务确定 L_3,它由 C_3 中满足最小支持度的候选 3 项集组成(如图 5-2 所示)。

(8)算法使用 $L_3 \bowtie L_3$ 产生候选 4 项集的集合 C_4。尽管连接产生结果 $\{\{i_1,i_2,i_3,i_5\}\}$,但是这个项集被剪去,因为它的子集 $\{\{i_2,i_3,i_5\}\}$ 不是频繁的。这样,$C_4 = \varnothing$,算法终止,找

出了所有的频繁项集。

---

① 连接：$C_3 = L_2 \bowtie L_2 = \{\{i_1,i_2\},\{i_1,i_3\},\{i_1,i_5\},\{i_2,i_3\},\{i_2,i_4\},\{i_2,i_5\}\} \bowtie$
$\{\{i_1,i_2\},\{i_1,i_3\},\{i_1,i_5\},\{i_2,i_3\},\{i_2,i_4\},\{i_2,i_5\}\}$
$= \{\{i_1,i_2,i_3\},\{i_1,i_2,i_5\},\{i_1,i_3,i_5\},\{i_2,i_3,i_4\},\{i_2,i_3,i_5\},\{i_2,i_4,i_5\}\}$

② 使用 Apriori 性质剪枝：频繁项集的所有非空子集也必须是频繁的。候选项的子集有不频繁的吗？

(a) $\{i_1,i_2,i_3\}$ 的 2 项子集是 $\{i_1,i_2\},\{i_2,i_3\},\{i_1,i_3\}$。$\{i_1,i_2,i_3\}$ 的所有 2 项子集都是 L_2 的元素。

因此，$\{i_1,i_2,i_3\}$ 保留在 C_3 中。

(b) $\{i_1,i_2,i_5\}$ 的 2 项子集是 $\{i_1,i_2\},\{i_1,i_5\},\{i_2,i_5\}$。$\{i_1,i_2,i_5\}$ 的所有 2 项子集都是 L_2 的元素。

因此，$\{i_1,i_2,i_5\}$ 保留在 C_3 中。

(c) $\{i_1,i_3,i_5\}$ 的 2 项子集是 $\{i_1,i_3\},\{i_1,i_5\},\{i_3,i_5\}$。$\{i_3,i_5\}$ 不是 L_2 的元素，因而不是频繁的。因此，从 C_3 中删除 $\{i_1,i_3,i_5\}$。

(d) $\{i_2,i_3,i_4\}$ 的 2 项子集是 $\{i_2,i_3\},\{i_2,i_4\},\{i_3,i_4\}$。$\{i_3,i_4\}$ 不是 L_2 的元素，因而不是频繁的。因此，从 C_3 中删除 $\{i_2,i_3,i_4\}$。

(e) $\{i_2,i_3,i_5\}$ 的 2 项子集是 $\{i_2,i_3\},\{i_2,i_5\},\{i_3,i_5\}$。$\{i_3,i_5\}$ 不是 L_2 的元素，因而不是频繁的。因此，从 C_3 中删除 $\{i_2,i_3,i_5\}$。

(f) $\{i_2,i_4,i_5\}$ 的 2 项子集是 $\{i_2,i_4\},\{i_2,i_5\},\{i_4,i_5\}$。$\{i_4,i_5\}$ 不是 L_2 的元素，因而不是频繁的。因此，从 C_3 中删除 $\{i_2,i_4,i_5\}$。

③ 这样，剪枝后 $C_3 = \{\{i_1,i_2,i_3\},\{i_1,i_2,i_5\}\}$。

图 5-3　使用 Apriori 性质，由 L_2 产生和剪枝候选 3 项集的集合 C_3

2. Apriori 算法计算复杂度

Apriori 算法的计算复杂度受如下因素影响。

(1) 支持度阈值。降低支持度阈值通常将导致更多的频繁项集。这给算法的计算复杂度带来不利影响，因为必须产生更多候选项集并对其计数。随着支持度阈值的降低，频繁项集的最大长度将增加，导致算法需要扫描数据集的次数也将增多。

(2) 项数（维数）。随着项数的增加，需要更多的空间来存储项的支持度计数。如果频繁项集的数目也随着数据项数增加而增长，则由于算法产生的候选项集更多，计算量和 I/O 开销将增加。

(3) 事务数。由于 Apriori 算法反复扫描数据集，因此它的运行时间随着事务数的增加而增加。

(4) 事务的平均宽度。对于密集数据，事务的平均宽度可能很大，这将在两个方面影响 Apriori 算法的复杂度：首先，频繁项集的最大长度随事务平均宽度的增加而增加，因而，在候选项产生和支持度计数时必须考察更多候选项集；其次，随着事务宽度的增加，事务中将包含更多的项集，这将增加支持度计数时散列树的遍历次数。

3. 关联规则产生

一旦由数据库 D 中的事务找出频繁项集，可直接由它们产生强关联规则（强关联规则

满足最小支持度和最小置信度)。对于置信度,可以用式(5-3)计算。为完整起见,这里重新给出该式:

$$\text{confidence}(A \Rightarrow B) = P(B \mid A) = \frac{\text{support}(A \cup B)}{\text{support}(A)} = \frac{\text{support\_count}(A \cup B)}{\text{support\_count}(A)}$$

条件概率用项集的支持度计算表示,其中,support_count($A \cup B$)是包含项集 $A \cup B$ 的事务数,而 support_count(A)是包含项集 A 的事务数。根据该式,关联规则可以产生如下:

(1) 对于每个频繁项集 l,产生 l 的所有非空子集。

(2) 对于 l 的每个非空子集 s,如果

$$\frac{\text{support\_count}(t)}{\text{support\_count}(s)} \geqslant \text{min\_conf} \tag{5-10}$$

则输出规则"$s \Rightarrow (l-s)$"其中,min_conf 是最小置信度阈值。

由于规则由频繁项集产生,每个规则自动地满足最小支持度。频繁项集连同它们的支持度计数预先存放在散列表中,可以快速访问。

【例 5-3】 产生关联规则。

基于表 5-1 中 AllElectronics 事务数据库的例子。假定数据包含频繁项集 $l = \{i_1, i_2, i_5\}$。可以由 l 产生哪些关联规则?

l 的非空子集有 $\{i_1, i_2\}, \{i_1, i_5\}, \{i_2, i_5\}, \{i_1\}, \{i_2\}$ 和 $\{i_5\}$,即可以由 l 产生 6 个候选关联规则,结果如下,每个都列出置信度:

$\{i_1, i_2\} \Rightarrow i_5$, confidence = 2/4 = 50%

$\{i_1, i_5\} \Rightarrow i_2$, confidence = 2/2 = 100%

$\{i_2, i_5\} \Rightarrow i_1$, confidence = 2/2 = 100%

$i_1 \Rightarrow \{i_2, i_5\}$, confidence = 2/6 = 33%

$i_2 \Rightarrow \{i_1, i_5\}$, confidence = 2/7 = 29%

$i_5 \Rightarrow \{i_1, i_2\}$, confidence = 2/2 = 100%

如果最小置信度阈值为 70%,则只有上面第 2、3 和最后一个规则可以输出,因为只有这些产生强规则。注意,与传统的分类规则不同,关联规则的右端可能包含多个合取项。

5.5.2 Apriori 改进算法

Apriori 作为经典的频繁项集生成算法,在数据挖掘中具有里程碑的作用。但是随着研究的深入,Apriori 算法有以下两个致命的性能瓶颈。

(1) 多次扫描事务数据库,需要很大的 I/O 负载。

(2) 可能产生庞大的候选集。

因此,包括 Agrawal 在内的许多学者提出了 Apriori 算法的改进算法。

1. 基于散列和压缩技术的方法

基于散列的算法是由 Park 等人在 1995 年提出的。通过实验发现寻找频繁项集的主要计算量是花在生成频繁 2 项集 L_2 上,因此,Park 等人利用这个性质引入散列技术来改进产生频繁 2 项集的方法。

其基本思想是:当扫描数据库中的每个事务,由 C_1 中的候选 1 项集产生频繁 1 项集 L_1 时,可以对每个事务产生所有的 2 项集,将它们散列(即映射)到散列表结构的不同桶中,并增加对应的桶计数(如表 5-2 所示)。在散列表中对应的桶计数低于支持度阈值的 2 项集不

可能是频繁的,因而应当从候选项集中删除。这种基于散列的技术可以显著压缩要考察的候选 k 项集。

例如,散列函数为 $h(x,y)=((\text{order of } x)\times 10+(\text{order of } y))\bmod 7$ 的候选 2 项集的散列表如表 5-2 所示。

表 5-2 候选 2 项集的散列表

桶地址	0	1	2	3	4	5	6
桶计数	2	2	4	2	2	4	4
桶内容	$\{i_1,i_4\}$ $\{i_3,i_5\}$	$\{i_1,i_5\}$ $\{i_1,i_5\}$	$\{i_2,i_3\}$ $\{i_2,i_3\}$ $\{i_2,i_3\}$ $\{i_2,i_3\}$	$\{i_2,i_4\}$ $\{i_2,i_4\}$	$\{i_2,i_5\}$ $\{i_2,i_5\}$	$\{i_1,i_2\}$ $\{i_1,i_2\}$ $\{i_1,i_2\}$ $\{i_1,i_2\}$	$\{i_1,i_3\}$ $\{i_1,i_3\}$ $\{i_1,i_3\}$ $\{i_1,i_3\}$

Agrawal 等人提出压缩进一步迭代扫描的事务数的方法。因为不包含任何 k 项集的事务将不可能包含任何 $k+1$ 项集,可给这些事务加上删除标志,扫描数据库时不再考虑。事实上,基于散列的技术也是一种压缩方法。

2. 基于划分的方法

基于划分的 Apriori 算法只需对数据库进行两遍扫描,同时把交易数据库分割为若干个互不相连的部分,并且使每个分割部分的大小足以一次读入可以获得的内存空间。

基于划分的方法所遵循的一个基本思想是:对于整个交易数据库而言,如果一个项集是频繁项集,那么它必然有这样的结果,即至少在一个分割的部分内它是频繁的。

3. 抽样

抽样方法的基本思想是:选取给定数据 D 的随机样本 S,然后在 S 中搜索频繁项集。用这种方法,虽然牺牲了一些精度但换取了有效性。样本 S 的大小选取使得可以在内存中搜索 S 的频繁项集。这样,总共只需要扫描一次 S 中的事务。由于搜索 S 中而不是 D 中的频繁项集,可能丢失一些全局频繁项集。为减少这种可能性,使用比最小支持度低的支持度阈值来找出 S 中局部的频繁项集(记作 L^s)。然后,数据库的其余部分用于计算 L^s 中每个项集的实际频率。使用一种机制来确定是否所有的频繁项集都包含在 L^s 中。如果 L^s 实际包含 D 中的所有频繁项集,则只需要扫描一次 D。否则,可以做第二次扫描,以找出在第一次扫描时遗漏的频繁项集。当效率最为重要时,如计算密集的应用必须频繁运行时,抽样方法特别合适。

4. 增量更新的方法

增量更新的方法的基本思想是使用该技术来对所发现的频繁项集和相应的关联规则进行维护,以便在数据库发生变化时避免对所有的频繁项集和相应的关联规则重新进行挖掘分析,即只对发生变化的那部分数据进行关联分析。

需要注意的是,对数据库的更新可能使得那些原来非频繁的项集变成频繁项集,同时也会把频繁项集变成非频繁项集。实际上,该方法就是对旧的频繁项集的信息的重复使用,同时集成了新产生的频繁项集的支持度方面的信息,这样可以充分地缩减需要重复检查的候选项集所占用的空间。

5. 动态项集计数

动态项集计数将数据库划分为用开始点标记的块。不像 Apriori 算法仅在每次完整的数据库扫描之前确定新的候选，在这种变形中，可以在任何开始点添加新的候选项集。该技术动态地评估已计数的所有项集的支持度，如果一个项集的所有子集已确定为频繁的，则添加它作为新的候选。结果算法需要的数据库扫描比 Apriori 算法少。

5.5.3 FP 增长算法

尽管 Apriori 算法利用频繁项集的任何子集也是频繁的启发式，减少了候选频繁项集的大小，但仍然会产生大量的候选频繁项集，对事务数据库的重复扫描带来很大的开销。

为此，Jiawei Han 等人于 2000 年提出了不产生候选挖掘频繁项集的方法，即频繁模式增长(Frequent-Pattern Growth)算法，简称 FP 增长算法。该算法的基本思想是采用分治策略：首先，将代表频繁项集的数据库压缩到一棵频繁模式树(Frequent-Pattern Tree，FP 树)，该树仍保留项集的关联信息。其次，将这种压缩后的数据库划分成一组条件数据库(一种特殊类型的投影数据库)，每个数据库关联一个频繁项或"模式段"，并分别挖掘每个条件数据库。对于每个"模式片段"，只需要考察与它相关联的数据集。因此，随着被考察的模式的"增长"，这种方法可以显著地压缩被搜索的数据集的大小。下面重点介绍 FP 增长算法的 FP 树构造和频繁项集产生。

1. FP 树构造

FP 树是事务数据库的压缩表示，每个事务都映射到 FP 树中的一条路径。不同的事务可能包含若干相同的项目，因此这些路径会有所重叠，使得事务数据能得到一定程度的压缩。使用频繁模式增长方法，重新考察例 5-2 中的表 5-1 的事务数据库 D 的挖掘。FP 增长算法挖掘频繁项集的过程如下。

(1) 首先搜索事务数据库 D，找到频繁 1 项集的集合及其支持度计数。设最小支持度计数为 2。频繁项的集合按支持度计数的递减排序，其结果集或列表记为 L，这里 $L=[i_2:7, i_1:6, i_3:6, i_4:2, i_5:2]$。

(2) 构造 FP 树。创建 FP 树的根结点，用符号"null"标记。第二次搜索事务数据库 D，每个事务中的项按 L 中的次序排列(即按递减支持度计数排序)，并对每个事务创建由根结点 null 出发的一个分支。

例如，对表 5-1 事务数据库进行关联规则挖掘，第一个事务 T001 按 L 的次序为$\{i_2, i_1, i_5\}$。构造 FP 树的第一个分枝$<(i_2:1),(i_1:1),(i_5:1)>$，其中的数字表示结点的计数，$i_2$ 作为根的子女链接到根结点，i_1 链接到 i_2，i_5 链接到 i_1。读取第二个事务 T002，按 L 的次序包含项 i_2 和 i_4，它导致一个分枝，其中 i_2 链接到根，i_4 链接到 i_2。然而，该分枝应当与 T001 已存在的路径共享前缀 i_2。这样将结点 i_2 的计数增加 1，并创建一个新结点 $<i_4:1>$ 作为 $<i_2:2>$ 的子女链接。一般地，当为一个事务考虑增加分枝时，沿共同前缀上的每个结点的计数增加 1，为在前缀之后的项创建结点和链接。

为方便树遍历，创建一个项头表，使每项通过一个结点链指向它所在树中的位置。扫描所有的事务之后得到的树如图 5-4 所示，带有相关的结点链。这样，数据库频繁模式的挖掘问题就转换成挖掘 FP 树问题。FP 树还包含链接具有相同结点的指针列表，在图 5-4 中用虚线表示。

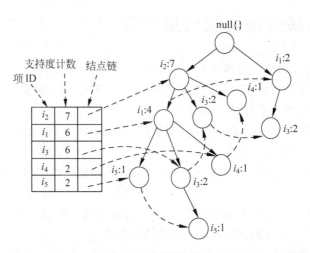

图 5-4 存放压缩的频繁模式信息的 FP 树

2. FP 树的挖掘过程

由每个长度为 1 的频繁模式（初始后缀模式）开始，构造它的条件模式基（一个"子数据库"由 FP 树中与后缀模式一起出现的前缀路径集组成），然后，构造它的条件 FP 树，并递归地对该树进行挖掘。模式增长通过后缀模式与条件 FP 树产生的频繁模式连接实现。

该 FP 树的挖掘总结在表 5-3 中，细节如下。首先考虑 i_5，它是 L 中的最后一项，而不是第一个。从表的后端开始的原因随着解释 FP 树挖掘过程就会清楚。i_5 出现在图 5-4 的 FP 树的两个分枝（i_5 的出现沿它的结点链容易找到）。这些分枝形成的路径是 $<i_2,i_1,i_5:1>$ 和 $<i_2,i_1,i_3,i_5:1>$。因此，考虑 i_5 的条件模式基，它的两个对应前缀路径是 $<i_2,i_1:1>$ 和 $<i_2,i_1,i_3:1>$，形成 i_5 的条件模式基。它的条件 FP 树只包含单个路径 $<i_2:2,i_1:2>$，不包含 i_3，因为它的支持度计数为 1，小于最小支持度计数。该单个路径产生频繁模式的所有组合：$\{i_2,i_5:2\}$、$\{i_1,i_5:2\}$、$\{i_2,i_1,i_5:2\}$。

表 5-3 通过创建条件子模式基挖掘 FP 树

项	前缀路径	条件 FP 树	产生的频繁项集
i_5	$\{i_2,i_1:1\}$, $\{i_2,i_1,i_3:1\}$	$<i_2:2,i_1:2>$	$\{i_2,i_5:2\}$, $\{i_1,i_5:2\}$, $\{i_2,i_1,i_5:2\}$
i_4	$\{i_2,i_1:1\}$, $\{i_2:1\}$	$<i_2:2>$	$\{i_2,i_4:2\}$
i_3	$\{i_2,i_1:2\}$, $\{i_2:2\}$, $\{i_1:2\}$	$<i_2:4,i_1:2>$, $<i_1:2>$	$\{i_2,i_3:4\}$, $\{i_1,i_3:4\}$, $\{i_2,i_1,i_3:2\}$
i_1	$\{i_2:4\}$	$<i_2:4>$	$\{i_2,i_1:4\}$

i_4 的两个前缀路径形成条件模式基 $\{i_2,i_1:1\}$, $\{i_2:1\}$，产生单结点的条件 FP 树 $<i_2:2>$，并导出一个频繁模式 $\{i_2,i_4:2\}$。注意，尽管 i_5 跟在第一个分枝中的 i_4 之后，也没有必要在此分析中包含 i_5，因为涉及 i_5 的频繁模式在考察 i_5 时已经分析过。

与以上分析类似，i_3 的条件模式基是 $\{i_2,i_1:2\}$, $\{i_2:2\}$, $\{i_1:2\}$。它的条件 FP 树有两个分枝 $<i_2:4,i_1:2>$, $<i_1:2>$，它产生模式集 $\{i_2,i_3:4\}$, $\{i_1,i_3:4\}$, $\{i_2,i_1,i_3:2\}$。

最后 i_1 的条件模式基 $\{i_2:4\}$，它的 FP 树只包含一个结点 $<i_2:4>$，产生一个模式 $\{i_2,i_1:4\}$。

5.6 改善关联规则挖掘质量问题

如上所述,关联规则挖掘普遍使用"支持度-可信度"度量机制。一般地讲,不加额外的限制条件会产生大量的规则。这些规则并不是对用户都有用的或感兴趣的。衡量关联规则挖掘结果的有效性应该从多种综合角度来考虑。

(1) **准确性**:挖掘出的规则必须反映数据的实际情况。尽管规则不可能是100%适用的,但是必须要在一定的可信度内。

(2) **实用性**:挖掘出的规则必须是简洁可用的,而且是针对挖掘目标的。不能有100条规则,其中50条与商业目标无关,30条用户无法理解。

(3) **新颖性**:挖掘出的关联规则可以为用户提供新的有价值信息。如果它们是用户事先就知道的,那么这样的规则即使正确也是毫无价值的。

改善关联规则挖掘质量是一件很困难的工作。必须采用事先预防、过程控制以及事后评估等多种方法,其中使用合适的机制(如约束),让用户主动参与挖掘工作是解决问题的关键。粗略地说,可以在用户主观和系统客观两个层面上考虑关联规则挖掘的质量问题。

5.6.1 用户主观层面

事实上,一个规则是否有用最终取决于用户的感觉。只有用户可以决定规则的有效性、可行性,所以应该将用户的需求和系统更加紧密地结合起来。约束数据挖掘可以为用户参与知识发现工作提供一种有效的机制。

用户可以在不同的阶段、使用不同的方法来主观设定约束条件。例如,可以把约束作为算法的参数和算法有机结合,也可以以交互方式进行不同的尝试;可以事先根据挖掘目标设定,还可以作为事后评估规则的依据;可以在数据预处理阶段用来减少数据量,也可以对知识形式进行约束以减少尝试路径。

从被约束的对象来看,下面是数据挖掘中常用的几种约束机制。

1. 知识类型的约束

对于不同的商业应用问题,特定的知识类型可能更能反映问题。如前所述,一个多策略的知识发现工具可能提供多种知识表示模式,因此需要针对应用问题选择有效的知识表达模式。例如,如果一个商业企业希望根据客户特点进行有针对性的销售,那么使用分类或聚类形式可以帮助用户形成客户群。用户可以设定明确的挖掘知识模式,减少不必要的模式探索,增强挖掘的实用性。

2. 数据的约束

对数据的约束可以起到减少数据挖掘算法所用的数据量、提高数据质量等作用。用户可以指定对哪些数据进行挖掘,通过指定约束把粗糙的、混杂的庞大源数据集逐步压缩到与任务相关的数据集上。在不同的阶段,可以通过数据挖掘语言实施数据约束。例如,目前研究的数据挖掘操纵语言大都支持数据约束的设定。

3. 维/层次约束

对于一个基于数据仓库或多维数据库的数据挖掘工作来说,不同的维为用户提供了不同粒度的数据和对数据的不同视点。但是,它也给数据挖掘工作带来新的问题。例如,从不同粒度挖掘出来的知识可能存在冗余问题;由于维数不加限制可能引起挖掘效率低下等问题。因此,可以限制聚焦的维数或粒度层次,也可以针对不同的维设置约束条件。利用约束灵活地进行多维挖掘是目前比较集中讨论的问题。

4. 知识内容的约束

可以通过限定要挖掘的知识的内容,如指定单价大于 10 的交易项目,减少探索的代价和加快知识的形成过程。这样的约束也可以通过数据挖掘语言来指定。

5. 针对具体知识类型的约束

不同的知识类型在约束形式和使用上会有所差异,因此开展针对具体知识类型的进行约束挖掘的形式和实现机制的研究是有意义的。例如,对于关联规则挖掘,使用指定要挖掘的规则形式(如规则模板)等。近年来,在基于约束的聚类、关联规则等方面开展了相应的工作。

5.6.2 系统客观层面

使用"支持度-可信度"的关联规则挖掘度量框架,在客观上也可能出现与事实不相符的结果。例如,前面提到的"计算机游戏和录像产品是负相关的"问题。现在已有许多工作来重新考虑关联规则的客观度量问题。例如,Brin 等考虑的蕴含规则(Implication Rule);Chen 等给出的 R-兴趣(R-Interesting)规则度量方法等。这些工作都期望通过引入新的度量机制和重新认识关联规则的系统客观性来改善挖掘质量。

5.7 约束数据挖掘问题

如前所述,在数据挖掘和知识发现中使用约束可以提高挖掘效率、精度等。事实上,对于一个大型数据库集而言,可能蕴含着巨大数量的关联知识。如果盲目地进行挖掘,不仅效率很低,而且可能造成新的"信息坟墓"问题,即知识太多以至于我们无法利用。同时,数据挖掘和知识发现是一件艰苦而细致的工作,只有严格控制应用规模才有可能达到实用。

归纳起来,约束在数据挖掘中的使用可以在如下方面起到关键作用。

1. 聚焦挖掘任务,提高挖掘效率

数据挖掘和知识返现的早期研究注重模型和算法的研究,但是随着应用的探索,人们发现孤立的挖掘工具是很难取得预期效果的。虽然在一个项目的启动阶段,反复进行调研和分析,甚至制订了很详细的挖掘任务列表,但是还是不能得到我们感兴趣的知识。实际上,一个好的挖掘目标需要依靠具体的实现机制保证。利用约束,我们可以把具体的挖掘任务转换成对系统工作的控制,从而使挖掘工作按照我们期望的方向发展。约束的使用可以在知识发现的任何阶段进行,它是交互式或探索式挖掘的基本方法。通过人机交互和探索实验,我们可以快速聚焦挖掘任务,进而提高挖掘效率。

2. 保证挖掘的精确性

数据挖掘是一个结果不可预测的工作,我们很难预先把所有的问题都设计好。因此,需要不断地验证和修改错误。即使有些知识是正确的,它也未必是我们感兴趣的。挖掘结果的精确性,不仅体现在它的可信程度,而且取决于它是否对我们有用。约束的使用可以帮助我们发现问题,并及时加以调整,使知识发现的各个阶段按照正确的方向发展。

3. 控制系统的使用规模

数据挖掘和知识发现应用最常犯的错误就是无限制地扩大规模。想要把所有的问题都在一个系统内解决,结果是什么都解决不了。约束数据挖掘的思想为系统的增量式扩充提供条件。当基本的原则和目标确定后,可以把一些有待验证和优化的问题以约束参数的形式交互式输入,通过实验找到最佳值。由于约束可以在知识发现的不同阶段实施,因此可以在每个子阶段设置约束条件,控制系统的不断增长。在数据预处理阶段,可以通过设置与任务相关的数据选择约束、数据过滤条件等,在保证数据质量的前提下,尽量减少数据规模。在挖掘阶段,可以针对不同的子目标进行约束,快速聚焦问题,加快知识形成的进程。

不同类型的约束条件,可以帮助解决特定的问题。弄清一个约束的类型,可以帮助我们更好地使用约束。对于不同类型的约束,可以采用不同的策略应用到数据挖掘的过程中。对于多层次或多维数据挖掘也可以通过约束类型的特点,实现约束的转移或再生。对于约束类型的研究,也有一些很好的工作。

从挖掘所使用约束的类型看,可以把用于关联规则挖掘的约束分为单调性约束(Monotone Constraint)、反单调性约束(Anti-monotone Constraint)、可转变的约束(Convertible Constraint)和简洁性约束(Succinct Constraint)。

小结

(1) 数据之间的关联关系的发现在选择购物、决策分析和商务管理方面是有用的。一个流行的应用领域是购物篮分析,通过搜索经常一起(或依次)购买的商品的集合,研究顾客的购买习惯。关联规则挖掘首先找出频繁项集(项的集合,如 A 和 B,满足最小支持度阈值,或任务相关元组的百分比),然后,由它们产生形如 $A=>B$ 的强关联规则。这些规则也满足最小置信度阈值(预定义的在满足 A 的条件下满足 B 的概率)。

(2) 不同的标准,关联规则可以分成若干类型,如:

① 根据规则所处理的值的类型,关联规则可以分为布尔的和量化的。布尔关联规则表现离散(分类)对象之间的联系。量化关联规则是多维关联规则,涉及动态离散化的数值属性。它也可能涉及分类属性。

② 根据规则中数据涉及的维,关联规则可以分成单维的和多维的。单维关联规则涉及单个谓词或维,如 buys;而多维关联规则涉及多个(不同的)谓词或维。单维关联规则展示的是属性内联系(即同一个属性或维内的关联);多维关联规则展示的是属性间联系(即属性/维之间的关联)。

③ 根据规则涉及的抽象层,关联规则可以分为单层和多层的。在单层关联规则中,项或谓词的挖掘不考虑不同的抽象层;而多层关联规则考虑多个抽象层。

④ 根据对关联规则的不同扩充,关联规则可以扩充为相关分析和最大频繁模式("最大模式")与频繁闭项集挖掘。相关分析指出相关项的存在与否。最大模式是一个频繁模式

p，使得 p 的任何真超集都不是频繁的。频繁闭项集是指：项集 c 是闭的，如果不存在 c 的真超集 c'，使得包含 c 的子模式的每个事务也包含 c'。

(3) Apriori 算法是一种有效的关联规则挖掘算法，它探查逐级挖掘 Apriori 性质：频繁项集的所有非空子集都必须是频繁的。在第 k 次迭代（$k>1$），它根据频繁 k 项集，形成频繁 $(k+1)$ 候选项集，并扫描数据库一次，找出完整的频繁 $(k+1)$ 项集 L_{k+1}。

涉及散列和事务压缩的变形可以用来使得过程更有效。其他变形涉及划分数据（在每一部分上挖掘，然后合并结果）和数据选样（在数据子集上挖掘）。这些变形可以将数据扫描次数减少到两次或一次。

(4) 频繁模式增长（FP-增长）是一种不产生候选的挖掘频繁项集方法。它构造一个高度压缩的数据结构（FP-树），压缩原来的事务数据库。不使用类 Apriori 方法的产生-测试策略，它聚焦于频繁模式（段）增长，避免了高代价的候选产生，获得更好的效率。

(5) 多层关联规则可以根据每个抽象层上的最小支持度阈值如何定义，使用多种策略挖掘。当在较低层使用递减的支持度时，剪枝方法包括层交叉按单项过滤，层交叉按 k 项集过滤。冗余的多层（后代）关联规则可以删除，不向用户提供，如果根据其提供的祖先规则，它们的支持度和置信度接近于期望值的话。

(6) 挖掘多维关联规则可以根据对量化属性处理分为若干类。第一，量化属性可以根据预定义的概念分层静态离散化。数据立方体非常适合这种方法，因为数据立方体和量化属性都可以利用概念分层。第二，可以挖掘量化关联规则，其量化属性根据分箱动态离散化，其中"临近的"关联规则可以用聚类组合。第三，可以挖掘基于距离的关联规则，其中区间根据聚类定义。

(7) 并非所有的强关联规则都是有趣的。对于统计相关的项，可以挖掘相关规则。

(8) 基于约束的挖掘允许用户聚焦，按提供的元规则（即模式模板）和其他挖掘约束搜索规则。这种挖掘促进了说明性数据挖掘查询语言和用户界面的使用，并对挖掘查询优化提出了巨大挑战。规则约束可以分为 5 类：反单调的、单调的、简洁的、可转变的和不可转变的。前 4 类约束可以在关联挖掘中使用，指导挖掘过程，导致更有效的和更有作用的挖掘。

(9) 关联规则能够帮助用户快速地找到解决问题的合适切入点。

习题

1. 什么是关联分析？它的作用是什么？
2. 举例说明关联分析在银行、保险、电信、零售或政府管理中的应用。
3. 请用算法语言描述 Apriori 算法思想和 FP 增长算法思想。
4. 思考 Apriori 算法在哪些地方有待改进。
5. 调研和思考目前关联分析的最新研究进展。
6. 对于如表 5-4 所示的数据集，假设最小支持度计数和最小置信度分别为 2 和 65%，思考：

(1) 画出该数据集的项集格，判断每个结点是否为频繁项集。

(2) 分别用 Apriori 算法和 FP 增长算法挖掘表中数据集，提取所有的强关联规则。

表 5-4 某日超市的购物记录

交易 ID	购买商品列表	交易 ID	购买商品列表
T001	{牛奶,啤酒,尿布}	T006	{面包,黄油,牛奶}
T002	{牛奶,尿布,饼干}	T007	{牛奶,尿布,面包,黄油}
T003	{啤酒,饼干,尿布}	T008	{啤酒,尿布}
T004	{面包,黄油,尿布}	T009	{牛奶,尿布,面包,黄油}
T005	{啤酒,饼干}	T010	{面包,黄油,饼干}

7. 讨论目前关联规则挖掘在大数据时代的一些挑战。

第 6 章

聚类分析

第 4 章介绍了分类分析的基本概念和经典算法。为对数据进行分类,分类技术需要输入预先定义的类别和已知类标签的训练集。本章介绍在不知道数据有哪些或多少类别,且无包含类标签的训练集的情况下,通过观察数据对象的特征,直接进行类别划分的技术。区别于第 4 章的分类分析技术,本章对数据进行类划分的技术称为聚类技术,划分到相同类别的数据称为一个簇。在本章中,将介绍聚类的概念、用途、数据模型、基本类型、常用算法等,并比较分类与聚类的异同。

6.1 聚类的概念

6.1.1 聚类概念及应用

聚类是指根据数据对象之间的相似性,把一组数据对象划分为多个有意义组的过程,每个组称为类或簇(Cluster),同一个簇内的数据对象之间具有较高的相似性,不同簇内的数据对象之间相差则较大。与分类不同的是,聚类目标所要求划分的类别是未知的,且聚类数据对象中没有关于类别特征的数据,其划分簇的过程不是以包含类别的数据对象为指导,而是根据数据对象的特征来进行的。以此为基础的聚类分析对于数据理解及数据处理都有着重要的作用。数据理解用来分析和描述类或概念上有意义的、具有共同特征的对象组,而聚类分析是研究自动发现潜在的类或簇的技术。在许多领域中有着大量基于数据理解的聚类分析应用,以下是一些常见的例子。

市场营销:企业通过不同渠道获得大量的顾客消费数据。聚类分析技术可以把顾客消费数据划分成不同分组,帮助企业市场分析人员从顾客消费数据库中区分出不同的消费群体来,并且概括出每一类消费群体的消费模式,从而进一步开展市场营销活动。

搜索引擎：搜索引擎对万维网上数以亿万计的 Web 页面进行搜索，其结果往往返回成千上万的页面，提供给用户。通过聚类对搜索结果划分成若干不同的簇，每个簇对应具有某些共同特征的 Web 页面文档，可实现对搜索结果分类。例如搜索"汽车"，返回结果页面可以聚类成汽车图片、汽车品牌、汽车知识、汽车购买、汽车论坛等类别，方便用户选择需要的结果和进一步获取详细信息。

生物学：生物实验室容易获得数以万计的基因组信息，通过使用聚类分析技术对基因组信息分组，可对具有类似功能的基因进行分类，帮助科研人员进一步研究这些基因组之间的关系；同样地，聚类可辅助研究动、植物分类，发现其中一些潜在结构。

保险：保险公司拥有大量客户理赔记录数据，通过对这些数据进行聚类分析，对客户分类，发现不同险种如车险、人寿保险等对应的具有较高索赔概率的潜在群体，为进一步展开保险业务决策提供支持。

租房信息：成千上万的房主在租房网站上发布数以万计的房源信息，网站系统通过采用聚类分析，自动将房源信息根据区域、房型、租金、出租方式、设施等进行分类，以便租客选择自己所需的房源信息。

医学：一种疾病或健康状况通常有多种变种，聚类分析可以用来发现这些子类别。

在数据处理方面，聚类分析一般用于汇总、压缩、发现最近邻等处理。聚类分析提供由个别数据对象到数据对象所指派的簇的抽象。此外，一些聚类技术使用簇原型（即代表簇中其他对象的数据对象）来刻画簇特征。这些原型可以用作大量数据分析和数据处理技术的基础。

(1) 汇总。许多数据分析技术，如回归和 PCA，都具有 $O(n^2)$ 或更高的时间或空间复杂度（其中 n 是对象的个数）。因此，对于大型数据集，这些技术不切实际。然而，可以将算法用于仅包含簇原型的数据集，而不是整个数据集。依赖分析类型、原型个数和原型代表数据的精度，汇总结果可以与使用所有数据得到的结果相媲美。

(2) 压缩。簇原型可以用于数据压缩。例如，创建一个包含所有簇原型的表，即每个原型赋予一个整数值，作为它在表中的位置。每个对象用与它所在的簇相关联的原型的索引表示。这类压缩称作向量量化，并常常用于图像、声音和视频数据，此类数据的特点是：①许多数据对象之间高度相似；②某些信息丢失是可以接受的；③希望大幅度压缩数据量。

(3) 有效地发现最近邻。找出最近邻可能需要计算所有点对点之间的距离。通常，可以更有效地发现簇和簇原型。如果对象相对地靠近簇的原型，则可以使用簇原型减少发现对象最近邻所需要计算的距离的数目。直观地说，如果两个簇原型相距很远，则对应簇中的对象不可能互为近邻。这样，为了找出一个对象的最近邻，只需要计算到邻近簇中对象的距离，其中两个簇的邻近性用其原型之间的距离度量。

6.1.2 聚类算法要求

具有高度可伸缩性：要求聚类算法不仅在不超过几百个数据对象的小数据集上有较好的聚类效果，同时在包含上百万个或更多数据对象的大规模数据集上，聚类结果也不会有很大偏差。

能够处理不同类型数据：要求算法能够处理间隔尺度、名义尺度、序数尺度、二元参数数据,或者这些类型混合的数据。

可发现任意形状的簇:一般聚类算法基于绝对值距离或欧氏距离度量划分簇。基于这种距离度量的算法偏向于发现具有相近尺度和密度的球状簇。实际应用中,一个簇的形状可能是任意的,要求提出能够发现任意形状簇的算法。

最小化输入参数:大量聚类算法在聚类分析中要求用户输入参数,例如希望产生的簇的数目,计算密度的半径及相关阈值等。聚类结果对输入参数敏感,一般情况下参数难以确定,特别是对包含高维数据对象的数据集。参数输入会增加用户的负担,同时聚类质量难以控制。

能够处理噪声数据:实际应用中的数据集往往包含着孤立点、值缺失或错误的数据对象。要求聚类算法对这样的数据具有健壮性,避免对这样的数据过于敏感而导致低质量的聚类结果。

对数据输入顺序不敏感:部分聚类算法对数据输入顺序较为敏感,对同样的数据集但不同顺序的输入,所得到的聚类结果相差较大。提出对数据输入顺序不敏感的算法有着重要意义。

处理高维度数据的能力:大多数算法擅长处理低维数据。实际应用中数据可能是高维的,对高维空间中数据对象聚类具有挑战性,特别是当这样的数据分布稀疏,高度倾斜时。提出能够处理高维数据的聚类算法同样具有重要意义。

条件约束下的聚类:现实应用可能需要在各种约束条件下进行聚类。要找到既满足特定的约束,又具有良好聚类特性的簇是一项具有挑战性的任务。

聚类结果可解释性和可用性:与特定语义解释和应用相联系,聚类结果是可解释、可理解和可用的,这样用户才可将聚类算法有效应用于具体问题。如何根据应用要求选择聚类方法是一个重要的研究课题。

6.1.3 聚类技术类型划分

聚类技术的基本类型一般包括划分法、密度法、层次法、网格法和模型法。同样的数据集采用不同聚类方法,其聚类结果也往往不相同。甚至采用相同类型的聚类算法,选用不同参数,结果也很不一样。实际应用中,聚类结果好坏不仅取决于算法的选择,同时取决于业务领域的认识程度。聚类用户需要深刻了解所选用的聚类技术,而且要知道数据收集的细节和业务领域知识。对聚类数据了解越多,用户越能成功地评估数据集的真实结构。

1. 划分法

划分法聚类把一个包含 n 个数据对象的数据集分组成 k 个簇($k \leqslant n$)。每一个簇至少包含一个数据对象,且每一个数据对象属于且仅属于一个簇。对给定 k,基于划分法的聚类算法首先给出一个初始的分组方法,随后通过反复迭代重新分组,使得每一次重新分组好于前一次分组。评判分组好与差的标准是:同一簇中的数据对象相似度越高越好,不同簇中的数据对象相异度越大越好。为计算一个簇内所有数据对象的相似度,需要为簇指定一个原型(簇中心、代表对象),簇内所有对象的相似度为簇内其他对象与原型之间相似度之和。因此,又称划分法为基于原型的聚类算法。划分法的代表算法有 k-means、k-medoids、k-modes、PAM (Partition Around Medoid)等。由于划分法基于与原型的距离进行分组,因此一般只能发现圆形或球形的簇。图 6-1(a)给出了划分法聚类结果示意图。图中,划分法把数据集划分为三个簇,虚线包围的所有对象构成一个簇。符号"▲"表示簇原型或簇中心。

2. 密度法

与基于簇原型和相似度的划分法不同,密度法聚类基于密度定义分组数据对象。密度法中,首先根据用户给定参数,计算每个数据对象的密度大小,并以此区分低密度区域和高密度区域,前者将后者分隔,每个高密度区域中的数据对象则可构成一个聚类或簇。密度法的代表算法有 DBSCAN(Density-Based Spatial Clustering of Application with Noise)、OPTICS(Ordering Points to Identify the Clustering Structure)和 DENCLUE(Density Based Clustering)。密度聚类法可以克服基于距离的聚类只能发现圆形或球形的簇的缺点,聚类结果也不要求每个数据对象都划分到某个簇中。图 6-1(b)给出了密度法聚类的结果示意图。图中,虚线包围的区域为高密度区域,共有 4 个,即密度法聚类识别该数据集有 4 个簇。没有被虚线包围的其他区域为低密度区域。

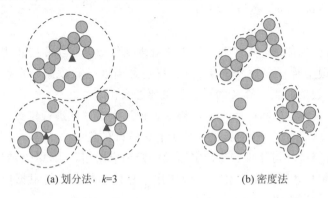

(a) 划分法,$k=3$　　　　　　(b) 密度法

图 6-1　同样的数据集采用划分法和密度法聚类结果

3. 层次法

层次法聚类将数据集划分为不同级别的分组或簇。所谓不同级别指的是大的分组可能包含着小分组,大小分组之间构成上下级别或嵌套关系,所有级别分组可构成一个树状结构。层次法可以分为凝聚式和分裂式两种基本形式。凝聚式采用自底向上的方式,先将所有数据对象都各自划分为一类,将最相似的类首先合并,再将得到的类与其他最相似的类聚类,合并操作反复进行,得到不同级别的聚类划分,直到所有对象都合并成一类或满足某个终结条件为止。分裂式与之相反,采用自顶向下方式,首先把所有数据对象划分为一个大类,然后分裂成两类,使一类中的对象尽可能地与另一类对象相异,然后再将每一类继续分裂,反复进行产生不同级别的聚类,直至每个对象都自成一类或满足某个终结条件为止。层次聚类算法大多数采用凝聚式,代表算法有 BRICH。图 6-2 给出了层次法聚类的结果示意图。其结果可表示为嵌套的簇(见图 6-2(a)),也可以表示为树状图(见图 6-2(b))。

在层次法聚类中,不管是凝聚式还是分裂式,都依赖于簇之间的相异性,而相异性一般使用距离来度量。度量簇之间的距离函数一般有以下几种定义。

(1) 最短距离:两个簇之间的距离定义为两个簇内的元素之间距离最小者。

(2) 最长距离:与最短距离相反,两个簇之间的距离定义为两个簇内的元素之间距离最大者。

(3) 中间距离:两个簇之间的距离定义不取两类间最短或最长距离,而是取某个中间的距离。

（4）重心距离：两个簇之间的距离定义为这两个簇的重心间的距离。

（5）平均距离：两个簇之间的距离定义为这两个簇内的元素两两之间的平均距离。

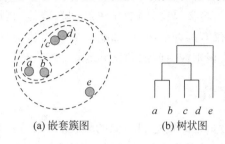

(a) 嵌套簇图　　　　(b) 树状图

图 6-2　层次法聚类结果

4. 网格法

网格法聚类把空间划分为有限个单元，然后对划分后的空间进行聚类。基于网格的聚类算法复杂度取决于网格单元的数目，与数据集大小无关。代表算法有 STING(STatistical INformation Grid)、CLIQUE(CLustering In QUEst)和 WAVE-CLUSITER 算法。

5. 模型法

模型法假定数据对象是按潜在的概率分布模型生成的，每个聚类满足一种模型，而整个数据集是由一系列的概率分布模型所决定的。聚类时从数据集中查找满足各分布模型的数据对象，尽可能优化聚类对象与对应模型之间的适应性。模型法聚类主要有两种方案：统计方案和神经网络方案。

6.2　聚类分析的统计量

6.2.1　模型定义

假设聚类问题中的数据集包含 n 个数据对象：$x_i(i=1,2,\cdots,n)$，每个数据对象由 p 个变量（属性）构成，即 $x_i=(x_{i1},x_{i2},\cdots,x_{ip})$。$n$ 个数据对象可表示为如图 6-3 所示的数据矩阵。这些数据对象可能表示人、文档、基因组、超市交易记录、移动通话记录等。此外，还可以使用如图 6-4 所示的相异度矩阵存储 n 个数据对象两两之间的近似性。其中，$d(i,j)$ 表示第 i 个对象与第 j 个对象的相异度，有 $d(i,j)=d(j,i)$ 和 $d(i,i)=0$。6.2.2 节将详细介绍对象间相异度的计算方法。

$$\begin{bmatrix} x_{11} & \cdots & x_{1f} & \cdots & x_{1p} \\ \cdots & \cdots & \cdots & \cdots & \cdots \\ x_{i1} & \cdots & x_{if} & \cdots & x_{ip} \\ \cdots & \cdots & \cdots & \cdots & \cdots \\ x_{n1} & \cdots & x_{nf} & \cdots & x_{np} \end{bmatrix} \qquad \begin{bmatrix} 0 & & & & \\ d(2,1) & 0 & & & \\ d(3,1) & d(3,2) & 0 & & \\ \vdots & \vdots & \vdots & & \\ d(n,1) & d(n,2) & \cdots & \cdots & 0 \end{bmatrix}$$

　　图 6-3　数据矩阵　　　　　　　　图 6-4　相异度矩阵

属性用来描述对象的特征,属性值可以是定性的或者定量的。若采用连续型或数值型度量,称为间隔尺度,例如人的年龄、收入等;若采用有序等级的符号描述,称为有序尺度,例如产品等级A、B、C等;若只是采用一些名字,而无等级和数量关系的,取值数目有限的离散型或类属型来描述,称为名义尺度,例如颜色红、绿、蓝等,其取值范围为若干个可选择值。某些情况下,名义尺度仅有两种取值,例如病人的某项指标呈阴性或阳性,称这样的名义尺度为二元参数。从模式识别或空间的角度来看,一个对象是空间中的一个点。

6.2.2 相似性度量

相似性用来描述分类对象之间接近和相似的程度,是划分法聚类技术的聚类依据。为度量相似性,需要定义一些统计量作为聚类的数量指标,从而可以定量地进行聚类。常用来度量数据对象间相似性的统计量有距离函数和相似系数,它们的定义与数据对象属性的类型有关,不同属性类型有不同的定义方式。在本章中,不管距离函数、相似系数,还是别的统计量,均用符号 d_{ij} 表示,都表示数据对象 x_i 和 x_j 之间的接近或相似(远离或相异)程度。

1. 对象属性为间隔尺度

属性用来描述对象的各种特征,在采用间隔尺度的情况下,属性值可采用不同的度量单位,其度量结果的数量级可能相差悬殊。一般来说,一个属性使用较小的度量单位会使得该属性有较大的取值区间,属性绝对值的数量级也相对较大,例如,属性距离的度量单位从千米改为米,或属性重量的单位从千克改为克,度量结果会造成若干数量级的差别。绝对值数量级大的属性对聚类的影响可能会覆盖其他绝对值小的属性,使得后者应有的作用得不到反映。这意味着属性度量单位的选择会对聚类结果造成很大的影响。为了避免聚类结果依赖于属性值度量单位,在进行聚类分析之前,聚类数据对象的属性值一般需要采取标准化处理,目的是使得所有属性具有相同的权值,确保各属性在聚类中的作用相同。这对没有获得数据对象的先验知识时尤其有用。需注意的是,在具体应用中,用户可能会根据对具体业务领域知识的理解,赋予聚类对象中一部分属性更大的权值。例如对足球运动员聚类,可能给予速度属性更大的权值。

标准化的一种办法是把原值转换成无单位的参数值。给定包含 n 个数据对象的数据集,对每个数据的第 j 个属性进行标准化的一般方法如下。

(1) 计算所有数据对象在第 j 个属性上的平均值,如式(6-1)所示。

$$m_j = \frac{1}{n} \sum_{i=1}^{n} x_{ij} \tag{6-1}$$

(2) 对每个数据对象 x_i 的第 j 个属性,即 x_{ij},进行中心化变换 x'_{ij},如式(6-2)所示。

$$x'_{ij} = x_{ij} - m_j \tag{6-2}$$

(3) 标准化是在中心化的基础上再做变化,使得各种变量的变化范围相等。采用不同的方法衡量变化范围时,有不同的标准化变换方法。常用的有绝对差标准化、标准差标准化和极差标准化。

① 绝对差标准化。计算第 j 个属性的绝对差:

$$a_j = \frac{1}{n} \sum_{i=1}^{n} \left| x'_{ij} - m_j \right| \tag{6-3}$$

x_{ij} 标准化变换为：

$$x''_{ij} = \frac{x'_{ij} - m_j}{a_j} \quad (6-4)$$

② **标准差标准化**。计算第 j 个属性的标准差：

$$s_j = \sqrt{\frac{1}{n-1} \sum_{i=1}^{n} (x'_{ij} - m_j)^2} \quad (6-5)$$

x_{ij} 标准化变换为：

$$x''_{ij} = \frac{x'_{ij} - m_j}{s_j} \quad (6-6)$$

③ **极差标准化**。计算第 j 个属性的极差：

$$R_j = \max_{1 \leq i \leq n}(x'_{ij}) - \min_{1 \leq i \leq n}(x'_{ij}) \quad (6-7)$$

x_{ij} 标准化变换为：

$$x''_{ij} = \frac{x'_{ij} - m_j}{R_j} \quad (6-8)$$

也可进行极差正规化：

$$x''_{ij} = \frac{x'_{ij} - \min_{1 \leq i \leq n}(x'_{ij})}{R_j} \quad (6-9)$$

数据对象标准化后，或没有被标准化，可基于距离和相似系数统计量计算两个数据对象 x_i 和 x_j 之间的相异度 d_{ij}。

1) 基于距离函数的相异度计算

使用距离统计量描述两个对象的相异度，源于对包含 p 个间隔尺度属性的数据对象，n 个对象可视作 p 维空间的 n 个点，使用空间中点与点的距离度量数据对象间的相异(远离)程度。作为两个对象 x_i 和 x_j 之间的距离函数，d_{ij} 应该满足下列条件。

(1) 非负性。对所有 x_i 和 x_j，有 $d_{ij} \geq 0$，当且仅当两个数据对象的 p 属性对应相等时，等式成立。

(2) 对称性。对所有 x_i 和 x_j，有 $d_{ij} = d_{ji}$。

(3) 三角不等式。对所有 x_i, x_j 和 x_k，有 $d_{ij} \leq d_{ik} + d_{kj}$。

从上述看出，两个数据对象之间的距离在 $0 \to \infty$ 之间，距离越大，两个数据对象相异度越大；反之，距离越小，两个数据对象的相似度越高。在聚类分析中，常用的距离函数如下。

(1) 明氏(Minkowski)距离

$$d_{ij}(q) = \left(\sum_{k=1}^{p} | x_{ik} - x_{jk} | \right)^{1/q} \quad (6-10)$$

当 q 分别为 1, 2 和 ∞ 时，明氏距离分别为绝对值距离(又称曼哈顿距离或城市街区距离)、欧氏距离和切比雪夫距离。

此外，如果聚类用户需要根据属性重要程度赋予每个属性 k 权值 w_k，明氏距离函数定义为：

$$d_{ij}(q) = \left(\sum_{k=1}^{p} w_k | x_{ik} - x_{jk} | \right)^{1/q} \quad (6-11)$$

(2) 马氏距离

明氏距离一般适用于欧式空间。考虑到数据对象中各属性值往往为随机变量，因此第

i 个样本的 p 个变量的观察值 $x_i=(x_{i1},x_{i2},\cdots,x_{ip})^T$ 是 p 维随机向量。由于随机向量有一定的分布规律,各个分量之间有可能相关,因此两个样品作为随机向量的个体,其马氏距离的定义为:

$$d_{ij}(M) = \sqrt{(x_i-x_j)^T \sum\nolimits^{-1} (x_i-x_j)} \tag{6-12}$$

其中,$\sum$ 是随机变量的协方差矩阵,若未知,可用其估计值。

2) 基于相似系数的相异度计算

对于 p 维空间中的两个向量,可以用相似系数度量它们之间的相似度。同样地,这里采用 d_{ij} 表示第 i 个和第 j 个向量间的相似系数。d_{ij} 需要满足以下条件。

(1) 对所有 x_i、x_j,有 $|d_{ij}|\leqslant 1$,当且仅当两个向量存在线性关系,即 $x_i=cx_j$,c 为非 0 常量时等式成立;

(2) 对所有 x_i、x_j,有 $s_{ij}=s_{ji}$。

在聚类分析中,数据对象作为 p 维空间中的向量,它们的相似系数可以用两个向量间的夹角余弦表示。设 θ_{ij} 表示两个数据对象 x_i 和 x_j 对应向量之间的夹角,那么这两个对象的相似系数定义为:

$$d_{ij} = \cos(\theta_{ij}) = \frac{\sum_{k=1}^{p} x_{ik}x_{jk}}{\sqrt{\sum_{k=1}^{p} x_{ik}^2 \sum_{k=1}^{p} x_{jk}^2}} \tag{6-13}$$

2. 对象属性为名义尺度

与间隔尺度不一样,名义尺度属性的取值范围为有限个可选取值。这些取值可以用字母、符号或一系列整数表示,但这些整数只是为了用来处理数据,而不代表任何排序信息。例如,人的职业有律师、工程师、医生、商人、教师等。因此,对于名义尺度属性,采取与间隔尺度相同的办法计算数据对象之间相似度,可能会造成不合理的聚类结果。

对包含间隔尺度属性值的数据对象 x_i 和 x_j,它们之间的相似度计算是根据属性值匹配数进行的,相异度 d_{ij} 计算为:

$$d_{ij} = \frac{p-m}{p} \tag{6-14}$$

式中,m 为对象 x_i 和 x_j 在对应的属性上取值相同的数目,p 是属性总数目。实际应用中,可以根据属性的重要程度,对某些属性或者属性的特定取值赋予更大的权值,增加对 m 值的影响。

3. 对象属性为二元参数

二元参数属性是名义尺度属性仅有两个可选取值(例如 0 或 1)的特例,可直接采用与名义尺度属性相同的方式计算包含二元参数的两个对象的相似度。令 q 为对象 x_i 和 x_j 在相同属性上取值均为 1 的属性数目,t 为取值均为 0 的属性数目,r 为 x_i 取值为 1 而 x_j 取值为 0 的属性数目,s 为 x_i 取值为 0 而 x_j 取值为 1 的属性数目。那么有 $p=q+r+s+t$。则对象 x_i 和 x_j 的相异度计算为:

$$d_{ij} = \frac{r+s}{q+r+s+t} \tag{6-15}$$

有些情况下，二元参数属性的两个可选取值并不是同样重要，例如，对某种疾病的测试结果，阳性比阴性更重要，这种二元参数属性称为非对称的。一般情况下，对更重要的属性取值（通常是较少出现的那个值）编码为1，另一个取值编码为0。进而取值为1的匹配通常认为比取值为0的匹配更重要。包含这样二元参数属性的两个对象间的相似度称为非对称二元相似度。其中，（在相同属性上）0值匹配数目t被认为是不重要的，在计算中应被忽略，从而两个对象x_i和x_j之间的相异度计算为：

$$d_{ij} = \frac{r+s}{q+r+s} \qquad (6\text{-}16)$$

或等价的相似度计算为：

$$\text{sim}_{ij} = \frac{q}{q+r+s} = 1 - d_{ij} \qquad (6\text{-}17)$$

相似系数sim_{ij}也称为Jaccard系数，在研究界中有着广泛应用。当同一个数据集同时出现对称和非对称二元参数属性时，可采用下面即将介绍的混合属性的方法处理。

4. 对象属性为序数尺度

序数尺度分为离散型和连续型。离散序数尺度属性可看作名义尺度属性，但可选取值是有意义的排序序列。这种尺度的属性在实际应用中也十分常见，例如，教授职位高低以有序序列表示：助理教授、副教授、教授。连续序数尺度属性可看作不知道标量大小的间隔尺度属性；也就是说属性值的相对顺序是重要的，但实际大小并不是那么重要，例如比赛中的相对排名（金牌、银牌和铜牌）经常比实际的度量值更必需。通过将间隔尺度属性值域划分为有限个区间，对属性值离散化也可以得到序列尺度。序列值可以映射为排序值。例如，假设一个序列尺度属性k有m_k个取值，这些有序的取值可以映射为排序值$1, 2, \cdots, m_k$。

对包含序数尺度属性的两个数据对象x_i和x_j之间的相异度计算如下。

（1）第i个数据对象的第k个属性值为x_{ik}，属性k共有m_k个有序状态，对应着$1, 2, \cdots, m_k$。把数据集里所有的x_{ik}替换为相对应的排序值$r_{ik} \in \{1, \cdots, m_k\}$。

（2）由于每个序数尺度属性可能拥有不同个数的可选取值状态，所以需要把每个属性的取值范围映射到$[0.0, 1.0]$，使得每个属性具有相同的权值。可以通过将第i个数据对象上第k个属性值的排序值替换为式(6-18)实现：

$$z_{ik} = \frac{r_{ik} - 1}{m_k - 1} \qquad (6\text{-}18)$$

（3）采用与间隔尺度属性相同的计算方式，对上述转换后的数据z_{ik}进行计算，获得两个对象间相异度的值。

5. 对象属性为比例尺度

比例尺度用来以正数表示非线性度量值，例如指数，一般采用Ae^{Bt}或Ae^{-Bt}的形式，这里A和B为正常数，t一般表示时间。常见的例子有细菌的生长数目或放射性元素的衰变。对包含比例尺度属性的数据对象计算相异度，一般有以下三种方式。

（1）直接采用与间隔尺度属性相同的计算方式。这种方式可能会使标量扭曲，并非一个好选择。

（2）对数据对象中采用比例尺度的属性值进行对数转换，例如第i个对象中比例尺度属性j的值x_{ij}转换为$y_{ij} = \log(x_{ij})$。转换后的y_{ij}可视作普通间隔尺度，可采用与间隔尺度属性相同的计算方式,计算对象间的相异度。需注意的是比例尺度数据可采取对数转换或别的类型转换,取决于比例尺度值的定义和具体应用。

(3) 把 x_{ij} 看作连续型序数尺度数据,并把它们的排序看作间隔尺度值来处理。

选择哪种计算方式取决于具体应用,一般情况下后两种更为有效。

6. 对象属性为混合尺度

在实际应用中,数据对象包含的属性不只采用一种类型,而是混合采用多种类型。在这种情况下,一般做法是对同类型属性归为一组,然后对不同组的属性值分别进行聚类分析。如果采用不同组属性得到的聚类结果是兼容的,那么这种方法可行。但在实际应用中,分别对每组属性进行聚类,很少可能产生兼容的结果。一种更可行的办法是同时考虑所有类型属性值进行聚类,即把数据对象所有类型的属性值同时放到一次聚类分析中,而不是分组分别聚类。这其中一个重要的技术是把所有不同类型的属性值合并到一个相异性矩阵中,把所有有意义的属性值映射到共同的取值区间[0.0, 1.0]。

假设数据集包含 p 个混合类型属性。两个数据对象 x_i 和 x_j 之间的相异度 d_{ij} 计算如下:

$$d_{ij} = \frac{\sum_{k=1}^{p} \delta_{ij}^{(k)} d_{ij}^{(k)}}{\sum_{k=1}^{p} \delta_{ij}^{(k)}} \quad (6-19)$$

其中,指示函数 $\delta_{ij}^{(k)} = 0$,如果满足:① x_{ik} 或 x_{jk} 的值缺失;② $x_{ik} = x_{jk} = 0$ 且属性 k 是非对称二元尺度类型;否则 $\delta_{ij}^{(k)} = 1$。属性 k 为对象 x_i 和 x_j 之间的相异度所做贡献为 $d_{ij}^{(k)}$,根据其类型计算如下。

如果 k 是区间标量类型:$d_{ij}^{(k)} = \dfrac{x_{ik} - x_{jk}}{\max_h x_{hk} - \min_h x_{hk}}$,其中,$h$ 是所有在 k 上有值的对象。

如果 k 是二元参数或者名义尺度:$d_{ij}^{(k)} = 0$,如果 $x_{ik} = x_{jk}$;否则 $d_{ij}^{(k)} = 1$。

如果 k 是序数尺度类型:计算排位 r_{ik} 及 $z_{ik} = \dfrac{r_{ik} - 1}{m_k - 1}$,并把 z_{ik} 当成区间标量处理。

如果 k 是比例尺度:或者进行对数变化,把变化结果当成区间标量,或者把 k 当成连续序数,计算排位 r_{ik} 及 $z_{ik} = \dfrac{r_{ik} - 1}{m_k - 1}$,并把 z_{ik} 当成间隔尺度处理。

6.3 常用聚类算法

针对不同方法的聚类技术,研究界已经提出了大量聚类算法,即使是相同类型的聚类方法,也存在着很多不一样的算法。本节通过介绍几个常用的聚类算法,帮助读者进一步了解聚类技术。

6.3.1 k 均值算法

k 均值(k-means)算法采用划分法聚类技术,是一种出现较早、应用广泛的聚类算法,一般用于 p 维度连续空间中的对象聚类。给定参数 k 和包含 n 个数据对象的数据集,k 均值

算法把 n 个对象划分为 k 个簇。簇内的数据对象具有较高相似度,簇间的数据对象相似度则较低。为计算一个簇的相异度,需要计算该簇内所有对象的平均值,即簇的质心,指定为簇中心(原型、代表对象)。簇的相异度为簇内所有对象与簇质心相异度之和。因此 k 均值算法又称为基于质心的聚类技术。

k 均值聚类算法的基本流程为:算法首先随机地选择 k 个对象,每个对象初始地代表了一个簇的中心。剩下的其他对象根据与各个簇中心的距离,指派到最近的簇中心。被指派到同一个簇中心的所有对象则构成一个簇。然后通过计算整个簇的平均值即质心,重新指定簇中心。重复指派剩余对象和更新簇中心,直到簇不发生变化,即簇中心不发生变化,或变化小于指定阈值。

k 均值聚类过程如算法 6-1 所示。其执行过程参见图 6-5。图 6-5 给出 k 均值聚类算法如何从簇中心出发,通过 4 次指派和更新操作,将数据集划分为三个簇。图中灰色背景的圆表示数据对象,圆内的符号"＊""＋""♯"分别表示所属的类,属于同一个类的所有对象对应的圆内使用同样的符号。符号"▲"表示簇中心。每个子图显示了各次迭代开始时的簇中心,以及各数据对象围绕簇中心的指派(即各次执行完语句 3 之后的结果)。

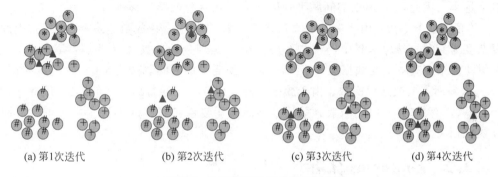

(a) 第1次迭代　　(b) 第2次迭代　　(c) 第3次迭代　　(d) 第4次迭代

图 6-5　k 均值聚类迭代过程示例

图 6-5(a)给出了第一次开始时,随机选择的三个簇中心,以及数据对象指派到离其最近的簇中心(根据 6.2.2 节计算距离),被指派到同一个簇中心的对象使用同一个符号,表示属于同一个簇。图 6-5(b)显示了第一次迭代后更新的簇中心。这些中心是在第一次指派对象后形成三个簇的基础上,计算每个簇的平均值得到的。其他对象被重新指派到最新的离其最近的簇中心。同样的方式,图 6-5(c)和图 6-5(d)分别给出在第 2 次、第 3 次迭代结果基础上,重新选出的簇中心,以及依据更新的簇中心,重新指派对象。执行第 4 次迭代后,簇中心不再发生变化,算法终止。识别的三个簇的划分情况最终如图 6-5(d)所示。

算法 6-1　k 均值聚类算法

输入:结果簇的数目 k,包含 n 个对象的数据集

输出:输出 k 个簇,使得簇内所有对象与簇的平均值的相异度总和最小

1：　随机选择 k 个对象作为初始簇中心

2：　repeat

3：　　将每个对象指派到最近的簇中心,构成 k 个簇

4：　　计算簇的质心,指定为新的簇中心

5:    until 簇中心不发生变化

一般情况下，k 均值算法总是收敛于一个解，即 k 均值会到达一种状态，其中所有的数据对象都不会从一个簇转移到另一个簇，因此簇中心不再改变。实际上由于大多数收敛都发生在早期迭代，例如从图 6-5 中可看到靠前子图中，簇之间移动对象的数量较大。因此通常用弱条件替换算法 6-1 的第 5 行，例如，用"直到仅有 0.1% 的点改变簇"结束迭代，一定程度上减少了运算时间。

把 n 个数据对象划分为 k 个簇，实质是把 n 个模式划分到 k 个原型模式，最小化所有对象(模式)与其参照中心点(原型模式)之间的相异度总和。设把 n 个对象划分为 k 个簇 C_1, $C_2,\cdots,C_k$，相对应簇中心为 $o_1,o_2,\cdots,o_k$，那么相异度总和为：

$$E = \sum_{j=1}^{k}\sum_{i \in C_j} d_{i o_j} \tag{6-20}$$

其中，$d_{i o_j}$ 为第 i 个对象与簇中心 o_j 之间的相异度，可基于 6.2.2 节的定义进行计算。在 k 均值算法中，簇中心是簇的均值，通过算法迭代，反复计算簇均值并指定新的簇中心，可令 E 值越来越小。因此，k 均值聚类问题可看作一个 E 值优化问题。

k 均值算法复杂度：由于 k 均值算法内存消耗主要用来存放数据点和簇中心，因此空间复杂度为 $O((n+k)p)$，其中，n 是数据集大小，k 是划分的簇数目，p 为属性数。k 均值算法的时间复杂度基本上与数据集大小线性相关，所需要的时间复杂度为 $O(I \times k \times n \times p)$，其中，$I$ 是收敛所需要的迭代次数。由于簇中心的大部分变化通常出现在前几次，因此 I 通常很小，可以是有界的。因此，只要簇数目 k 显著小于数据对象数目 n，则 k 均值的计算时间与 n 线性相关。

6.3.2 k-medoids 算法

6.3.1 节介绍的基于质心的 k-means 算法至少存在两方面不足。其一，k-means 算法仅适用于数据对象平均值有意义的数据集，例如 p 维连续空间中的对象集。对于包含名义尺度或序数尺度等属性的数据对象，平均值无法定义，无法计算簇质心，因此 k-means 无法适用于这样的数据。其二，在每次迭代中，k 均值算法通过计算簇平均值重新指定簇中心。在这种情况下，若数据集中存在着极大值或孤立点数据，由于这些数据对平均值的计算影响很大，最终必然影响簇中心的指定。因此 k-means 算法对孤立点比较敏感。造成这两个问题的根本原因都是因为算法计算簇平均值作为簇中心，因此改进的一个办法是不采用簇对象的平均值，取而代之，用每个簇中最靠近中心的对象，即 medoid，作为簇中心(原型，代表对象)。称这种基于 medoid 的聚类算法为 k-medoids。这里 k 是指聚类过程中始终维护 k 个 medoid，对应着 k 个簇。

k-medoids 算法与 k-means 算法划分聚类的原则相同，都是基于最小化所有对象与其所指派簇中心之间的相异度之和，即最小化式(6-20)。不同之处在于在 k-means 算法里，式(6-20)中的 o_j 为簇 C_j 的质心，而在 k-medoids 算法里，式(6-20)中的 o_j 为 C_j 的 medoid。k-medoids 聚类算法的基本思路为：算法首先随机地选择 k 个对象，每个对象初始地代表了一个簇的中心。剩下的对象根据与各簇中心的距离，分配到最近的簇中心。被分配到同一个中心的所有数据对象构成一个簇。然后反复地用非中心对象替换中心对象，重新指派非中心对象,改进聚类质量,即降低式(6-20)的相异度值,直到簇中心不发生变化。

为判断一个非中心数据对象 o_r 能否替换簇中心对象 o_j,需要判断 E' 和 E'' 的大小关系。这里 E' 是替换之前 k 个簇的相异度,E'' 是 o_j 换为 o_r 之后重新划分得到 k 个簇的相异度,E' 和 E'' 都依据式(6-20)进行计算。若 $(E''-E')<0$,则将 o_j 替换为 o_r,否则保持不变。在 o_j 换为 o_r 后,其他非中心对象 o_s 则根据以下 4 种情况指派到簇中心。

第一种情况:o_s 当前指派到 o_j。如果 o_j 替换为 o_r,但 o_s 这时距离其他某个簇中心 $o_i(i \neq j)$ 最近,则 o_s 重新指派到 o_i。

第二种情况:o_s 当前指派到 o_j。如果 o_j 替换为 o_r,且 o_s 这时距离 o_r 最近,则 o_s 重新指派给 o_r。

第三种情况:o_s 当前指派到 o_j。如果 o_j 替换为 o_r,但 o_s 这时距离其他某个簇中心 $o_i(i \neq j)$ 最近,则 o_s 的指派无须改变。

第四种情况:o_s 当前指派到其他某个簇中心 $o_i(i \neq j)$。如果 o_j 替换为 o_r,但 o_s 这时距离 o_r 最近,则 o_s 重新指派到 o_r。

图 6-6 描述了上述的 4 种情况。图中实线表示替换前 o_s 的指派关系,虚线表示替换后 o_s 的指派关系。

典型的 k-medoids 算法如算法 6-2 所示。

当存在噪声数据和孤立点数据时,k-medoids 方法比 k-means 方法更具有鲁棒性,这是由于聚类中心 medoid 不像平均值那样容易受到孤立点数据的影响。然而,k-medoids 方法的时间代价比 k-means 方法高,比较适用于小数据集,对于中、大型数据集效率较低。这是由 k-medoids 算法的复杂度决定的。在步骤 5 中,每对 o_r 和 o_j 需要检查 $(n-k)$ 个非中心对象来计算 E'',步骤 4 可看出共有 $k(n-k)$ 对 o_r 和 o_j,因此进行一次迭代的复杂度为 $O(k(n-k)^2)$。一般情况下有可能需要迭代多次算法才能收敛,因此时间开销非常大。k-medoids 的空间开销主要保存 n 个数据对象和 k 个中心点,空间复杂度为 $O((n+k)p)$,其中 p 为属性数。

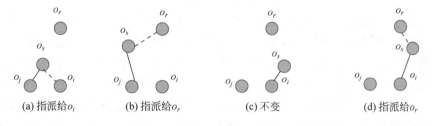

图 6-6 非中心对象重新指派方法

算法 6-2 k-medoids 算法

输入:结果簇的数目 k,包含 n 个对象的数据集

输出:输出 k 个簇,使得簇内所有对象与簇中心对象的相异度总和最小

1: 　随机选择 k 个对象作为初始簇中心
2: 　repeat
3: 　　将其他每个非中心对象指派到最近的簇中心 o_j,构成 k 个簇

4: for each (o_r, o_j)
5: 计算用 o_r 替换 o_j 后的 $er_j = E'' - E'$
如果 $\min_{1 \leq r \leq n-k, 1 \leq j \leq k} \Delta_{rj} < 0$,则用 o_r 替换 o_j,生成新的 k 个簇
6: until 簇中心不发生变化

6.3.3 凝聚层次聚类算法

层次聚类技术是一类重要的聚类方法。与 k 均值算法一样,与许多聚类方法相比,层次聚类方法相对较老,但是仍然有着广泛的应用。6.1.3 节简单介绍了两种产生层次聚类的基本方法:①凝聚式,从点作为个体簇开始,每一步合并两个最接近的簇;②分列式,从包含所有点的某个簇开始,每一步分裂一个簇,直到仅剩下单点簇。其中,凝聚式层次聚类技术最常见,本章仅关注该类算法。

凝聚层次聚类算法的基本思路为:从个体点作为簇开始,相继合并两个最接近的簇,直到只剩下一个簇。算法 6-3 形式化地描述了基本过程。

算法 6-3 基本层次聚类算法
输入:包含 n 个对象的数据集
输出:形成层次结构的簇

1: 如果需要,计算邻近度矩阵
2: repeat
3: 合并最接近的两个簇
4: 更新邻近矩阵,以反映新的簇与原来簇之间的邻近性
5: until 仅剩下一个簇

定义簇之间的邻近性:算法 6-3 的关键操作是计算两个簇之间的邻近度,并且正是簇的邻近性定义区分了各种凝聚层次技术。簇的邻近性通常用特定的簇类型定义。例如,许多凝聚层次技术,如 MIN、MAX 和组平均,都源于簇的基于图的观点。MIN 定义簇的邻近度为不同簇的两个最近的点之间的邻近度,或者使用图的术语,不同的结点子集中两个结点之间的最短边。MAX 取不同簇中两个最远的点之间的邻近度作为簇的邻近度,或者使用图的术语,不同的结点子集中两个结点之间的最长边。另一种基于图的方法是组平均技术,它定义簇邻近度为取自不同簇的所有点对邻近度的平均值(平均边长)。图 6-7 展示了这三种方法。

如果取基于原型的观点,簇用质心代表,则不同的簇邻近度定义就更加自然。使用质心时,簇的邻近度一般定义为簇质心之间的邻近度。另一种技术是 Ward 方法,也假定用其质心代表,但它使用合并两个簇导致的 SSE 增加来度量两个簇之间的邻近性。像 k 均值法一样,Ward 方法也试图最小化点到其簇质心的相异度之和。

时间和空间复杂度:基本凝聚层次聚类算法使用邻近度矩阵,需要存储 $n^2/2$ 个邻近度(假定邻近度矩阵是对称的),其中,n 是数据点的个数。记录簇所需的空间正比于簇的个数

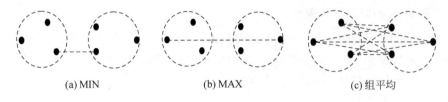

(a) MIN　　　　　　　(b) MAX　　　　　　　(c) 组平均

图 6-7　簇邻近度的基于图的定义

为 $n-1$,不包含单点簇。因此总的空间复杂度为 $O(n^2)$。

基本凝聚层次聚类算法的计算复杂度分析也是很明确的,需要 $O(n^2)$ 时间计算邻近度矩阵,之后,步骤 3 和 4 设计 $n-1$ 次迭代,因为开始有 n 个簇,而每次迭代合并两个簇。如果邻近度矩阵采用线性搜索,则对第 i 次迭代,步骤 3 需要 $O((n-i+1)^2)$ 时间,这正比当前簇个数的平方。步骤 4 只需要 $O(n-i+1)$ 时间,在合并两个簇后更新邻近度矩阵(对于我们考虑的技术,簇合并只影响 $O(n-i+1)$ 个邻近度)。不做修改,时间复杂度为 $O(n^3)$。如果某个簇到其他所有簇的距离存放在一个有序表或堆中,则查找两个最近簇的开销可能降低到 $O(n-i+1)$。然而,由于维护有序表或堆的附加开销,基于算法 6-3 的层次聚类所需的总时间为 $O(n^2 \log n)$。层次聚类的空间和时间复杂度都严重限制了它所能够处理的数据集的大小。

具体凝聚层次聚类算法如下。

1. 数据集

为了解释各种层次聚类算法,本节使用包含 6 个二维点的数据对象,如图 6-8 所示。对象 x 和 y 坐标,以及点之间的欧氏距离分别列在表 6-1 和表 6-2 中。

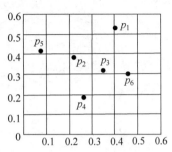

图 6-8　6 个二维点的集合

表 6-1　6 个二维点的坐标

点	x 坐标	y 坐标
p_1	0.4005	0.5306
p_2	0.2148	0.3854
p_3	0.3457	0.3156
p_4	0.2652	0.1875
p_5	0.0789	0.4139
p_6	0.4548	0.3022

表 6-2　6 个点的欧氏距离矩阵

点	p_1	p_2	p_3	p_4	p_5	p_6
p_1	0.0000	0.2357	0.2218	0.3688	0.3421	0.2347
p_2	0.2357	0.0000	0.1483	0.2042	0.1388	0.2540
p_3	0.2218	0.1483	0.0000	0.1513	0.2843	0.1100
p_4	0.3688	0.2042	0.1513	0.0000	0.2932	0.2216
p_5	0.3421	0.1388	0.2843	0.2932	0.0000	0.3921
p_6	0.2347	0.2540	0.1100	0.2216	0.3921	0.0000

2. 基于 MIN 的凝聚层次聚类

对于层次聚类的单链或 MIN 版本,两个簇的邻近度定义为两个不同簇中任意两点之间的最短距离(最大相似度)。使用图的术语,如果我们从所有点作为单点簇开始,每次在点之间加上一条链,最短的链先加,则这些链将点合并成簇。单链技术擅长处理非椭圆形状的簇,但对噪声和离群点很敏感。

图 6-9 显示了将单链技术用于 6 个点数据集例子的聚类结果。图 6-9(a)用嵌套的椭圆序列显示嵌套的簇,其中与椭圆相关联的数字表示聚类顺序。图 6-9(b)使用了树状图表示相同聚类结果。树状图中两个簇合并处的高度反映两个簇的距离。例如,由表 6-2 可看到 p_3 和 p_6 的距离是 0.11,这正是它们在树状图里合并处的高度。另一个例子,簇 $\{3,6\}$ 和簇 $\{2,5\}$ 之间的距离是:

$$\text{dist}(\{3,6\},\{2,5\}) = \min(\text{dist}(3,2),\text{dist}(6,2),\text{dist}(3,5),\text{dist}(6,5))$$
$$= \min(0.15, 0.25, 0.28, 0.39)$$
$$= 0.15$$

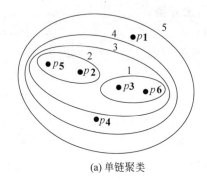
(a) 单链聚类

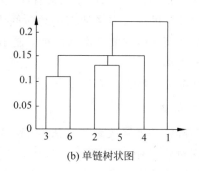
(b) 单链树状图

图 6-9　6 个数据对象的单链聚类

3. 基于 MAX 的凝聚层次聚类

对于层次聚类的全链或 MAX 版本,两个簇的邻近度定义为两个不同簇中任意点之间的最长距离(最小相似度)。使用图的术语,如果我们从所有点作为单点簇开始,每次在对象之间加上一条链,最短的链先加,则一组点到其中所有的点都完全被连接,形成一个簇。完全连接对噪声和离群点不太敏感,但是它可能使大的簇破裂,并且偏好球形。

图 6-10 显示了将 MAX 用于 6 个样本数据集的结果。与单链一样,p_3 和 p_6 首先合并。然后,$\{3,6\}$ 与 $\{4\}$ 合并,而不是与 $\{2,5\}$ 或 $\{1\}$ 合并,因为:

$$\text{dist}(\{3,6\},\{4\}) = \max(\text{dist}(3,4),\text{dist}(6,4))$$
$$= \max(0.15, 0.22)$$
$$= 0.22$$
$$\text{dist}(\{3,6\},\{2,5\}) = \max(\text{dist}(3,2),\text{dist}(6,2),\text{dist}(3,5),\text{dist}(6,5))$$
$$= \max(0.15, 0.25, 0.28, 0.39)$$
$$= 0.39$$

$$\text{dist}(\{3,6\},\{1\}) = \max(\text{dist}(3,1),\text{dist}(6,1))$$
$$= \max(0.22, 0.23)$$
$$= 0.23$$

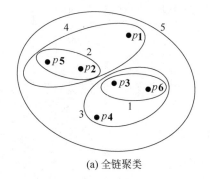
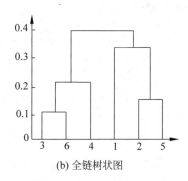

(a) 全链聚类   (b) 全链树状图

图 6-10   6 个数据对象的全链聚类

4. 基于组平均的凝聚层次聚类

对于层次聚类的组平均版本,两个簇的邻近度定义为不同簇的所有点对邻近度的平均值。这是一种介于单链和全链之间的方法。对于组平均,簇 C_i 和 C_j 的邻近度 proximity (C_i,C_j) 由下式定义:

$$\text{proximity}(C_i,C_j) = \frac{\sum_{x \in C_i, y \in C_j} \text{proximity}(x,y)}{m_i \times m_j}$$

其中,m_i 和 m_j 分别是簇 C_i 和 C_j 的大小。

图 6-11 显示了将组平均用于 6 个对象样本数据集的结果。为了解释组平均如何工作,可计算某些簇之间的距离:

$$\text{dist}(\{3,6,4\},\{1\}) = (0.22+0.37+0.23)/(3 \times 1)$$
$$= 0.28$$
$$\text{dist}(\{2,5\},\{1\}) = (0.2357+0.3421)/(2 \times 1)$$
$$= 0.2889$$
$$\text{dist}(\{3,4,6\},\{2,5\}) = (0.15+0.28+0.25+0.39+0.20+0.29)/(3 \times 2)$$
$$= 0.26$$

因为 dist($\{3,4,6\},\{2,5\}$) 比 dist($\{3,6,4\},\{1\}$) 和 dist($\{2,5\},\{1\}$) 小,簇 $\{3,4,6\}$ 和 $\{2,5\}$ 在第 4 阶段合并。

5. Ward 方法和质心方法

对于 Ward 方法,两个簇的邻近度定义为两个簇合并时导致的平方误差的增量。这样一来,该方法使用的目标函数与 k 均值相同。尽管看上去这一特点使得 Ward 方法不同于其他层次聚类技术,但是可从数学上证明:当两个点之间的邻近度取它们之间距离的平方时,Ward 方法与组平均非常相似。

图 6-12 显示了将 Ward 方法用于 6 个数据对象数据集的聚类结果。

质心方法通过计算簇质心之间的距离来计算两个簇之间的邻近度。这种技术看上去与

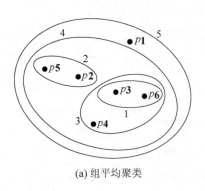
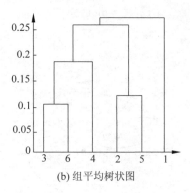

(a) 组平均聚类　　　　　　　(b) 组平均树状图

图 6-11　6 个数据对象的组平均聚类

k 均值类似,但是,正如我们论述的那样,Ward 方法与它类似。

质心方法还具有一种我们讨论过的其他层次聚类技术不具备的特性(常被认为是坏的):倒置的可能性。具体地说,合并的两个簇可能比前一步合并的簇对更相似。对于其他方法,被合并的簇之间的距离随层次聚类进展单调地增加(或者,在最坏情况下不增加)。

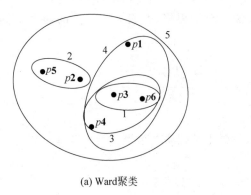
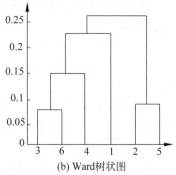

(a) Ward 聚类　　　　　　　(b) Ward 树状图

图 6-12　6 个数据对象的 Ward 聚类

6.3.4　DBSCAN 算法

DBSCAN(Density-Based Spatial Clustering of Applications with Noise)是一个基于密度的聚类算法。算法把簇看作数据空间中由低密度区域分割开的高密度对象区域;将足够高密度的区域划为簇,可以在有噪声的数据集中发现任意形状的聚类。

为进行密度聚类,首先需要定义密度。DBSCAN 使用的基于中心的方法定义密度,把簇定义为密度相连的点的最大集合。在这种方法中,数据集中指定数据对象的密度定义为以该对象为中心,在 Eps 半径内数据对象的数目(包括中心对象),如图 6-13 所示。对象 A 的 Eps 半径内数据对象的数目为 8,包括 A 本身。

基于中心定义密度的方法可将点分类为:①稠密区域内部的点(核心点);②稠密区域边缘上的点(边界点);③稀疏区域中的点(噪声或背景点)。图 6-14 使用二维点集展示了核心点、边界点和噪声点的概念。

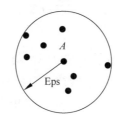

图 6-13 基于中心的密度

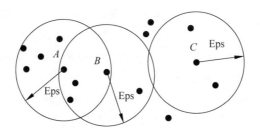

图 6-14 核心点、边界点和噪声点

1. 核心对象

核心对象位于基于密度的簇内部。对象邻域由距离函数和用户指定的距离参数 Eps 决定,以一个给定对象为中心,把半径 Eps 范围内的区域称为该对象的 Eps 邻域。在此基础上,核心对象的定义是,给定用户指定阈值 MinPts,如果一个对象的给定邻域内的对象的数目超过给定阈值 MinPts,那么该对象称为核心对象。图 6-14 中,如果 MinPts=8,则对于给定的半径(Eps),对象 A 为核心对象。

2. 边界对象

边界对象不是核心对象,但它落在某个核心对象的 Eps 邻域内。在图 6-14 中,对象 B 是边界对象。边界对象可能落入多个核心对象的 Eps 邻域内。

3. 噪声对象

噪声对象既不是核心对象,也不是边界对象。在图 6-14 中,对象 C 是噪声对象。

在此基础上,基于密度的簇定义如下。

(1) 给定一个对象集合 D,如果 p 是在 q 的邻域内,且 q 是一个核心对象,则称 p 从对象 q 出发是直接密度可达的。

(2) 如果存在一个对象链,$p_1, p_2, \cdots, p_n, p_1 = q, p_n = p$,对于 $p_i \in D, 1 \leqslant i \leqslant n, p_{i+1}$ 是从 p_i 关于 Eps 和 MinPts 直接密度可达的,则对象 p 是从对象 q 关于 Eps 和 MinPts 密度可达的。

(3) 如果对象集 D 中存在一个对象 o,使得对象 p 和 q 是从 o 关于 Eps 和 MinPts 密度可达的,那么对象 p 和 q 是关于 Eps 和 MinPts 密度可达的。

(4) 密度可达性是直接密度可达的传递闭包,这种关系是非对称的,只有核心对象之间是相互密度可达的。一个基于密度的簇是基于密度可达性的最大密度相连对象的集合。

基于中心定义密度和簇的方法实现聚类简单,但是数据对象的密度取决于指定的半径,如果半径足够大,则所有的点密度都等于数据集的对象数 n,反之,如果半径过小,则所有对象的密度都是1。对用户来说,选择合适的半径以保证聚类质量有一定的难度。

4. DBSCAN算法

给定核心点、边界点和噪声点的定义,DBSCAN算法可以非正式地描述如下。任意两个足够靠近(相互之间的距离在Eps之内)的核心对象将放在同一个簇中。同样,任何与核心对象足够靠近的边界点也放到与核心点相同的簇中。噪声对象将会被丢弃。细节如算法6-4所示。

DBSCAN的基本时间复杂度是$O(n \times t)$,其中,t是找出Eps邻域中的点所需要的时间,n是数据对象的个数。最坏情况下,时间复杂度是$O(n^2)$。然而在低维空间,如果使用树索引结构,时间复杂度可以降低到$O(n\log n)$。即便对于高维数据,DBSCAN的空间复杂度也是$O(n)$,因为对每个数据对象,它只需要维持少量数据,即簇标号和每个对象是核心对象、密度可达对象还是噪声对象的标识。

DBSCAN算法涉及如何确定参数Eps和MinPts的问题。基本方法是观察对象到它的k个最近邻的距离(称为k-距离)的特性。对于属于某个簇的点,如果k不大于簇的大小的话,则k-距离将很小。注意,尽管因簇的密度和对象的随机分布不同而有一些变化,但是如果簇密度的差异不是很极端,在平均情况下变化不会太大。然而,对于不同簇中的对象(如噪声对象),k-距离将相对较大。因此,如果对于某个k,计算所有点的k-距离,以递增次序将它们排序,然后绘制排序后的值,则将会看到k-距离的急剧变化。对于合适的Eps值,如果选取该距离为Eps参数,而取k的值为MinPts参数,则k-距离小于Eps的点将被标记为核心对象,而其他对象将被标记为噪声对象或边界对象。

算法6-4　DBSCAN算法
输入:包含n个对象的数据集
输出:基于密度的簇

1: 　将所有数据对象标记为核心对象、边界对象或噪声对象
2: 　删除噪声对象
3: 　为距离在Eps之内的所有核心对象之间赋予一条边
4: 　每组连通的核心对象形成一个簇
5: 　将每个边界对象指派到一个与之关联的核心对象的簇中

如果簇的密度变化很大,DBSCAN可能出现问题。考虑图6-15,它包含4个隐藏在噪声中的簇。簇和噪声区域的密度由它们的明暗度表示。较密的两个簇A和B周围的噪声的密度与簇C和D的密度相同。如果Eps阈值足够低,使得DBSCAN可以发现簇C和D,则A、B和包围它们的对象将变成单个簇。如果Eps阈值足够高,使得DBSCAN可以发现簇A和B,并且将包围它们的点标记为噪声,则C、D和包围它们的对象也将被标记为噪声。

因为DBSCAN使用簇的基于密度的定义,因此它是相对于噪声的,并且可以处理任意形状和大小的簇。这样,DBSCAN可以发现k均值或k-medoids方法不能发现的许多簇。然而当簇密度变化过大时,DBSCAN聚类效果较差。对于高维数据,由于这样的数据中密度更难于定义,所以难以选择合适的半径。

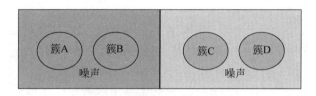

图 6-15 隐藏在噪声中的 4 个簇

6.3.5 STING 算法

STING(Statistical Information Grid)是一个基于网格的多分辨率聚类技术,它将空间区域划分为矩形单元。针对不同级别的分辨率,通常存在多个级别的矩形单元,形成了一个层次结构:高层的每个单元被划分为多个低一层的单元。关于每个网格单元属性的统计信息(例如平均值、最大值和最小值)都预先被计算和存储。这些统计信息可用来进行下面描述的查询处理。

图 6-16 显示了 STING 聚类的一个层次结构。从上而下,分辨率由低到高。高层单元的统计信息可以很容易地从低层单元的统计信息计算获得。统计信息主要包括:落入矩形单元的数量 count,属性的平均值 m,标准差 s,最小值 min,最大值 max,属性值概率分布类型 distribution,例如正态分布、均匀分布、指数分布或未知。当数据存放到数据库时,STING 直接计算最底层矩形单元统计信息 count、m、s、min 和 max。若分布类型事先已知,distribution 可以直接由用户指定,也可以通过假设检验获取。高层矩形单元的 distribution 由对应低层单元的多数分布类型决定,若对应低层最多数分布类型的单元数目超过给定阈值,则高层单元指定为低层最多数分布类型,否则设置为 none。

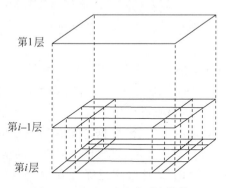

图 6-16 STING 聚类层次结构

STING 聚类方法自顶向下地使用矩形单元中的统计量。首先,根据应用需求,选定一个层次(一般为高层次)作为查询处理的开始点。一般情况下,开始层次仅含少量的单元。对当前层次的每个单元,计算置信区间用以反映该单元与给定查询的关联程度。不相关的单元不考虑,低一层的处理只检查剩余的相关单元。反复执行该过程,直到达到最底层。此时,如果查询要求被满足,那么返回相关单元的区域。否则,检索和进一步的处理落在相关单元中的数据,直到它们满足查询要求。STING 方法表面上不是一种显然的聚类法,而是用来进行查询处理,但该方法查询返回的数据对象就是某一聚类,查询处理本质上等价于聚类问题。

STING 方法的几个要点：①由于存储在每个矩形单元中的统计信息描述了单元中数据的与查询无关的概要信息，所以基于网格的计算是独立于查询的；②网格结构有利于并行处理和增量更新；③该方法的效率很高：STING 仅需扫描数据库一次来计算单元统计信息，因此产生聚类的时间复杂度是 $O(n)$，n 是数据对象的数量。在层次结构建立后，查询处理时间是 $O(g)$，这里 g 是最底层网格单元的数目，通常远远小于 n。

由于 STING 采用了一个多分辨率的方法来进行聚类分析，STING 聚类的质量取决于网格结构最底层的粒度。如果粒度比较细，处理的代价会显著增加；但是如果粒度太大，将会降低聚类分析的质量。而且，STING 在构建一个父单元时没有考虑子单元和其相邻单元之间的关系。因此，结果簇的形状是等位的，即所有的聚类边界或者是水平的，或者是垂直的，没有斜的分界线，尽管该技术可快速处理数据，但簇的质量和精确性可能不高。

6.3.6 CLIQUE 算法

一般聚类算法设计用来对低维数据对象进行聚类，在对高维数据空间的数据对象进行聚类时会遇到问题：①高维数据集中存在大量无关的属性，使得所有维中存在簇的几率几乎为零；②高维空间中数据比低维空间中数据分布要稀疏，其中数据间距离几乎相等是普遍现象，一般聚类方法是基于距离进行聚类，在高维空间中难以划分簇。为解决这些问题，一般采取两种方法：①特征转换；②特征选择/子空间聚类。特征转换会造成初始维度实际意义的丢失，使得聚类结果，甚至只是简单的组合的解释变得非常困难。采用子空间聚类则可让聚类结果变得更简单、更容易解释。此外，子空间聚类只在那些相关的子空间上执行聚类任务，因此它比特征转换更有效地减少维。子空间聚类算法拓展了特征选择的任务，尝试在相同数据集的不同子空间上发现聚类。和特征选择一样，子空间聚类需要使用一种搜索策略和评测标准来筛选出需要聚类的簇，不过考虑到不同簇存在于不同的子空间，需要对评测标准做一些限制。

CLIQUE(Clustering in QUEst) 聚类算法是一种综合了基于密度和基于网格的子空间聚类算法，用来对大型数据库中的高维数据进行有效聚类。CLIQUE 是 IBM 的 Almaden 研究中心的数据挖掘研究课题，其核心思想如下。

(1) 给定一个多维数据对象的大集合，数据对象在数据空间中通常不是均匀分布的。CLIQUE 区分空间中稀疏的和拥挤的区域，以发现数据集合的全局分布模式。

(2) 如果一个单元中包含的数据点超过某个输入参数，则该单元是密集的。在 CLIQUE 中，相连密集单元的最大集合定义为簇。

CLIQUE 分以下两步进行高维聚类。

第一步，CLIQUE 将 p 维数据空间划分为互不相交的长方形单元，识别其中的密集单元。该工作对每一维进行。例如，图 6-17 显示了关于 age 和 salary、vocation 的密集的长方形单元。代表这些密度集单元的相交子空间形成了一个候选搜索空间，其中可能存在更高维度的密集单元。

CLIQUE 将更高维密集单元的搜索限制在子空间密集单元的交集中，这种候选搜索空间的确定采用了基于关联规则挖掘中的先验特性。一般来说，该特性在搜索空间中利用数据项的先验知识以裁减空间。CLIQUE 所采用的特性如下：如果一个 k 维单元是密集的，

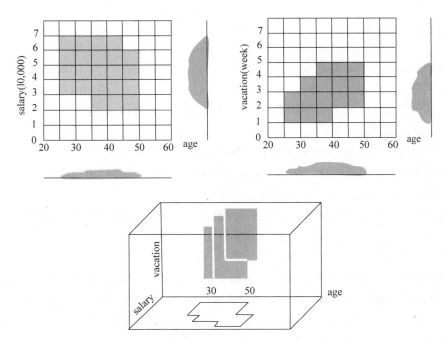

图 6-17　关于 age 与 salary、vacation 的密集单元

那么它在 $k-1$ 维空间上的投影也是密集的。也就是说,给定一个 k 维的候选密集单元,如果我们检查它的 $k-1$ 维投影单元,发现任何一个不是密集的,那么我们知道第 k 维的单元也不可能是密集的。因此,我们可以从 $k-1$ 维空间中发现的密集单元来推断 k 维空间中潜在的或候选的密集单元。通常,最终的结果空间要比初始空间小很多。然后检查密集单元决定聚类。

第二步,CLIQUE 为每个簇生成最小化的描述。对每个簇,它确定覆盖相连的密集单元的最大区域,然后确定最小的覆盖。

因为高密度的聚类存在于子空间中,CLIQUE 自动地发现最高维的子空间,对元组的输入顺序不敏感,无须假设任何规范的数据分布。它随输入数据的大小线性地扩展,当数据的维数增加时具有良好的可扩展性。但是,由于方法太过简化,聚类结果的精确性可能会降低。

6.4　簇评估

对于监督分类,结果分类模型的评估是分类模型开发过程中必不可少的部分,并且存在广泛接受的评估度量和过程,如准确率和交叉确认。然而,由于簇的特性,簇评估技术未受到广泛使用,但不妨碍簇评估或簇确认有着重要意义。需注意的是,不同簇类型可能需要不同的评估度量,例如,k 均值可能需要用 SSE 来评估,基于密度的簇不是球形的,SSE 则完全不起作用。尽管如此,簇评估应该是聚类分析的一部分。特别是在数据集的簇结构不明显、在高维空间里难觉察簇结构的情况下,簇评估尤其重要。本节介绍常见的簇评估技术。

6.4.1 概述

能够识别数据中是否存在非随机结构是簇确认的重要任务之一。下面列举了簇确认的一些重要问题。

(1) 确定数据集的聚类趋势,即识别数据中是否存在非随机结构;
(2) 确定正确的簇个数;
(3) 不引用附加信息,评估聚类分析结果对数据的拟合情况;
(4) 将聚类分析结果与已知的客观结果,如外部提供的类标号,进行比较;
(5) 比较两个簇集合,确定哪个更好。

需注意(1)~(3)项不使用任何外部信息(采用了非监督技术),第(4)项使用外部信息,第(5)项可以用监督或非监督方式进行。第(3)~(5)项还可以进一步区分是评估整个聚类还是个别簇。

尽管可以开发各种数值度量从不同方面来评估上述簇的有效性,但仍存在许多问题。首先,簇的有效性度量可以受限于它的可用范围。例如,簇类趋势度量方面的大部分工作都是针对二、三维空间数据。其次,需要框架来解释任意度量。对于评估簇标号与外部提供的类标号的匹配情况的度量,如果得到一个值10,那么这个值如何度量匹配是好、一般还是差? 匹配的优良度通常可以通过考察该值的统计分布来度量,即这样的值偶然出现的几率多大。最后,如果度量太复杂,难以使用或难以理解,则很少有人愿意使用它。

用于评估簇的各方评估度量或者指标一般分成如下三类。

(1) 非监督的。聚类结构的优良性度量,不考虑外部信息,例如SSE。簇的有效性的非监督度量一般可以进一步分为两类:簇的凝聚性(紧凑性,紧致性),度量确定簇中对象如何密切相关;簇的分离性(孤立性),度量确定某个簇不同于其他簇的地方。非监督度量通常称为内部指标,因为它们仅使用出现在数据集中的信息。

(2) 监督的。度量聚类算法发现的聚类结构与某种外部结构的匹配程度。例如,监督指标的熵,它度量簇标号与外部提供的标号的匹配程度。监督度量通常称为外部指标,因为它们使用了不在数据集中出现的信息。

(3) 相对的。比较不同的聚类或簇。相对簇评估度量是用于比较有监督或非监督评估度量。因而,相对度量实际上不是一种单独的簇评估度量类型,而是度量的一种具体使用。例如,两个k均值聚类可以使用SSE或熵进行比较。

本节剩下部分介绍关于簇有效性的具体内容。首先介绍关于非监督簇评估的内容:①基于凝聚性和分离性的度量;②两种基于邻近度矩阵的技术。由于这些方法仅用于部分簇集合,因此我们也介绍流行的共性分类相关系数。共性分类相关系数可以用于层次聚类的非监督评估,之后简略讨论找出正确的簇个数和评估聚类趋势。然后考虑簇有效性的监督方法,如熵、纯度和Jaccard度量。最后,简略讨论如何解释(非监督或监督的)有效性度量值。

6.4.2 非监督簇评估:使用凝聚度和分离度

对于划分的聚类方案,簇有效性的许多内部度量都基于凝聚度和分离度概念。本节对基于原型和基于图的聚类技术,使用簇有效性度量来详细研究这些概念。在此过程中,将看到基于原型和基于图的聚类技术之间的一些联系。

通常,将 k 个簇的集合的总体簇有效性表示成个体簇有效性的加权和:

$$\text{overall validity} = \sum_{i=1}^{k} w_i \, \text{validity}(C_i) \tag{6-21}$$

其中,validity 函数可以是凝聚度、分离度,或者这些量的某种组合。权值将因簇有效性度量而异,见表 6-3。在某些情况下,权值可以简单地取 1 或者簇大小;在其他情况下,它们反映更复杂的性质,如凝聚度平方根。如果有效性函数为凝聚度,则值越高越好;如果是分离度,则值越低越好。

表 6-3 基于图的簇评估度量表

名称	簇 度 量	簇 权 值	类 型
$\mathcal{I}_1$	$\sum_{x \in C_i, y \in C_j} \text{proximity}(x, y)$	$1/m_i$	基于图的凝聚度
$\mathcal{I}_2$	$\sum_{x \in C_i} \text{proximity}(x, C_i)$	1	基于原型的凝聚度
$\mathcal{E}_1$	$\text{proximity}(C_i, c)$	m_i	基于原型的分离度
$\mathcal{G}_1$	$\sum_{j=1, j \neq i}^{k} \sum_{x \in C_i, y \in C_j} \text{proximity}(x, y)$	$\dfrac{1}{\sum_{x \in C_i, y \in C_j} \text{proximity}(x, y)}$	基于图的凝聚度和分离度

1. 凝聚度和分离度的基于图的观点

对于基于图的簇,簇的凝聚度可以定义为连接簇内点的邻近度图中边的加权和,如图 6-18(a) 所示。邻近度图以数据对象为结点,每对数据对象之间一条边,并且每条边指派一个权值,它是边所关联的两个数据对象之间的邻近度。同样,两个簇之间的分离度可以用从一个簇的点到另一个簇的点的边的加权和来度量,如图 6-18(b) 所示。

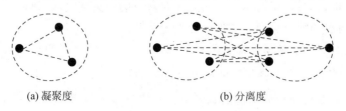

(a) 凝聚度　　　　　　　(b) 分离度

图 6-18　凝聚度和分离度的基于图的观点

基于图的簇的凝聚度和分离度可以分别用式 (6-22) 和式 (6-23) 表示,其中,proximity 函数可以是相似度、相异度,或者是这些量的简单函数。

$$\text{cohesion}(C_i) = \sum_{x \in C_i, y \in C_j} \text{proximity}(x, y) \tag{6-22}$$

$$\text{separation}(C_i, C_j) = \sum_{x \in C_i, y \in C_j} \text{proximity}(x, y) \tag{6-23}$$

2. 凝聚度和分离度的基于原型的观点

对于基于原型的簇,簇的凝聚度可以定义为关于簇原型(质心或中心点)的邻近度的和。

同理,两个簇之间的分离度可以用两个簇原型的邻近性度量。图 6-19 给出了图示,其中簇的质心用"+"标记。

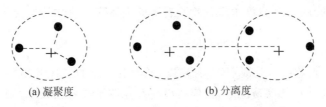

(a) 凝聚度　　　　　　(b) 分离度

图 6-19　凝聚度和分离度的基于原型的观点

基于原型的凝聚度由公式(6-24)给出,而两个分离性度量分别由公式(6-25)和公式(6-26)给出,其中,c_i 是簇 C_i 的原型(质心),而 c 是总体原型(质心)。对于分离性,存在两种度量,这是因为簇原型与总原型的分离度有时与簇原型之间的分离度直接相关。注意,如果取邻近度为欧氏距离的平方,则公式(6-24)是簇的 SSE。

$$\text{cohesion}(C_i) = \sum_{x \in C_i} \text{proximity}(x, c_i) \tag{6-24}$$

$$\text{separation}(C_i, C_j) = \text{proximity}(c_i, c_j) \tag{6-25}$$

$$\text{separation}(C_i) = \text{proximity}(c_i, c) \tag{6-26}$$

3. 凝聚度和分离度的总和量

前面的凝聚度和分离度定义给出了簇的有效性的简单而严格定义的量。通过使用加权和可以将它们组合成簇的有效性的总量,如公式(6-21)所示,但需要决定使用什么权值。尽管通常权值是簇大小的某种度量,但是可用的权值变化范围很大。

表 6-3 提供了基于凝聚性和分离性的有效性度量的例子。$\mathcal{I}_1$ 用簇中每对对象邻近度除以簇的大小来度量凝聚性。$\mathcal{I}_2$ 基于簇中对象与簇质心的邻近度之和来度量凝聚性。$\mathcal{E}_1$ 是一种分离性度量,定义为簇质心与总质心的邻近度乘以簇中对象的个数。$\mathcal{G}_1$ 是一种基于凝聚性和分离性的度量,是簇中所有对象与簇外所有对象的邻近度之和(邻近度图中将簇分开必须切断的边的总权值)除以簇内对象逐对邻近度之和。

需注意簇的有效性的任何非监督度量都可以作为聚类算法的目标函数使用,反之亦然。

4. 基于原型的凝聚度和基于图的凝聚度之间的联系

尽管度量簇的凝聚性和分离性的基于图的方法与基于原型的方法看上去截然不同,但是对于某些邻近性度量,它们是等价的。例如,对于 SSE 和欧氏空间的点,可以证明(公式(6-27))簇中每对点的平均距离等于簇的 SSE。

$$\text{Cluster SSE} = \sum_{x \in C_i} \text{dist}(c_i, x)^2 = \frac{1}{2m_i} \sum_{x \in C_i} \sum_{y \in C_i} \text{dist}(x, y)^2 \tag{6-27}$$

5. 两种基于原型的分离性度量方法

当邻近度用欧氏距离度量时,簇之间分离性的传统度量是组平方和(SSB),即簇质心 c_i 到所有数据点的总均值 c 的距离的平方和。通过在所有簇对 SSB 求和,得到总 SSB,由公式(6-28)给出,其中,c_i 是第 i 个簇的均值,而 c 是总均值。总 SSB 越高,簇之间的分离性越好。

$$\text{SSB} = \sum_{i=1}^{k} m_i \text{dist}(c_i, c)^2 \qquad (6\text{-}28)$$

可以直接证明,总 SSB 与质心之间的逐对距离有直接关系。特别是如果簇的大小相等,即 $m_i = m/k$,则该关系取公式(6-29)给出的简单形式。正是这类等价性诱导了公式(6-25)和公式(6-26)的原型分离度定义。

$$\text{SSB} = \frac{1}{2k} \sum_{i=1}^{k} \sum_{j=1}^{k} \frac{m}{k} \text{dist}(c_i, c_j)^2 \qquad (6\text{-}29)$$

6. 凝聚度和分离度之间的联系

在某些情况下,凝聚度和分离度之间存在着强联系。具体来说,可以证明总 SSE 和总 SSB 之和是一个常数,它等于总平方和(TSS),即每个点到数据的平均值的距离的平方和。这个结果的重要性在于:最小化 SSE(凝聚度)等价于最大化 SSB(分离度)。

下面给出证明。证明所用的方法也适用于证明前两节陈述的关系。为了简化证明过程,假设数据是一维的,即 $\text{dist}(x, y) = (x-y)^2$。证明中还使用了交叉项 $\sum_{i=1}^{k} \sum_{x \in C_i} (x - c_i)(c - c_i)$ 为 0 的事实。

$$\begin{aligned}
\text{TSS} &= \sum_{i=1}^{k} \sum_{x \in C_i} (x-c)^2 \\
&= \sum_{i=1}^{k} \sum_{x \in C_i} ((x-c_i) - (c-c_i))^2 \\
&= \sum_{i=1}^{k} \sum_{x \in C_i} (x-c_i)^2 - 2\sum_{i=1}^{k} \sum_{x \in C_i} ((x-c_i) - (c-c_i)) + \sum_{i=1}^{k} \sum_{x \in C_i} (c-c_i)^2 \\
&= \sum_{i=1}^{k} \sum_{x \in C_i} (x-c_i)^2 + \sum_{i=1}^{k} \sum_{x \in C_i} (c-c_i)^2 \\
&= \sum_{i=1}^{k} \sum_{x \in C_i} (x-c_i)^2 + \sum_{i=1}^{k} |C_i|(c-c_i)^2
\end{aligned}$$

7. 评估个体簇和对象

迄今为止,我们一直关注使用凝聚度和分离度对一组簇进行总评估。许多簇的有效性度量也能用来评估个体簇和对象。例如,可以根据簇的有效性(即凝聚度和分离度)的具体值确定个体簇的秩。可以认为具有较高凝聚度值的簇比具有较低凝聚度值的簇好。这种信息通常可以用来提高聚类的质量。例如,如果簇凝聚性不好,则我们可能希望将它们分裂成若干个子簇。另一方面,如果两个簇相对凝聚,但分离性不好,则我们可能需要将它们合并成一个簇。

我们也可以根据对象对簇的总凝聚度或分离度的贡献,评估簇中对象。对凝聚度和分离度贡献越大的对象越靠近簇的"内部",反之,对象可能离簇的"边缘"很近。6.4.3节考虑一种评估度量,它使用基于这些思想的方法评估数据对象、簇和整个簇集合。

8. 轮廓系数

流行的轮廓系数方法结合了凝聚度和分离度。下面的步骤解释如何计算个体点的轮廓系数。此过程由如下三步组成。这里使用了距离度量,但是类似的方法可以使用相似度。

(1) 对于第 i 个对象,计算它到簇中所有其他对象的平均距离。该值记作 a_i。

(2) 对于第 i 个对象和不包含该对象的任意簇,计算该对象到给定簇中所有对象的平均距离。关于所有的簇,找出最小值,记作 b_i。

(3) 对于第 i 个对象,轮廓系数是 $s_i = (b_i - a_i)/\max(a_i, b_i)$。

轮廓系数的值在 $-1 \sim 1$ 之间变化。不希望出现负值,因为负值表示点到簇内点的平均距离 a_i 大于点到其他簇的最小平均距离 b_i。我们希望轮廓系数是正的($a_i < b_i$),并且 a_i 越接近 0 越好,因为当 $a_i = 0$ 时轮廓系数取其最大值 1。

可以简单地取簇中点的轮廓系数的平均值,计算簇的平均轮廓系数。通过计算所有点的平均轮廓系数,可以得到聚类优良性的总度量。

图 6-20 显示了 10 个簇中点的轮廓系数图。较黑的阴影指示较小的轮廓系数。

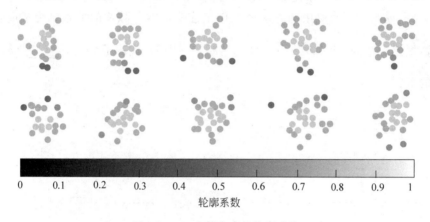

图 6-20　10 个簇中点的轮廓系数

6.4.3　非监督簇评估:使用邻近度矩阵

本节考察两种基于邻近度矩阵评估簇的有效性的非监督方法。第一种比较实际的邻近度矩阵和理想的邻近度矩阵,而第二种使用可视化技术。

1. 通过相关性度量簇的有效性

如果给定数据集的相似度矩阵和数据集聚类分析得到的簇标号,则可以通过考察相似度矩阵和基于簇标号的相似度矩阵的理想版本之间的相关性来评估聚类的"优良性"。具体来说,理想的簇是这样的簇,它的点与簇内所有点的相似度为 1,而与其他簇中的所有点的相似度为 0。这样,如果将相似度矩阵的行和列排序,使得属于相同簇的对象在一起,则理想的相似度矩阵具有块对角结构。换言之,在相似度矩阵中代表簇内相似度的项的块内部相似度非 0,而其他地方为 0。理想的相似度矩阵可以通过如下方法构造:创建一个矩阵,每个数据点一行一列(与实际的相似度矩阵类似),矩阵的一个项为 1,如果它所关联的一对点属于同一个簇,其他项为 0。理想和实际相似度矩阵之间高度相关表明属于同一个簇的点相互之间很接近,而低相关性表明相反情况。(由于实际和理想相似度矩阵都是对称的,因此只需要对矩阵对角线下方或上方的 $n(n-1)/2$ 个项计算相关度。)对于许多基于密度和基于近邻的簇,这不是好的度量,因为它们不是球形的,并且常常与其他簇紧密地盘绕在一起。

2. 通过相似度矩阵可视化地评价聚类

前面的技术使人联想起一种评价簇集合的一般的、定性的方法：按照簇标号调整相似度矩阵的行列次序，然后画出它。从理论上讲，如果有明显分离的簇，则相似度矩阵应当粗略地是块对角。如果不是，则相似度矩阵所显示的模式可能揭示了簇之间的联系。所有这些也可以用于相异度矩阵，简单起见，这里仅讨论相似度矩阵。

对于大型数据集，该方法开销太大，因为相似度计算需要 $O(n^2)$ 时间，其中，n 是对象个数。但是使用抽样，该方法仍然可以使用。我们可以从每个簇抽取数据对象样本，计算这些数据点之间的相似度，然后绘图。可能需要对小簇多抽样，对大簇少抽样，以得到所有的簇的足够代表。

6.4.4 层次聚类的非监督评估

前面的簇评估方法是为了划分聚类设计的。这里讨论一种用于层次聚类的流行的评估度量——共性分类相关。两个对象之间的共性分类距离是凝聚层次聚类技术首次将对象放在同一个簇时的邻近度。例如，如果在凝聚层次聚类进程的某个时刻，两个合并的簇之间的最小距离是 0.1，则一个簇中的所有点关于另一个簇中各点的共性分类距离都是 0.1。在共性分类距离矩阵中，项是每对对象之间共性分类距离。点集的每个层次聚类的共性分类距离不同。

共性分类相关系数（Cophenetic Correlation Coefficient，CPCC）是该矩阵与原来的相异度矩阵的项之间的相关度，是(特定类型的)层次聚类对数据拟合程度的标准度量。该度量的最常见应用是评估对于特定的数据类型，哪种类型的层次聚类最好。

6.4.5 确定正确的簇个数

多种非监督簇评估度量都可以用来近似地确定正确的或自然的簇个数。

图 6-20 的数据集有 10 个自然簇，图 6-21 显示了该数据集的(二分)k 均值聚类发现的簇个数的 SSE 曲线，而图 6-22 显示了相同数据的簇个数的平均轮廓系数曲线。当簇个数等于 10 时，SSE 有一个明显的拐点，而轮廓系数有一个明显的顶峰。

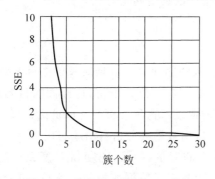
图 6-21　数据簇个数的 SSE 曲线

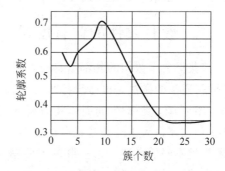
图 6-22　数据簇个数的平均轮廓系数曲线

这样，我们可以尝试通过寻找簇个数的评估度量曲线图中的拐点、尖峰或下降点发现簇的自然个数。当然,这种方法并不总是有效的。与图 6-20 相比,簇可能盘绕或交叠得更厉害。此外,数据中也可能包含嵌套的簇。事实上,图 6-20 中的簇也有点儿嵌套,即 5 对簇,因为上下的簇比左右的簇更靠近。SSE 曲线有一个拐点,指明了这一点,但是轮廓系数曲线没有这么清楚。总而言之,尽管需要小心,刚才讨论的技术还是可以帮助我们洞察数据簇的个数。

6.4.6 聚类趋势

确定数据集中是否包含簇的一种显而易见的方法是试着对它聚类。然而,给定数据集,几乎所有的聚类方法都责无旁贷地发现簇。为了处理这一问题,我们可以评估簇,至少有些簇具有好的质量,才能说数据集包含簇。然而,事实是数据集中可能存在不同于我们的聚类算法所能发现的簇类型。如果出现这种情况,该方法就不能处理。为了处理这样的问题,我们可以使用多种算法,并评估结果簇的质量。如果簇都很差,则可能表明数据中确实没有簇。

换一种方式,我们可以关注聚类趋势度量——试图评估数据集中是否包含簇,而不进行聚类。最常用的方法(特别是对欧氏空间的数据)是使用统计检验来检验空间随机性。然而,选择正确的模型、估计参数、评估数据是非随机的假设统计数据,这一切可能非常具有挑战性。尽管如此,人们已经开发了许多方法,其中大部分是针对低维欧氏空间中的数据对象。

Hopkins(霍普金斯)统计量:对于该方法,我们产生 p 个随机地分布在数据空间上的数据对象,并且也抽取 p 个实际数据对象。对于这两个数据集,找出每个数据到元数据集的最近邻距离。设 u_i 是人工产生的点的最近距离,而 w_i 是样本到元数据集的最近邻距离。Hopkins 统计量 H 由公式(6-30)定义:

$$H = \frac{\sum_{i=1}^{p} w_i}{\sum_{i=1}^{p} u_i + \sum_{i=1}^{p} w_i} \tag{6-30}$$

如果随机产生的数据与样本数据具有大致相同的最近邻距离,则 H 将在 0.5 左右。H 值接近 0 或 1 分别表明数据是高度聚类的和数据在数据空间是有规律分布的。

6.4.7 簇有效性的监督度量

当我们获得关于数据的外部信息时,通常是从外部导出的数据对象的类标号形式。在这种情况下,通常的做法是度量簇标号与类标号的对应程度。但是,这样做的目的是什么?归根结底,如果有了类标号,进行聚类分析的目的何在?这种分析的动机是比较聚类技术与"基本事实",或评估人工分类过程可以在多大程度上被聚类分析自动地实现。

考虑两类不同的方法。第一组技术使用分类的度量,如熵、纯度和 F 度量。这些度量评估簇包含单个类的对象的程度。第二组方法涉及二元数据的相似性度量,如 Jaccard 度量。这些方法评估度量的程度,同一个类的两个对象在同一个簇中,或相反。为方便起见,分别称这两类度量为面向分类的和面向相似性的。

1. 簇有效性的面向分类的度量

有许多度量(如熵、纯度、精度、召回率和 F 度量)普遍用来评估分类模型的性能。对于分类,我们度量预测的类标号与实际类标号的对应程度,但是对于上面提到的度量,通常使用簇标号而不是预测的类标号,不需要做重大改变。下面简略地回顾这些度量的定义。

(1) 熵:每个簇由单个类的对象组成的程度。对于每个簇,首先计算数据的类分布,即对于簇 i,计算簇 i 的成员属于类 j 的概率 $p_{ij}=n_{ij}/n_i$,其中,n_i 是簇 i 中对象的个数,而 n_{ij} 是簇 i 中类 j 的对象个数。使用类分布,用标准公式 $e_i=-\sum_{j=1}^{L}p_{ij}\log_2 p_{ij}$ 计算每个簇 i 的熵,其中 L 是类的个数。簇集合的总熵用每个簇的熵的加权和计算,即 $e=\sum_{i=1}^{k}\frac{n_i}{n}e_i$,其中,$k$ 是簇的个数,而 n 是数据点的总数。

(2) 纯度:簇包含单个类的对象的另一种度量程序。使用前面的术语,簇 i 的纯度是 $p_i=\max_j p_{ij}$,而聚类的总纯度是 $\text{purity}=\sum_{i=1}^{k}\frac{n_i}{n}p_i$。

(3) 精度:簇中一个特定类的对象所占的比例。簇 i 关于类 j 的精度是 $\text{precision}(i,j)=p_{ij}$。

(4) 召回率:簇包含一个特定类的所有对象的程度。簇 i 关于类 j 的召回率是 $\text{recall}(i,j)=n_{ij}/n_j$,其中,$n_j$ 是类 j 的对象个数。

(5) F 度量:精度和召回率的组合,度量在多大程度上,簇只包含一个特定类的对象和包含该类的所有对象的比率。簇 i 关于类 j 的 F 度量是:

$$F(i,j) = (2\times \text{precision}(i,j) \times \text{recall}(i,j))/(\text{precision}(i,j) + \text{recall}(i,j)) \quad (6\text{-}31)$$

2. 簇有效性的面向相似性的度量

本节讨论的度量都基于这样一个前提:同一个簇的任意两个对象也应当在同一个类,反之亦然。我们可以把这种簇的有效性方法看作涉及两个矩阵的比较:① 前面讨论过的理想的簇相似度矩阵,其第 ij 项为 1,如果两个对象 i 和 j 在同一个簇;否则为 0。② 关于类标号定义的理想的类相似度矩阵,其第 ij 项为 1,如果两个对象 i 和 j 在同一个类,否则为 0。与前面一样,可以取这些矩阵的相关度作为簇有效性的度量。在聚类确认文献中,该度量称作 Γ 统计量。

例:簇和类矩阵之间的相关性。为了更具体地解释这一思想,我们给出一个例子,涉及 5 个数据点 p_1,p_2,p_3,p_4,p_5,两个簇 $C_1=\{p_1,p_2,p_3\}$、$C_2=\{p_4,p_5\}$,以及两个类 $L_1=\{p_1,p_2\},L_2=\{p_3,p_4,p_5\}$。理想的簇和类相似度矩阵分别在表 6-4 和表 6-5 中给出。这两个矩阵项之间的相关度为 0.359。

表 6-4 理想的簇相似度矩阵

点	p_1	p_2	p_3	p_4	p_5
p_1	1	1	1	0	0
p_2	1	1	1	0	0
p_3	1	1	1	0	0
p_4	0	0	0	1	1
p_5	0	0	0	1	1

表 6-5 理想的类相似度矩阵

点	p_1	p_2	p_3	p_4	p_5
p_1	1	1	0	0	0
p_2	1	1	0	0	0
p_3	0	0	1	1	1
p_4	0	0	1	1	1
p_5	0	0	1	1	1

更一般地,可以使用任何二元相似性度量。例如,可以将这两个矩阵转换成二元向量。我们重述用于定义这些相似性度量的 4 个量,但是稍加修改,以适用当前情况。具体地说,我们需要对所有的不同对象对,计算如下 4 个量。(如果 n 是对象的个数,则这样的对象对有 $n(n-1)/2$ 个。)

f_{00} = 具有不同的类和不同的簇的对象对的个数

f_{01} = 具有不同的类和相同的簇的对象对的个数

f_{10} = 具有相同的类和不同的簇的对象对的个数

f_{11} = 具有相同的类和相同的簇的对象对的个数

特别地,在这种情况下,称作 Rand 统计量的简单匹配系数和 Jaccard 系数是两种最常用的簇有效性度量。

$$\text{Rand} = \frac{f_{00} + f_{11}}{f_{00} + f_{01} + f_{10} + f_{11}} \tag{6-32}$$

$$\text{Jaccard} = \frac{f_{11}}{f_{01} + f_{10} + f_{11}} \tag{6-33}$$

根据这些公式,可以立即计算 Rand 统计量和 Jaccard 系数。注意,$f_{00}=4$,$f_{01}=2$,$f_{10}=2$,$f_{11}=2$,Rand 统计量 = $(2+4)/10 = 0.6$,而 Jaccard 系数 = $2/(2+2+2) = 0.33$。

还要注意,这 4 个量 f_{00}、f_{01}、f_{10} 和 f_{11} 定义了相依表,如表 6-6 所示。

表 6-6 确定对象对是否在相同的类和相同的簇的二路相依表

	相同的簇	不同的簇
相同的类	f_{11}	f_{10}
不同的类	f_{01}	f_{00}

3. 层次聚类的簇有效性

本节迄今为止,仅对划分簇聚类讨论了簇有效性的监督度量。由于各种原因(包括先前存在的层次结构常常不再存在),层次聚类的监督评估更加困难。这里给出一个根据类标号集评估层次聚类方法的例子。类标号可能比先前存在的簇结构更容易得到。

该方法的关键思想是,评估层次聚类是否对于每个类,至少有一个簇相对较纯,并且包含该类的大部分对象。为了根据此目标评估层次聚类,我们对每个类,计算簇层次结构中每个簇的 F 度量。对于每个类,取最大 F 度量。最后,通过计算每类的 F 度量的加权平均,计算层次聚类总 F 度量,其中,权值是基于类的大小。该层次 F 度量在形式上的定义如下:

$$F = \sum_j \frac{m_j}{m} \max_i F(i,j) \tag{6-34}$$

其中,最大值在所有层的所有簇 i 上取, m_j 是类 j 中对象的个数,而 m 是对象的总数。

6.5 聚类与分类比较

聚类可看作一种特殊的分类,它用由数据导出的类(簇)标号创建对象的标记,然而与分类又有很大的不同。

分类依赖于已知类别的数据对象,类是预先定义的,类别数已知。在分类分析中,对于目标数据集中存在哪些类是已知的,要做的就是将每个数据对象分别属于哪一类标记出来。在机器学习领域,分类是监督学习,称为监督分类。监督分类需提供若干已标记的模式(预分类过的)开发模型,为一个新遇到的但新的、无标记的模式标记类别号。监督分类依赖于已知类别的训练样本,因此又称分类是通过例子学习的。

聚类要划分的类、类别个数都是未知的。在不知道目标数据集到底有多少类的情况下,将所有数据对象划分成不同的类或者说"聚类",并且使得在这种分类情况下,以某种度量为标准的相似性,在同一聚类之间最小化,而在不同聚类之间最大化。在机器学习领域,聚类是无监督学习,为此,称聚类分析为非监督分类。非监督分类将已给定的若干无标记的模式聚集起来,使之成为有意义的聚类。聚类不依赖预先定义的类和训练样本,因此又称聚类是观察学习的。

在数据挖掘中,不附加任何条件使用术语分类时,通常是指监督分类。

小结

聚类技术属于无监督学习技术,可在不知道数据有哪些或多少类别,且无包含类标签的训练集的情况下,通过观察数据对象的特征,可对数据进行类别划分。本章学习了聚类分析技术,首先介绍了聚类的基本概念及典型应用场景,并介绍了聚类分析技术的基本类型,包括划分法、密度法、层次法、网格法和模型法。其次介绍了聚类数据的基本模型,在此基础上介绍聚类的依据——两个数据对象的相似度量,包括基于距离的相似度计算和基于相似系数的相似度计算。接着介绍了一些具有代表性的聚类算法,包括:基于划分法的 k 均值算法、k-medoids 算法,基于层次法的聚类算法,基于密度法的 DBSCAN 算法,基于网格法的 STING 算法,以及基于密度和网格法的 CLIQUE 算法。为对聚类结果质量进行评估,本章还给出了簇评估的基本方法。最后比较了聚类分析和分类分析的异同。

习题

1. 什么是聚类?简要描述如下聚类方法:划分法、层次法、密度法、网格法和模型法,并列举每类方法有哪些经典算法。
2. 聚类是一种重要的数据挖掘方法,有着广泛应用。针对以下情况给出一个应用例子:①采用聚类作为主要的数据挖掘方法的应用;②采用聚类作为预处理工具,为其他数据挖掘任务做数据准备的应用。

3. 简述 k 均值算法和 k-medoids 算法的基本步骤,并比较它们的优缺点。

4. 比较 k 均值算法与 DBSCAN 算法的优缺点,并给出一个适合使用 DBSCAN 算法的应用场景。

5. 简要描述如何计算对象属性为:间隔尺度、名义尺度、二元参数、序数尺度和比例尺度时,两个对象间的相似度。

6. 给出一个具体的聚类方法如何被综合使用的例子,例如,什么情况下一个聚类算法被用作另一个算法的预处理步骤。

7. 给定如下年龄变量的度量值:20,15,30,52,23,32,37,41,19,30,通过如下方法进行标准化:计算年龄的平均绝对偏差,计算前 4 个值的 z-score。

8. 给定两个数据对象,分别表示为(14,27,3,18),(24,19,31,15),计算这两个对象之间的欧氏距离、曼哈顿距离和明氏距离($q=3$)。

9. 找出如图 6-23 所示数据对象中的所有明显分离的簇。

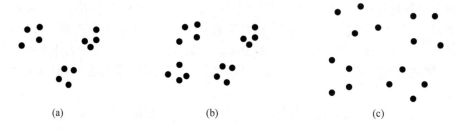

图 6-23 习题 9 图

10. 采用 k 均值算法对 10 个数据对象(用(x,y)表示位置)进行聚类为三个簇,并分别采用欧氏距离、曼哈顿距离和明氏距离($q=3$)。假设选择 A_1,A_2,A_3 作为初始聚类中心,请分别给出:①第一次循环后三个簇的聚类中心;②最后聚类结果。

数据对象:$A_1(3,10),A_2(5,16),A_3(15,22),A_4(4,7),A_5(11,23),A_6(6,4),A_7(14,3),A_8(21,15),A_9(4,7),A_{10}(10,16)$

11. 假设你将在一个给定的区域分配一些自动取款机以满足需求。住宅区或工作区可以被聚类,使得每个簇被分配一个 ATM。但这个聚类可能被一些因素所约束,包括可能影响 ATM 可达性的桥梁、河流和公路的位置。其他的约束可能包括对形成一个区域的每个地域的 ATM 数目的限制。给定这些约束,怎样修改聚类算法来实现基于约束的聚类?

12. 使用表 6-7 中相似度矩阵进行单链和全链层次聚类。绘制树状图显示结果。树状图应当清楚地显示合并层次。

表 6-7 相似度矩阵

	p_1	p_2	p_3	p_4	p_5
p_1	1.00				
p_2	0.10	1.00			
p_3	0.41	0.64	1.00		
p_4	0.55	0.47	0.44	1.00	
p_5	0.35	0.98	0.85	0.76	1.00

第 7 章

深度学习

深度学习是机器学习领域一个新的研究方向,近年来在语音识别、计算机视觉等多类应用中取得突破性的进展。其动机在于建立模型模拟人类大脑的神经连接结构,在处理图像、声音和文本这些信号时,通过多个变换阶段分层对数据特征进行描述,进而给出数据的解释。以图像数据为例,灵长类的视觉系统中对这类信号的处理依次为首先检测边缘、初始形状,然后再逐步形成更复杂的视觉形状。同样地,深度学习通过组合低层特征形成更加抽象的高层表示、属性类别或特征,给出数据的分层特征表示。

深度学习之所以被称为"深度",是相对支撑向量机(Support Vector Machine,SVM)、提升方法(Boosting)、最大熵方法等"浅层学习"方法而言的。深度学习所学得的模型中,非线性操作的层级数更多。浅层学习依靠人工经验抽取样本特征,网络模型学习后获得的是没有层次结构的单层特征;而深度学习通过对原始信号进行逐层特征变换,将样本在原空间的特征表示变换到新的特征空间,自动地学习得到层次化的特征表示,从而更有利于分类或特征的可视化。深度学习理论的另外一个理论动机是:如果一个函数可用 k 层结构以简洁的形式表达,那么用 $k-1$ 层的结构表达则可能需要指数级数量的参数(相对于输入信号),且泛化能力不足。

深度学习的概念最早由多伦多大学的 G. E. Hinton 等于 2006 年提出,指基于样本数据通过一定的训练方法得到包含多个层级的深度网络结构的机器学习过程。传统的神经网络随机初始化网络中的权值,导致网络很容易收敛到局部最小值,为解决这一问题,Hinton 提出使用无监督预训练方法优化网络权值的初值,再进行权值微调的方法,拉开了深度学习的序幕。

7.1 深度学习的由来

7.1.1 深度学习的神经学启示

尽管人类每时每刻都要面临着大量的感知数据,却总能以一种灵巧方式获取值得注意的重要信息。模仿人脑那样高效准确地表示信息一直是人工智能研究领域的核心挑战。神经科学研究人员利用解剖学知识发现哺乳类动物大脑表示信息的方式:通过感官信号从视网膜传递到前额大脑皮质再到运动神经的时间,推断出大脑皮质并未直接地对数据进行特征提取处理,而是使接收到的刺激信号通过一个复杂的层状网络模型,获取观测数据展现的规则。也就是说,人脑并不是直接根据外部世界在视网膜上投影,而是根据经聚集和分解过程处理后的信息来识别物体。因此视皮层的功能是对感知信号进行特征提取和计算,而不仅仅是简单地重现视网膜的图像。人类感知系统这种明确的层次结构极大地降低了视觉系统处理的数据量,并保留了物体有用的结构信息。对于要提取具有潜在复杂结构规则的自然图像、视频、语音和音乐等结构丰富数据,深度学习能够获取其本质特征。

受大脑结构分层次启发,神经网络研究人员一直致力于多层神经网络的研究。BP算法是经典的梯度下降并采用随机选定初始值的多层网络训练算法,但因输入与输出间非线性映射使网络误差函数或能量函数空间是一个含多个极小点的非线性空间,搜索方向仅是使网络误差或能量减小的方向,因而经常收敛到局部最小,并随网络层数增加情况更加严重。理论和实验表明,BP算法不适于训练具有多隐层单元的深度结构。此原因在一定程度上阻碍了深度学习的发展,并将大多数机器学习和信号处理研究从神经网络转移到相对较容易训练的浅层学习结构。

传统机器学习和信号处理技术探索仅含单层非线性变换的浅层学习结构。浅层模型的一个共性是仅含单个将原始输入信号转换到特定问题空间特征的简单结构。典型的浅层学习结构包括传统隐马尔可夫模型(HMM)、条件随机场(CRFs)、最大熵模型(MaxEnt)、支持向量机(SVM)、核回归及仅含单隐层的多层感知器(MLP)等。

7.1.2 浅层结构函数表示能力的局限性

深度学习与浅层学习相对。现在很多的学习方法都是浅层结构算法,它们存在一定的局限性,比如在样本有限的情况下表示复杂函数的能力有限,针对复杂的分类问题其泛化能力受到一定制约。而深度学习可通过学习一种深层非线性网络结构,实现复杂函数逼近,表征输入数据分布式表示,并且能在样本集很少的情况下去学习数据集的本质特征。例如,多项式 $\prod_{i=1}^{n}\sum_{j=1}^{m}a_{ij}x_j$ 计算方式不同,计算复杂度会有很大的不同。如果计算和的积,计算复杂度为 $O(mn)$;如果计算积的和,计算复杂度为 $O(n^m)$。参数多的结构不仅训练复杂,训练时间长,而且泛化性也很差,还容易产生过拟合问题。虽然浅层学习的应用也很广泛,但它只对简单的计算才有效,并不能达到人脑的反应效果,这就需要深度的机器学习。这些都表明浅层学习网络有很大的局限性,激发了研究人员对深度网络建模的研究。

深度机器学习是数据分布式表示的必然结果。有很多学习结构的学习算法得到的学习器是局部估计算子，例如，由核方法构造的学习器，$f(x)=b+\sum_{i=1}^{n}a_iK(x,x_i)$是由对模板的匹配度加权构成的。对于这样的问题，通常有合理的假设，但当目标函数非常复杂时，由于需要利用参数进行描述的区域数目也是巨大的，因此这样的模型泛化能力很差。在机器学习和神经网络研究中分布式表示可以处理维数灾难和局部泛化限制。分布式表示不仅可以很好地描述概念间的相似性，而且合适的分布式表示在有限的数据下能体现出更好的泛化性能。理解和处理接收到的信息是人类认知活动的重要环节，由于这些信息的结构一般都很复杂，因此构造深度的学习机器去实现一些人类的认知活动是很有必要的。

7.1.3 特征提取的需要

机器学习通过算法，让机器可以从外界输入的大量数据中学习到规律，从而进行识别判断。机器学习在解决图像识别、语音识别、自然语言理解等问题时的大致流程如图 7-1 所示。

图 7-1 模式识别流程图

首先通过传感器来获得数据，然后经过预处理、特征提取、特征选择，再到推理、预测和识别。良好的特征表达影响着最终算法的准确性，而且系统主要的计算和测试工作都在这一环节。这个环节一般都是人工完成的，靠人工提取特征是一种非常费力的方法，不能保证选取的质量，而且它的调节需要大量的时间。然而深度学习能自动地学习一些特征，不需要人参与特征的选取过程。

深度学习是一个多层次的学习，如图 7-2 所示，用较少的隐层是不可能达到与人脑类

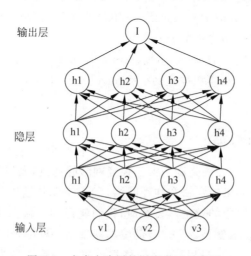

图 7-2 含多个隐层的深度学习示意图

似的效果的。这需要多层的学习,逐层学习并把学习的知识传递给下一层,通过这种方式,就可以实现对输入信息进行分级表达。深度学习的实质就是通过建立、模拟人脑的分层结构,对外部输入的声音、图像、文本等数据进行从低级到高级的特征提取,从而能够解释外部数据。与传统学习结构相比,深度学习更加强调模型结构的深度,通常含有多层的隐层结点,而且在深度学习中,特征学习至关重要,通过特征的逐层变换完成最后的预测和识别。

7.2 深度学习的经典方法

7.2.1 深度学习表示模型和网络结构

深度学习方法试图找到数据的内部结构,发现变量之间的真正关系形式。大量研究表明,数据表示的方式对训练学习的成功产生很大的影响,好的表示能够消除输入数据中与学习任务无关因素的改变对学习性能的影响,同时保留对学习任务有用的信息。

深度学习中数据的表示有局部表示、分布表示和稀疏分布表示三种表示形式。学习输入层、隐层和输出层的单元均取值 0 或 1。举个简单的例子,整数 $i\in\{1,2,\cdots,N\}$ 的局部表示为向量 $r(i)$,该向量有 N 位,由 1 个 1 和 $N-1$ 个 0 组成,即 $r_j(i)=1_{i=j}$。分布表示中的输入模式由一组特征表示,这些特征可能存在相互包含关系,并且在统计意义上相互独立。对于例子中相同整数的分布表示有 $\log_2 N$ 位的向量,这种表示更为紧凑,在解决降维和局部泛化限制方面起到帮助作用。稀疏分布表示介于完全局部表示和非稀疏分布表示之间,稀疏性的意思为表示向量中的许多单元取值为 0。对于特定的任务需要选择合适的表示形式才能对学习性能起到改进的作用。当表示一个特定的输入分布时,一些结构是不可能的,因为它们不相容。例如在语言建模中,运用局部表示可以直接用词汇表中的索引编码词的特性,而在句法特征、形态学特征和语义特征提取中,运用分布表示可以通过连接一个向量指示器来表示一个词。分布表示由于其具有的优点,常常用于深度学习中表示数据的结构。由于聚类簇之间在本质上互相不存在包含关系,因此聚类算法不专门建立分布表示,而独立成分分析(Independent Component Analysis,ICA)和主成分分析(Principal Component Analysis,PCA)通常用来构造数据的分布表示。

典型的深度学习算法有自动编码器(Auto Encoder)、受限玻尔兹曼机(Restricted Boltzmann Machine,RBM)和卷积神经网络(Convolutional Neural Networks)等,下面分别对这些方法进行描述。

7.2.2 自动编码器

深度学习最简单的一种方法是利用人工神经网络的特点,人工神经网络(ANN)本身就是具有层次结构的系统,如果给定一个神经网络,我们假设其输出与输入是相同的,然后训练调整其参数,得到每一层中的权重。自然地,我们就得到了输入 I 的几种不同表示(每一层代表一种表示),这些表示就是特征。自动编码器就是一种尽可能复现输入信号的神经网络。为了实现这种复现,自动编码器就必须捕捉可以代表输入数据的最重要的因素,就像 PCA 那样,找到可以代表原信息的主要成分。自动编码器的具体过程描述如下。

1. 给定无标签数据，用非监督方法学习特征

如图 7-3(a)所示的神经网络中，输入的样本都是有标签的，即（输入，目标），这样就可以根据当前输出和目标(标签)之间的差来改变各层的参数，直到收敛。但是如果只有无标签数据，即如图 7-3(b)所示，那么这个误差如何得到？

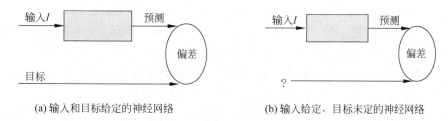

(a) 输入和目标给定的神经网络　　　　(b) 输入给定，目标未定的神经网络

图 7-3　神经网络训练示意

如图 7-4 所示，我们将输入的信息输入到一个编码器中，就会得到一个编码，这个编码也是输入的一种表示。解码器将编码解码成一个信息并输出，如果输出的信息和输入的信息比较像，那就说明编码是正确的。因此通过调整编码器和解码器的参数，使得重构误差最小，就可以得到输入信息的第一个编码表示。因为是无标签数据，因此误差的来源就是直接重构后与原输入相比得到的。

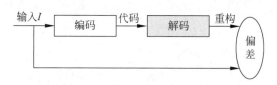

图 7-4　解码编码过程

2. 通过编码器产生特征，并进行逐层训练

上述得到的是第一层的编码，我们将第一层输出的编码作为第二层的输入信息，同样最小化重构误差，就会得到第二层的参数，并且得到第二层输入的编码，也就是原输入信息的第二个表达。其他层按照同样的方法进行即可（训练当前层时，前面层的参数都是固定的，并且不需要这些层的解码器）。

3. 有监督微调

经过上述两个步骤，就可以得到多层编码器，每一层都能得到原始输入的不同的表达。

但自动编码器目前还不能用来分类数据，因为它还没有学习如何去连接一个输入和一个类。它只是学会了如何去重构或者复现它的输入而已。或者说，它只是学习获得了一个可以良好代表输入的特征，这个特征可以最大程度上代表原输入信号。为了实现分类，可以在自动编码器的最顶端编码层添加一个分类器（例如罗杰斯特回归、SVM 等），然后通过标准的多层神经网络的监督训练方法（梯度下降法）去训练。

因此，需要将最后一层的特征编码输入到最后的分类器，通过有标签样本及监督学习进行微调。

一旦监督训练完成，该网络就可以用来分类了。神经网络的最顶层可以作为一个线性分类器，我们可以用一个更好性能的分类器去取代它。

在研究中可以发现，如果在原有的特征中加入这些自动学习得到的特征可以大大提高精确度，甚至在分类问题中比目前最好的分类算法效果还要好。

7.2.3 受限玻尔兹曼机

在诸多人工神经网络模型中，玻尔兹曼机（Boltzmann Machine，BM）是 Hinton 和 Sejnowski 于 1986 年提出的一种根植于统计力学的随机神经网络。这种网络中的神经元是随机神经元，其输出只有两种状态（未激活、激活），一般用二进制的 0 和 1 表示，状态的取值根据概率法则决定。从功能上讲，BM 是由随机神经元全连接组成的反馈神经网络，且对称连接，无自反馈，包含一个可见层和一个隐层的 BM 模型，如图 7-5(a)所示。

BM 具有强大的无监督学习能力，能学习数据中复杂的规则。但是，拥有这种学习能力的代价是其训练（学习）过程耗时。此外，BM 所表示的分布不仅无法确切计算，得到该分布的随机样本也很困难。于是，Smolensky 引入了一种限制的玻尔兹曼机（Restricted Boltzmann Machine，RBM）。RBM 具有一个可见层和一个隐层，层内无连接，其结构如图 7-5(b)所示。RBM 具有很好的性质：在给定可见层单元状态时，各隐单元的激活条件独立；反之，在给定隐单元状态时，可见层单元的激活条件独立。这样一来，尽管 RBM 所表示的分布仍无法有效计算，但通过 Gibbs 采样可以得到 RBM 所表示分布的随机样本。此外，Roux 和 Bengio 从理论上证明，只要隐单元足够多，RBM 能够拟合任意离散分布。

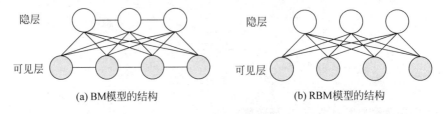

图 7-5　BM 和 RBM 模型的结构比较

RBM 也可以被视为一个无向图模型，如图 7-6 所示。v 为可见层，表示观测数据；h 为隐层，可视为一些特征提取器；W 为两层之间的连接权重。Welling 指出，RBM 中的隐单元和可见单元可以为任意的指数族单元（即给定隐单元（可见单元），可见单元（隐单元）的分布可以为任意的指数族分布），如 softmax 单元、高斯单元、泊松单元等。这里，为了讨论方便起见，假设所有的可见单元和隐单元均为二值变量，即对任意 $i,j,v_i \in \{0,1\}, h_j \in \{0,1\}$。

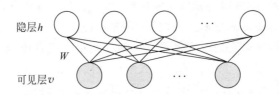

图 7-6　RBM 的图模型表示，层内单元之间无连接

如果一个 RBM 有 n 个可见单元和 m 个隐单元，用向量 v 和 h 分别表示可见单元和隐单元的状态。其中，v_i 表示第 i 个可见单元的状态，h_j 表示第 j 个隐单元的状态。那么，对于一组给定的状态 (v,h)，RBM 作为一个系统所具备的能量定义为

$$E(\boldsymbol{v},\boldsymbol{h}\mid\theta)=-\sum_{i=1}^{n}a_iv_i-\sum_{j=1}^{m}b_jh_j-\sum_{i=1}^{n}\sum_{j=1}^{m}v_iW_{ij}h_j \tag{7-1}$$

式(7-1)中，$\theta=\{W_{ij},a_i,b_j\}$是 RBM 的参数，它们均为实数。其中，$W_{ij}$表示可见单元$i$与隐单元$j$之间的连接权重，$a_i$表示可见单元$i$的偏置，$b_j$表示隐单元$j$的偏置。当参数确定时，基于该能量函数，可以得到$(\boldsymbol{v},\boldsymbol{h})$的联合概率分布：

$$P(\boldsymbol{v},\boldsymbol{h}\mid\theta)=\frac{\mathrm{e}^{-E(\boldsymbol{v},\boldsymbol{h}\mid\theta)}}{Z(\theta)},\quad Z(\theta)=\sum_{\boldsymbol{v},\boldsymbol{h}}\mathrm{e}^{-E(\boldsymbol{v},\boldsymbol{h}\mid\theta)} \tag{7-2}$$

其中，$Z(\theta)$为归一化因子（也称为配分函数）。

对于一个实际问题，我们最关心的是由 RBM 所定义的关于观测数据$\boldsymbol{v}$的分布$P(\boldsymbol{v}\mid\theta)$，即联合概率分布$P(\boldsymbol{v},\boldsymbol{h}\mid\theta)$的边际分布，也称为似然函数：

$$P(\boldsymbol{v}\mid\theta)=\frac{1}{Z(\theta)}\sum_{\boldsymbol{h}}\mathrm{e}^{-E(\boldsymbol{v},\boldsymbol{h}\mid\theta)} \tag{7-3}$$

为了确定该分布，需要计算归一化因子$Z(\theta)$，这需要2^{n+m}次计算。因此，即使通过训练可以得到模型的参数W_{ij}、a_i和b_j，仍旧无法有效地计算由这些参数所确定的分布。

但是，由 RBM 的特殊结构（即层间有连接，层内无连接）可知：当给定可见单元的状态时，各隐单元的激活状态之间是条件独立的。此时，第j个隐单元的激活概率为

$$P(h_j=1\mid\boldsymbol{v},\boldsymbol{\theta})=\sigma\Big(b_j+\sum_iv_iW_{ij}\Big) \tag{7-4}$$

其中，$\sigma(x)=\dfrac{1}{1+\exp(-x)}$为 sigmoid 激活函数。

由于 RBM 的结构是对称的，当给定隐单元的状态时，各可见单元的激活状态之间也是条件独立的，即第i个可见单元的激活概率为

$$P(v_i=1\mid\boldsymbol{h},\theta)=\sigma\Big(a_i+\sum_jW_{ij}h_j\Big) \tag{7-5}$$

7.2.4　卷积神经网络

20 世纪 60 年代，Hubel 和 Wiesel 通过对猫视觉皮层细胞的研究，提出了感受野的概念。受此启发，Fukushima 提出神经认知机，可看作是卷积神经网络（Convolutional Neural Networks，CNNs）的第一个实现网络，也是感受野概念在人工神经网络领域的首次应用。随后 LeCun 等人设计并采用基于误差梯度的算法训练了卷积神经网络，并且其在一些模式识别任务中展现出了相对于当时其他方法的领先性能。现代生理学关于视觉系统的理解也与 CNNs 中的图像处理过程相一致，这为 CNNs 在图像识别中的应用奠定了基础。CNNs 是第一个真正成功地采用多层层次结构网络的具有鲁棒性的深度学习方法，通过研究数据在空间上的关联性，来减少训练参数的数量。目前来看，在图像识别领域，CNNs 已经成为一种高效的识别方法。

CNNs 是一个多层的神经网络，如图 7-7 所示，每层由多个二维平面组成，每个平面又由多个独立的神经元组成。上一层中的一组局部单元作为下一层邻近单元的输入，这种局部连接观点最早起源于感知器。外界输入的图像通过可训练的滤波器加偏置进行卷积，卷积后在 C1 层会产生三个特征映射图；然后特征映射图中每组像素分别进行求和加偏置，再通过 Sigmoid 函数得到 S2 层的特征映射图；这些映射图再通过滤波器得到 C3 层；C3 与

S2类似,再产生S4;最后,这些像素值被光栅化,并且连接成向量输入到神经网络,从而便得到了输出。一般地,C层为特征提取层,每个神经元的输入与前一层的局部感受野相连,并提取该局部特征,根据局部特征来确定它与其他特征空间的位置关系;S层是特征映射层,特征映射具有位移不变性,每个特征映射为一个平面,平面上所有神经元的权值是相等的,因而减少了网络自由参数的个数,降低了网络参数选择的复杂度。每一个特征提取层(C层)都会跟着一个用于求局部平均及二次提取的计算层(S层),这便构成了两次特征提取的结构,从而在对输入样本识别时,网络有很好的畸变容忍能力。对于每一个神经元,都定义了对应的接受域,其只接受从自己接受域传来的信号。多个映射层组合起来可以获得层之间的关系和空域上的信息,从而方便进行图像处理。

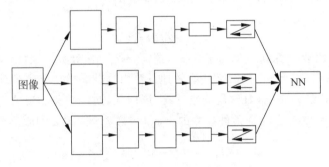

图7-7 卷积神经网络结构示意图

CNNs是人工神经网络的一种,其适应性强,善于挖掘数据局部特征。它的权值共享网络结构使之更类似于生物神经网络,降低了网络模型的复杂度,减少了权值的数量,使得CNNs在模式识别中的各个领域得到应用并取得了很好的结果。CNNs通过结合局部感知区域、共享权重、空间或时间上的降采样来充分利用数据本身包含的局部性等特征,优化网络结构,并且保证一定程度上的位移的不变性。由Lecun提出的LeNet模型在应用到各种不同的图像识别任务时都取得了不错的效果,被认为是通用图像识别系统的代表之一。通过这些年的研究工作,CNNs的应用越来越多,如人脸检测、文档分析、语音检测、车牌识别等方面。2006年,Kussul等人提出的采用排列编码技术的神经网络在人脸识别、手写数字识别和小物体识别等识别任务上都取得了与一些专用分类系统相当的性能表现;并且在2012年,研究人员把视频数据里连续的帧当作卷积神经网络的输入数据,这样就可以引入时间维度上的数据,从而识别人体的动作。

7.3 深度学习的应用

深度学习目前在很多领域都优于过去的方法,下面根据所处理数据类型的不同,对深度学习的应用进行介绍。

7.3.1 深度学习在语音识别、合成及机器翻译中的应用

微软研究人员使用深度信念网络对数以千计的Senones(一种比音素小很多的建模单元)直接建模,提出了第一个成功应用于大词汇量语音识别系统的上下文相关的深层神经网

络——隐马尔可夫混合模型(CD-DNN-HMM),比之前最领先的基于常规 CD-GMM-HMM 的大词汇量语音识别系统相对误差率减少 16% 以上。

随后又在含有 300 小时语音训练数据的 Switchboard 标准数据集上对 CD-DNN-HMM 模型进行评测。基准测试字词错误率为 18.5%,与之前最领先的常规系统相比,相对错误率减少了 33%。

K. Cho 等提出一种基于循环神经网络(Recurrent Neural Network,RNN)的向量化定长表示模型(RNNenc 模型),应用于机器翻译。该模型包含两个 RNN,一个 RNN 用于将一组源语言符号序列编码为一组固定长度的向量,另一个 RNN 将该向量解码为一组目标语言的符号序列。

在该模型的基础上,D. Bahdanau 等提出了 RNNsearch 的模型。该模型在翻译每个单词时,根据该单词在源文本中最相关信息的位置以及已翻译出的其他单词,预测对应于该单词的目标单词。该模型包含一个双向 RNN 作为编码器,以及一个用于单词翻译的解码器。在进行目标单词位置预测时,使用一个多层感知机模型进行位置对齐。采用 BLEU 评价指标,RNNsearch 模型在 ACL2014 机器翻译研讨会(ACL WMT 2014)提供的英/法双语并行语料库上的翻译结果评分均高于 RNNenc 模型的评分,略低于传统的基于短语的翻译系统 Moses(本身包含具有 4.18 亿个单词的多语言语料库)。另外,在剔除包含未知词汇语句的测试预料库上,RNNsearch 的评分甚至超过了 Moses。

7.3.2 深度学习在图像分类及识别中的应用

1. 深度学习在大规模图像数据集中的应用

A. Krizhevsky 等首次将卷积神经网络应用于 ImageNet 大规模视觉识别挑战赛(ImageNet Large Scale Visual Recognition Challenge,ILSVRC)中,所训练的深度卷积神经网络在 ILSVRC-2012 挑战赛中,取得了图像分类和目标定位任务的第一。其中,图像分类任务中,前 5 选项错误率为 15.3%,远低于第 2 名的 26.2% 的错误率;在目标定位任务中,前 5 选项错误率 34%,也远低于第 2 名的 50%。

在 ILSVRC-2013 比赛中,M. D. Zeiler 等采用卷积神经网络的方法,其前 5 选项错误率为 11.7%,如果采用 ILSVRC-2011 数据进行预训练,错误率则降低到 11.2%。在目标定位任务中,P. Sermanet 等采用卷积神经网络结合多尺度滑动窗口的方法,可同时进行图像分类、定位和检测,是比赛中唯一一个同时参加所有任务的队伍。多目标检测任务中,获胜队伍的方法在特征提取阶段没有使用深度学习模型,只在分类时采用卷积网络分类器进行重打分。

在 ILSVRC-2014 比赛中,几乎所有的参赛队伍都采用了卷积神经网络及其变形方法。其中,GoogLeNet 小组采用卷积神经网络结合 Hebbian 理论提出的多尺度的模型,以 6.7% 的分类错误,取得图形分类"指定数据"组的第一名;CASIAWS 小组采用弱监督定位和卷积神经网络结合的方法,取得图形分类"额外数据"组的第一名,其分类错误率为 11%。

在目标定位任务中,VGG 小组在深度学习框架 Caffe 的基础上,采用三个结构不同的卷积神经网络进行平均评估,以 26% 的定位错误率取得"指定数据"组的第一名;Adobe 组选用额外的 2000 类 ImageNet 数据训练分类器,采用卷积神经网络架构进行分类和定位,以30%的错误率,取得了"额外数据"组的第一名。

在多目标检测任务中,NUS小组采用改进的卷积神经网络——网中网(Network In Network,NIN)与多种其他方法融合的模型,以37%的平均准确率(mean Average Precision,mAP)取得"提供数据"组的第一名;GoogLeNet以44%的平均准确率取得"额外数据"组的第一名。

从深度学习首次应用于ILSVRC挑战赛并取得突出的成绩,到2014年挑战赛中几乎所有参赛队伍都采用深度学习方法,并将分类识错率降低到6.7%,可看出深度学习方法相比于传统的手工提取特征的方法在图像识别领域具有巨大优势。

2. 深度学习在人脸识别中的应用

基于卷积神经网络的学习方法,香港中文大学的DeepID项目以及Facebook的DeepFace项目在户外人脸识别(Labeled Faces in the Wild,LFW)数据库上的人脸识别正确率分别达97.45%和97.35%,只比人类识别97.5%的正确率略低一点点儿。DeepID项目采用4层卷积神经网络(不含输入层和输出层)结构,DeepFace采用5层卷积神经网络(不含输入层和输出层,其中后三层没有采用权值共享以获得不同的局部统计特征)结构。

之后,采用基于卷积神经网络的学习方法,香港中文大学的DeepID2项目将识别率提高到了99.15%,超过目前所有领先的深度学习和非深度学习算法在LFW数据库上的识别率以及人类在该数据库的识别率。DeepID2项目采用和DeepID项目类似的深度结构,包含4个卷积层,其中第3层采用2×2邻域的局部权值共享,第4层没有采用权值共享,且输出层与第3、4层都全连接。

7.3.3 深度学习在视频分类及行为识别中的应用

A. Karpathy等基于卷积神经网络提供了一种应用于大规模视频分类上的经验评估模型,将Sports-1M数据集的100万段YouTube视频数据分为487类。该模型使用4种时空信息融合方法用于卷积神经网络的训练,融合方法包括单帧、不相邻两帧、相邻多帧以及多阶段相邻多帧;此外提出了一种多分辨率的网络结构,大大提升了神经网络应用于大规模数据时的训练速度。该模型在Sports-1M上的分类准确率达63.9%,相比于基于人工特征的方法(55.3%),有很大提升。此外,该模型表现出较好的泛化能力,单独使用多阶段相邻多帧方法所得模型在UCF-101动作识别数据集上的识别率为65.4%,而该数据集的基准识别率为43.9%。

S.Ji等提出一个三维卷积神经网络模型用于行为识别。该模型通过在空间和时序上运用三维卷积提取特征,从而获得多个相邻帧间的运动信息。该模型基于输入帧生成多个特征图通道,将所有通道的信息结合获得最后的特征表示。该三维卷积神经网络模型在TRECVID数据上优于其他方法,表明该方法对于真实环境数据有较好的效果;该模型在KTH数据上的表现,逊于其他方法,原因是为了简化计算而缩小了输入数据的分辨率。

M. Baccouche等提出一种时序的深度学习模型,可在没有任何先验知识的前提下,学习分类人体行为。模型的第一步,是将卷积神经网络拓展到三维,自动学习时空特征。接下来使用RNN方法训练分类每个序列。该模型在KTH上的测试结果优于其他已知深度模型,KTH1和KTH2上的精度分别为94.39%和92.17%。

事实上，深度学习的应用远不止这些，但是这里只是分别从数据的维度上（音频文本，一维；图像，二维；视频，三维）对深度学习的典型应用进行详细介绍，目的在于突出深度学习带来的优越性能以及其对不同数据的应用能力。其他应用还包括图像超分辨率重建、纹理识别、行人检测、场景标记、门牌识别等。

7.4 深度学习的研究近况及未来研究方向

7.4.1 研究近况

随着深度学习的广泛应用，很多新的算法被提出。2010年提出的一种新颖的半监督学习算法即判别深度置信网（Discriminative Deep Belief Networks，DDBNs），被成功地应用到可视化数据分类。通过结合非监督学习的泛化能力和监督学习的判别能力，DDBN在合成数据集以及真实世界的数据集中展示出了令人印象深刻的学习表现。2013年，国内学者又开发了一种半监督学习算法，称为卷积深度网络（Convolutional Deep Networks，CDN），用来解决深度学习中图像的分类问题。提取符合数据分布结构的特征一直是模式识别领域的热点问题，孙志军等在预训练阶段采用非监督正则化，并利用边际Fisher准则进一步约束提取的特征，提出了基于深度学习的边际Fisher分析特征提取算法DMFA（Deep Margiml Fisher Analysis），提升了识别率。

用深层学习的算法去破译个人的思维和想法是研究人员面临的下一个挑战，要实现这种理解能力，首先是构建可以理解人们感情的算法，然后建立能理解多维度情感的算法。为解决自然领域的情感分析问题，许多新的算法相继被提出。最近，斯坦福大学的研究生Richard Socher和Andrew Ng（Google深度学习项目工程师之一）等人共同研究开发了一个深度学习的新算法，即Neural Analysis of Sentiment（NaSent）。NaSent算法从人脑中得到灵感，目的是改善当前书面语言的分析方法，从而确定字里行间流露的感情。与其他算法相比，NaSent可以更好地理解书面语言。

NaSent旨在开发一种可在无人监督的情况下运行的算法。由于词义会随语境的不同而变化，就算是语言专家也难以准确地定义语言中的感情。深度学习模型就是为了解决这些问题。目前，应用最广的情绪分析是"词袋"模型，它并没有将词序列入考虑范围。词袋中的词汇有正面和负面之分，通过计数来推断整个段落的含义是正面还是负面。不过有人指出将词汇单独分析的方法并不准确，必须将其放入到越来越大的结构中。Socher和他的团队从影评网站Rotten Tomatoes抽取了12 000个句子，并将其粗略分割为214 000个词组，每个词组以数字的形式标记为负面、中立或正面，计算机科学家称这些数字化的表述为"特征表示"，这与人脑理解概念和定义的方式类似。NaSent算法的核心就是分析和组织这些被标记的数据。NaSent将准确率从80%提高到了85%。

7.4.2 未来研究方向

经过近几十年来大量研究人员对人工神经网络的理论和实验研究，深度学习领域的研究取得了一定进展，实验结果表明了其良好的学习性能。但是目前深度学习领域的研究仍然存在许多有待进一步解决的问题,未来深度学习的研究在理论分析、数据表示与模型、特征提取、训练与优化求解以及研究拓展这 5 个方面需要进一步研究。

1. 理论分析

需要更好地理解深度学习及其模型,进行更加深入的理论研究。深度学习模型的训练为什么那么困难?这仍然是一个开放性问题。一个可能的答案是深度结构神经网络有许多层,每一层由多个非线性神经元组成,使得整个深度结构神经网络的非线性程度更强,减弱了基于梯度的寻优方法的有效性;另一个可能的答案是局部极值的数量和结构随着深度结构神经网络深度的增加而发生定性改变,使得训练模型变得更加困难。造成深度学习训练困难的原因究竟是由于用于深度学习模型的监督训练准则大量存在不好的局部极值,还是因为训练准则对优化算法来说过于复杂,这是值得探讨的问题。此外,对堆栈自编码网络学习中的模型是否有合适的概率解释,能否得到深度学习模型中似然函数梯度的小方差和低偏差估计,能否同时训练所有的深度结构神经网络层,除了重构误差外,是否还存在其他更合适的可供选择的误差指标来控制深度结构神经网络的训练过程,是否存在容易求解的 RBM 配分函数的近似函数,这些问题还有待未来研究。

2. 数据表示与模型

数据的表示方式对学习性能具有很大的影响,除了局部表示、分布表示和稀疏分布表示外,可以充分利用表示理论研究成果。是否还存在其他形式的数据表示方式,是否可以通过在学习的表示上施加一些形式的稀疏罚,从而对 RBM 和自编码模型的训练性能起到改进作用,以及如何改进;是否可以用便于提取好的表示并且包含更简单优化问题的凸模型代替 RBM 和自编码模型;不增加隐单元的数量,用非参数形式的能量函数能否提高 RBM 的容量等,未来还需要进一步探讨这些问题。此外,除了卷积神经网络、DBN 和堆栈自编码网络之外,是否还存在其他可以用于有效训练的深度学习模型,有没有可能改变所用的概率模型使训练变得更容易,是否存在其他有效的或者理论上有效的方法学习深度学习模型,这也是未来需要进一步研究的问题。现有的方法,如 DBN-HMM 和 DBN-CRF,在利用 DBN 的能力方面只是简单地堆栈叠加基本模型,还没有充分发掘出 DBN 的优势,需要研究 DBN 的结构特点,充分利用 DBN 的潜在优势,找到更好的方法建立数据的深度学习模型,可以考虑将现有的社会网络、基因调控网络、结构化建模理论以及稀疏化建模等理论运用其中。

3. 特征提取

除了高斯-伯努利模型之外,还有哪些模型能用来从特征中提取重要的判别信息,未来需要提出有效的理论指导在每层搜索更加合适的特征提取模型。自编码模型保持了输入的信息,这些信息在后续的训练过程中可能会起到重要作用,未来需要研究用 CD 训练的 RBM 是否保持了输入的信息,在没有保持输入信息的情况下如何进行修正。树和图等结构的数据由于大小和结构可变而不容易用向量表示其中包含的信息,如何泛化深度学习模型来表示这些信息,也是未来需要研究的问题。尽管当前的产生式预训练加判别式微调学习策略看起来对许多任务都运行良好,但是在某些语言识别等其他任务中却失败了,对这些任务,产生式预训练阶段的特征提取似乎能很好地描述语音变化,但是包含的信息不足以区分不同的语言,未来需要提出新的学习策略,对这些学习任务提取合适的特征,这可以在很大程度上减小当前深度学习系统所需模型的大小。

4. 训练与优化求解

为什么随机初始化的深度结构神经网络采用基于梯度的算法训练总是不能成功？产生式预训练方法为什么有效？未来需要研究训练深度结构神经网络的贪婪逐层预训练算法到底在最小化训练数据的似然函数方面结果如何，是否过于贪婪，以及除了贪婪逐层预训练的许多变形和半监督嵌入算法之外，还有什么其他形式的算法能得到深度结构神经网络的局部训练信息。此外，无监督逐层训练过程对训练深度学习模型起到帮助作用，但有实验表明训练仍会陷入局部极值并且无法有效利用数据集中的所有信息，能否提出用于深度学习的更有效的优化策略来突破这种限制，基于连续优化的策略能否用于有效改进深度学习的训练过程，这些问题还需要继续研究。二阶梯度方法和自然梯度方法在理论研究中可证明对训练求解深度学习模型有效，但是这些算法还不是深度结构神经网络优化的标准算法，未来还需要进一步验证和改进这些算法，研究其能否代替微批次随机梯度下降类算法。当前的基于微批次随机梯度优化算法难以在计算机上并行处理，目前最好的解决方法是用 GPU 来加速学习过程，但是单个机器的 GPU 无法用于处理大规模语音识别和类似的大型数据集的学习，因此未来需要提出理论上可行的并行学习算法来训练深度学习模型。

5. 研究拓展

当深度模型没有有效的自适应技术，在测试数据集分布不同于训练集分布时，它们很难得到比常用模型更好的性能，因此未来有必要提出用于深度学习模型的自适应技术以及对高维数据具有更强鲁棒性的更先进的算法。未来需要研究是否存在训练深度学习的完全在线学习过程能够一直具有无监督学习成分。DBN 模型很适合半监督学习场景和自教学习场景，当前的深度学习算法如何应用于这些场景并且在性能上优于现有的半监督学习算法，如何结合监督和无监督准则来学习输入的模型表示，是否存在一个深度使得深度学习模型的计算足够接近人类在人工智能任务中表现出的水平，这也是未来需要进一步研究的问题。

小结

深度学习已成功应用于多种模式分类问题。这一领域虽处于发展初期，但它的发展无疑会对机器学习和人工智能系统产生影响。同时它仍存在某些不适合处理的特定任务，譬如语言辨识，生成性预训练提取的特征仅能描述潜在的语音变化，不会包含足够的不同语言间的区分性信息；虹膜识别等每类样本仅含单个样本的模式分类问题也是不能很好完成的任务。

深度学习目前仍有大量工作需要研究。模型方面是否有其他更为有效且有理论依据的深度模型学习算法，探索新的特征提取模型是值得深入研究的内容。此外，有效的可并行训练算法也是值得研究的一个方向。当前基于最小批处理的随机梯度优化算法很难在多计算机中进行并行训练。通常的办法是利用图形处理单元加速学习过程，然而单个机器 GPU 对大规模数据识别或相似任务数据集并不适用。在深度学习应用拓展方面，如何充分合理地利用深度学习增强传统学习算法的性能仍是目前各领域的研究重点。

习题

1. 讨论深度学习与已有的人工神经网络方法的区别与联系。
2. 举例说明深度学习在某一行业的应用。
3. 讨论深度学习的研究近况。
4. 讨论深度学习的未来发展方向。

第 8 章

Web 挖掘技术

随着近二十多年互联网的迅速发展和个人上网的普及,互联网发展到今天已经成为人们生活中不可缺少的一部分了,它已成为世界上规模最大的公共数据源,并且涉及各个领域,如何挖掘有用信息和知识成为数据挖掘研究的热点。Web 挖掘继承了传统数据挖掘的过程,即数据收集、数据预处理、数据挖掘、后续处理,但是 Web 挖掘的各个过程与传统的数据挖掘又不完全相同。Web 挖掘是一项涉及 Web 技术、数据挖掘、计算机语言学、信息学等多个领域的综合技术,本章概要介绍 Web 技术挖掘的研究现状及其应用发展。

8.1 Web 数据挖掘概述

数据挖掘技术是人们长期对数据库技术进行研究和开发的结果。从起初将各种商业数据存储在计算机的数据库中,到后来可以对数据库进行查询和访问,甚至是即时遍历。但是,随着人们积累的数据越来越多,如何从海量的数据中找到内在的规律,获取有用的信息,挖掘这些数据背后隐藏的重要信息已经成为当前高科技领域研究的热点。目前,数据挖掘使数据库技术进入了一个更高级的阶段,它不仅能对过去的数据进行查询和遍历,并且能够找出过去数据之间的潜在联系,从而促进信息的传递。

8.1.1 Web 数据挖掘的概念

Oren Etioni 在 1996 年首次提出 Web 数据挖掘这一概念,现如今,许多会议、期刊和书中涉及 Web 数据挖掘。他认为 Web 数据挖掘是运用数据挖掘技术从 Web 文档和服务中自动地发现和抽取信息。一般情况下,"因特网的数据挖掘""Web 数据发现""网络信息挖掘""Web 信息挖掘"等也可以被认为是 Web 数据挖掘的同义词。Web 数据挖掘是一项综合技术,是数据挖掘技术在 Web 领域中的应用,并与 Web 技术相结合的产物,涉及 Web 技术、数据挖掘、人工智能以及统计学等多个领域。

不同领域的学者对 Web 数据挖掘的理解也不一致,因此,Web 数据挖掘目前没有统一的定义,以下给出一些具有影响力的 Web 数据挖掘的定义。

Srivastava 将 Web 数据挖掘定义为"从 Web 文档和 Web 活动中抽取感兴趣的潜在的有用模式和隐藏的信息"。在维基百科上,Web 数据挖掘被定义为"利用数据挖掘技术从 Web 中发现模式"。

本书采用下面更为一般的定义。

Web 数据挖掘是从大量 Web 文档的集合 C 中发现隐含的模式 P,如果将 C 看作输入,将 P 看作输出,那么,Web 数据挖掘的过程就是从输入到输出的一个映射:$C \rightarrow P$。

从传统数据挖掘的概念出发,可以将 Web 数据挖掘理解为,Web 数据挖掘是从大量非结构化、异构的 Web 信息资源中发现有效的、潜在可用的及最终可以理解的知识(包括概念、模式规则、规律、约束以及可视化等形式)的非平凡过程。

8.1.2 Web 数据挖掘的特点

Web 数据挖掘是一种特殊的数据挖掘,它是在传统的数据挖掘技术的基础上与现代统计分析、人工智能等技术相结合产生的。虽然 Web 数据挖掘技术是由传统数据挖掘技术发展而来的,但是它们还是有很多不同之处。

(1) 数据量巨大,动态性极强,并且增长速度惊人。这些数据的主题广泛而且内容多样。用户可以在互联网上找到几乎所有信息。

(2) 各种类型的数据,例如结构化的表格、半结构化的网页、无结构化文本以及多媒体文件(图片、音频和视频)。

(3) 异构数据库环境。由于网页作者的不同,多数表示相同或相似内容的网页可能会使用完全不同的文字和格式。所以 Web 页面的结构比一般文本文件复杂得多,它可以支持多种媒体的表达,这将使多个网页信息整合变为一项挑战。

(4) 绝大部分信息是互相连接的。网站内部和网站之间的网页通过超链接建立联系。在一个网站内部,这些超链接是一种有效的信息组织方式。在多个网站之间,超链接隐式地将权威度传递给目标页面。也就是说,那些被多次链接(指向)的网页通常是具有高质量的网页,或称为权威网页,因为大多数人认为其内容可信。

(5) 信息包含噪声。这些噪声主要来自两个地方。其一,一个网页通常包含多块内容,例如,网页的主要内容、导航链接、广告、版权声明、隐私策略等。对于特定应用而言,只有其中一部分信息是有用的,其余的全是噪声。为了进行细粒度的 Web 信息分析与数据挖掘,这些噪声必须去除。其二,互联网本身没有信息质量的控制机制,也就是说,任何人都可以发表任何言论。因此,存在许多质量低下、漏洞百出甚至带有误导性质的信息。

(6) 半结构化的数据结构。虽然说互联网上信息很多,但实际上用户需要的信息却不多,真可谓"大海捞针"。Web 挖掘研究覆盖了多个研究领域,包括数据库技术、信息获取技术、统计学、人工智能中的机器学习和神经网络等,使用多种数据挖掘技术在 WWW 数据中发现潜在的、有用的模式或信息。与传统数据和数据仓库相比,Web 上的信息是非结构化或半结构化的,动态的并且是容易造成混淆的,所以很难直接以 Web 网页上的数据进行数据挖掘,而必须经过必要的数据处理。

8.1.3 Web 数据挖掘的处理流程

传统数据挖掘是 Web 数据挖掘的基础,因此,传统数据挖掘与 Web 数据挖掘在流程上有相通之处,但是,由于 Web 挖掘本身的特点,决定了具体的挖掘过程又有所区别。典型 Web 数据挖掘的处理流程有 4 个步骤,如图 8-1 所示。

图 8-1　Web 数据挖掘的流程

(1) 查找资源。任务是从目标 Web 文档中得到数据。值得注意的是有时信息资源不仅限于在线 Web 文档,还包括电子邮件、Cookie、表单或用户注册数据、电子文档、新闻组或者网站服务器的日志数据甚至是通过 Web 形成的电子商务站点交易数据库中的数据。

(2) 数据预处理。任务是从取得的 Web 资源中剔除无用信息和将信息进行必要的整理。例如,从 Web 文档中自动去除广告链接,去除多余格式标记,自动识别段落或者字段并将数据组织成规整的逻辑形式甚至是关系表。数据预处理是为数据挖掘所做的前期准备。

(3) 模式发现。模式发现是数据挖掘的核心部分,将经过预处理的海量数据送到数据挖掘算法中去,自动生成模式和知识。可以在同一个站点内部或在多个站点之间进行。

(4) 模式分析。对发现的模式进行解释和评估,在许多应用中,并不是所有被发现的模式都是有用的,这个步骤就是要识别有用的部分,采用一些评估和可视化的技术,通过验证,解释上一步骤产生的模式。必要时需要返回前面处理中的某些步骤以反复提取,最后,发现的知识以能理解的方式提供给用户,可以是机器自动完成,也可以是与分析人员进行交互来完成。

8.1.4 Web 数据挖掘与信息检索、信息抽取的区别

Web 挖掘作为一个完整的技术体系,在进行挖掘之前的信息检索(Information Retrieval,IR)和信息抽取(Information Extraction,IE)相当重要。

信息检索是指信息按一定的方式组织起来,并根据信息用户的需要找出有关的信息的过程和技术。狭义的信息检索就是信息检索过程的后半部分,即从信息集合中找出所需要的信息的过程,也就是我们常说的信息查寻(Information Search 或 Information Seek)。信息检索的目的在于找到相关 Web 文档,它只是把文档中的数据看成未经排序的词组的集合。

信息抽取是把文本里包含的信息进行结构化处理,变成表格一样的组织形式。输入信息抽取的是原始文本,输出的是固定格式的信息点。信息抽取的目的在于从文档中找到需要的数据项,它对文档的结构和表达的含义感兴趣,它的一个重要任务就是对数据进行组织整理并适当建立索引。

Web 数据挖掘是一个从本质上提高网页搜索引擎的效率和质量的优秀的和更富有挑战性的方法,因为 Web 挖掘可以鉴别出可靠的网页,对网页文献进行分类,以及解决网络搜索引擎中有歧义或细微差别的问题。所以 Web 数据挖掘是指从 Web 数据中挖掘出本质关系(例如,用户感兴趣的或有用的信息)的过程,这些 Web 数据通常表现为文本信息、链接信

息或使用信息。

对信息检索和信息抽取技术的研究已经有很长时间,随着 Web 技术的发展,基于 Web 技术的 IR、IE 得到了更多的重视。由于 Web 数据量非常大,而且可能动态变化,目前的研究方向是用自动化、半自动化的方法在 Web 上进行 IR 和 IE。在 Web 环境下既要处理非结构化文档,又要处理半结构化的数据,最近几年在这两方面都有相应的研究成果和具体应用,特别是在大型搜索引擎中得到了很好的应用。

8.2　Web 数据挖掘分类

Web 数据有三种类型,分别是:HTML 标记的 Web 文档数据,Web 文档内的链接结构数据和用户访问数据。相应地,Web 数据挖掘可分为三类:Web 内容挖掘(Web Content Mining),来源于网页上的非结构化的文本(通常是 HTML 格式);Web 结构挖掘(Web Structure Mining),来源于网页上统一资源定位符的(URL)的链接;Web 使用挖掘(Web Usage Mining),来源于网站访问者的详细信息(一段时间内链接的网页),如图 8-2 所示。

图 8-2　Web 数据挖掘的分类

8.2.1　Web 内容挖掘概述

Web 内容挖掘是一种基于网页内容的 Web 挖掘,从大量的 Web 数据中获取潜在的有价值的知识或模式的过程,是对网页上真正有用的数据进行挖掘,包括网页内容和搜索结果挖掘,从网络信息源形式来看,大量网络信息资源是具有可读性的,所以就能利用自动化的工具获取网页上的信息。网络爬虫能够自动地阅读网页上的信息,这些信息包含类似文本挖掘中用到的文献特征,也包含其他一些概念,如文献的层次结构。Web 内容挖掘能够提高搜索引擎的效能。例如,根据网页主题,可以自动进行聚类和分类。虽然这些任务与传统数据挖掘的任务相似,但是我们依然可以为了各种不同的目的从网页中根据模式抽取有用的信息,例如商品描述、论坛回帖等,而这些信息可以被用作进一步分析来挖掘用户态度,这些任务不是传统的数据挖掘任务。从网络形式上来看,网络数据既有文本和超文本数据,也有用 HTML 标记的半结构化数据和非结构化的自由文本。

Web 内容挖掘针对的对象是文本文档和多媒体文档,所以 Web 内容挖掘可以分为 Web 文本数据挖掘和 Web 多媒体数据挖掘。Web 文本数据挖掘是 Web 内容挖掘中比较重要的技术领域,可以对 Web 上大量的文档集合的内容进行总结、分类、聚类和关联分析等。Web 多媒体数据挖掘包括运用挖掘技术对 Web 上的音频、视频和图像数据进行挖掘,目前还处于前期研究。

8.2.2　Web 结构挖掘概述

Web 结构挖掘的对象是 Web 本身的超链接,即对 Web 文档的结构进行挖掘。Web 结构挖掘就是从 Web 结构和链接关系中推导出潜在知识和模式的过程。其中,Web 结构包括不同网页之间的超链接结构和一个页面内部的树形结构,以及文档 URL 中的目录路径结构等。通过对这些站点结构进行分解、变形和归纳,可以将页面进行分类和聚类,从而提高信息检索效率。主要用于确定权威网页和中心网页,是网页质量排名算法的基础,该排名是一些重要搜索引擎(如 Google 和 Yahoo!)的核心竞争力。仅看链接到一个网页的情况就可以看出这个网页的知名度(或重要性,或权威性),通过页内的链接或整个网站情况可以看出该网页上对某个话题分析的深度,对于分析大量网页之间的关联关系来说,链接是一个重要的分析方法,能够帮助用户更好地理解某个特定社区网页、网络群体或网络团体内的关系。

Web 结构挖掘的基本思想是将 Web 看成一个巨大的以页面为结点、页面之间超级链接为有向边所构成的一个网状结构的有向图,然后利用图论对 Web 拓扑结构进行分析,从而可以发现重要页面和权威页面,以确定网站结构的合理性。

Web 结构挖掘在一定程度上得益于社会网络和引用分析的研究。把网页之间的关系分为 incoming 链接和 outgoing 链接,运用引用分析方法找到同一网站内部以及不同网站之间的链接关系。在 Web 结构挖掘领域最著名的算法是 PageRank 查询无关算法和 HITS (Hypertext-Induced Topic Search) 查询相关算法。它们的共同点是使用一定方法计算 Web 页面之间超链接的质量,从而得到页面的权重。著名的 Clever 和 Google 搜索引擎就采用了该类算法。

此外,Web 结构挖掘的另一个尝试是在 Web 数据仓库环境下的挖掘,包括通过检查同一台服务器上的本地链接衡量 Web 结构挖掘 Web 站点的完全性,在不同的 Web 数据仓库中检查副本以帮助定位镜像站点,通过发现针对某一特定领域超链接的层次属性去探索信息流动如何影响 Web 站点的设计。

8.2.3　Web 使用挖掘概述

Web 使用挖掘(Web Usage Mining)是对用户访问 Web 时在服务器上留下的访问和交易中产生的数据记录进行挖掘,在新兴的电子商务领域有重要意义,它通过挖掘相关的 Web 日志记录,来发现用户访问 Web 页面的模式,通过分析日志记录中的规律,可以识别用户的忠实度、喜好、满意度,可以发现潜在用户,从而为用户提供个性化推荐服务以增强站点的服务竞争力。现在的 Web 使用挖掘通常是指 Web 日志挖掘。

前面所述的 Web 内容挖掘和 Web 结构挖掘是对第一类即真正的原始数据进行挖掘,而 Web 使用挖掘是对 Web 上第二类数据即 Web 日志数据及相关数据的挖掘,这些数据除了服务器的日志记录外还包括代理服务器日志、浏览器端日志、注册信息、用户会话、交易信息、Cookie 中的信息等。Web 使用挖掘可以分为两类：一类是一般访问模式跟踪，另一类是个性化的使用记录跟踪。从 Web 使用挖掘的方法上看，一般的传统数据挖掘的基本方法如关联规则、分类、聚类、路径分析和序列模式发现等在这里都适用。但为了提高挖掘质量，研究人员在扩展算法上进行了努力，包括复合关联规则算法、改进的序列发现算法等。三类 Web 挖掘比较见表 8-1。

表 8-1 Web 数据挖掘比较

种类	Web 内容挖掘	Web 结构挖掘	Web 使用挖掘
数据	文本文档 多媒体文档	Web 结构链接关系	Web 服务器日志 浏览器日志 用户会话和交易记录
数据特征	非结构化 半结构化	链接结构	交互式数据
方法	分类、聚类 关联规则	PageRank 算法 HITS 算法	分类、聚类 关联规则 序列模式和路径分析
应用领域	用户建模	站点优化	站点优化 网络销售 用户建模和推荐系统

8.3　Web 内容挖掘

Web 内容挖掘是对网页内容进行挖掘，包括文本、图像、语音、视频等多媒体信息，其中最多的是对文本信息的挖掘，所用到的数据挖掘技术主要是对文本进行分类和聚类。

8.3.1　特征提取和特征表示

Web 文本信息采集是指利用计算机软件技术，针对定制的目标 Web 站点，实时进行信息采集、抽取、挖掘、处理，从而为智能搜索引擎提供数据输入的整个过程。将文本信息采集到本地后，挖掘工作真正开始，特征提取是挖掘工作的基础，由于采集回来的都是非结构化或是带有 HTML 简单标识的半结构化文本，如 < title ></title >标识之间的是全文的标题，但这些标识能够提供的信息非常有限，无法使计算机理解全文内容，需要将文本转换成计算机能够理解的结构化数据，即用文本的特征来表示文本本身。文本特征包括描述性特征和语义性特征，描述性特征指文本的物理特征，如日期、大小、类型等，语义性特征指文本的内容特征，如文本作者、标题、摘要、内容等，文本挖掘要做的是提取文本的内容特征。

特征提取之前要对文本进行词条切分。词条切分的方法有很多，在数字图书馆中，文本挖掘的专业性很明确，可以考虑将专业词表用于文本的切分中。基本思路是：将文本 d 先根据 HTML 标识以及标点进行粗切分，然后采用禁用词表将"的、地、得、了、如果"等无实际意义的虚词去掉，获得短语集合 $P(p_1,\cdots,p_i,\cdots,p_n)$，再将短语逐个与专业词表 T 中的词条 $(t_1,\cdots,t_i,\cdots,t_n)$ 进行匹配。取 t_i 作为文本特征词条。经典的文本表示模型是向量空间模型(Vector Space Model,VSM),由 Salton 等人于 20 世纪 60 年代末提出,并成功地应用于著名的 SMART 文本检索系统。向量空间模型对文本进行简化表示,认为特征之间是相互独立的而忽略其依赖性,将文档内容用它所包含的特征词来表示:$d_i=(t_{i1},t_{i2},\cdots,t_{iN})$,其中,$t_{ik}$是文档$d_i$的第$k$个特征词,$1 \leqslant k \leqslant N$。两个文档$d_1$和$d_2$之间内容的相似程度$\text{Sim}(d_1,d_2)$通过计算向量之间的相似性来度量。最常用的相似性度量方式是余弦距离。

8.3.2 自动摘要

文本的摘要是对文本内容的高度概括,使用户在不阅读全文的基础上就能对全文内容有总体的把握,但目前很多搜索引擎只是简单提取文本前面的句子作为摘要,效果并不好,采用好的算法来处理文本摘要,提高摘要质量,也是文本挖掘的重要任务之一。一般的自动文本摘要方法都是直接从原文获取字符串来组成摘要,基本思路是:扫描全文,以标点符号为断句标识,得到文本的字串集合,对出现了特征词条的字串,参考特征词条的权重值,赋予该字串相应的权重值,另外调整一些特殊位置的字串的权重值,如对< title >后面的文本字串赋予最高的权重值,对段首句、段尾句增加其权重值,并且记录每个文本字串的起始位置。此时,文本字串是一个三元组< Context,Weight,Position >。最后根据权值大小挑选字串,按照字串在文中的本来顺序生成文字流畅且具备一定质量的自动摘要。

8.3.3 文本分类

目前文本分类的方法很多,如多元回归模型、k-邻近方法、神经网络法、贝叶斯方法、决策树法、支持向量机等,这些方法基本上可以分为两类:统计分类方法和基于机器学习的分类方法。支持向量机(SVM)是统计学习理论领域近几年才提出的新知识,目前仍处于发展阶段,但就目前的应用而言,SVM 在很多领域的运用效果都非常理想。在完成特征提取之后,就可以使用这些特征来表示一个文本。具体的表示方法因分类方法而异。每种分类模型都会采用自己的方法来表示一个文本,并将这种表示方法纳入到自己的体系中去。根据特征提取阶段获得的文本特征,以事先确定的分类标准为依据,将文本集合进行分类。之所以说文本挖掘能够为数字图书馆用户提供知识,是因为此处的文本分类是根据用户的真正需求进行细分的,提供给用户的是很个性化的结果,即是用户真正需要的知识。所有的分类模型大体上有两个阶段,一是训练阶段,二是分类阶段。一般来说,训练样例越多分类的准确度越有保证,但也并不是越多越好。

1. 训练阶段

(1) 定义类别集合$C=(c_1,\cdots,c_i,\cdots,c_n)$。在数字图书馆中,对于同一个专业领域,用户的专业背景、研究方向、课题任务等不同,提出的检索要求也会有很大差别,在定义类别集合阶段,根据用户之前定制信息时提出的检索式,结合其专业背景、研究方向以及课题任务等,预先设计出细致的分类类别,并且对特定的挖掘任务,可以请该领域专家对划分的类别提出意见,以求划分的类别细而准确。

(2) 给出训练文本集合$D=(d_1,\cdots,d_i,\cdots,d_n)$,$D$中的文本已经由用户确认,与其需求最相关,可以代表用户真实需求的文本,每一个d_i都被标上所属的类别c_i。

(3) 统计D中所有文本的特征向量$V(d)$,确定其代表C中每个类别的特征向量$V(c_i)$。

2. 分类阶段

(1) 对于测试文本集合 $D(d_1,\cdots,d_i,\cdots,d_n)$ 中的每个待分类文本 d_i 计算其特征向量 $V(d_i)$ 与每个 $V(c_i)$ 之间的相似度 $\text{SIM}(d_i,c_i)$。

(2) 选取相似度最大的一个类别作为 d_i 的类别。计算 $\text{SIM}(d_i,c_i)$ 时,有多种方法可供选择,最简单的方法是仅考虑两个特征值向量中所包含的词条的重叠程度,即:

$$\text{SIM}(d_i,c_i) = \frac{n(V(d_i)) \bigcap nV(c_i)}{n(V(d_i)) \bigcup nV(c_i)} \tag{8-1}$$

其中,$n(V(d_i)) \bigcap n(V(c_i))$ 是 $V(d_i)$ 和 $V(c_i)$ 具有的相同词条数目,$n(V(d_i)) \bigcup n(V(c_i))$ 是 $V(d_i)$ 和 $V(c_i)$ 具有的所有词条数目。另一种考虑权重值的算法是计算两个特征向量之间的夹角余弦:

$$\text{SIM}(d_i,c_i) = \cos(V(d_i),V(c_i)) = \frac{\sum (V(d_i) \cdot V(c_i))}{\sum |V(d_i)| \cdot |V(c_i)|} \tag{8-2}$$

由于是根据用户的真实需求划分的类别,此时就可以将分类后的文本主动提供给用户,而不需要用户再进行检索,用户可以将自己觉得最有用、最相关的文本反馈给系统,系统可凭此对分类的相关性做出进一步调整。

8.3.4 文本聚类

文本聚类是指把文本集合按照相似性归成若干类别。与分类有所不同,聚类没有预先定义好主题类别标记,需要由聚类学习算法来自动确定。其目标是将文档集合分成若干个簇,要求同一簇内文档内容的相似度尽可能的大而不同簇间的相似度尽可能的小。在数字图书馆中,利用文本分类可以为用户提供相关性最高的信息,而文本聚类在数字图书馆中主要针对最新的学科前沿信息,将相关性高的文本聚成一类供用户浏览,通常放在数字图书馆网站上的"最新学科信息栏目"。文本聚类算法有很多种,大致可以分为两种类型:以 GHAC 等算法为代表的层次聚类(Hierarchical Clusters)法和以 k-means 等算法为代表的平面划分法。

8.4 Web 结构挖掘

World Wide Web 由许多的 Web 站点构成,而每个 Web 站点又包含许多的 Web 页,Web 页与普通文档不同,它所包含的信息由以下三个部分组成:网页正文,网页所包含的超文本标记以及网页间的超链接。

整个 Web 空间中,有用知识不仅包含在 Web 页面内容中,也包含在 Web 页间超链接结构与 Web 页面结构之中。从广义上讲,Web 结构所包含的信息有:①URL 字符串中的目录路径结构信息;②网页内部内容的可以用 HTML、XML 表示成的树形结构;③网页之间的超链接结构。挖掘 Web 结构的目的是发现页面的结构和 Web 间的结构,在此基础上对页面进行分类和聚类,从而找到权威页面,这种方法可以用来改进搜索引擎。

通过挖掘 Web 的结构信息,可以揭示许多蕴含在 Web 内容之外的隐含的有用信息,如 Web 页面的 URL 可以反映页面的类型,也可以在一定程度上反映页面间在存储位置和内容方面的层次关系，URL 目录解析的概念及通过分析网页的 URL，分析这种层析关系。Spertus 提出了与 Web 页面 URL 有关的启发式规则，并用于寻找个人主页，或者已经改变了位置的 Web 页的新位置。

页内链接主要是用于对包含大量内容的 Web 页起到页内导航的作用，通过分析 Web 页面内部树形结构，可以得到其结构特征，并用于寻找与给定的页面集和 $\{P_1, P_2, \cdots, P_n\}$ 内容相关的其他页面。

8.4.1 超链和页面内容的关系

万维网上任何一个站点或页面都不会是孤立的，都通过其中的超链同其他相关联的站点或页面相链接，通过这种链接方式相聚类。但主题相同的所有站点或页面不一定会围绕一个中心(Hub)相聚集，也就是说一个主题会存在多个聚集中心。聚集中心的站点或页面之间的链接关系最为密切，内容也最为相似，随着内容相似度的降低，相互连接关系也会逐渐减少。另外，内容上的关联关系也会随着链接次数的增加而降低，会从一个主题逐渐演化为另外一个主题。

一个网站如果链接了许多权威网站，那么它就是一个中心网站(Hub)；如果一个网站被许多中心网站链接，那么它就是一个权威网站(Authority)，分别如图 8-3 和图 8-4 所示。

图 8-3　中心网站　　　　　图 8-4　权威网站

Web 页之间的超链接结构中包含许多有用的信息。当网页 A 到 B 存在一个超链接时，则说明网页 A 的作者认为网页 B 的内容非常重要，且两个网页的内容具有相似性的主题。因此，指向文档的超链体现了该文档的被引用情况。如果大量的链接都指向了同一个网页，就认为它是一个权威页。这就是类似于论文对参考文献的引用，如果某一篇文章经常被引用，就说明它非常重要。这种思想有助于对搜索引擎的返回结果进行相关度排序。

8.4.2 不同挖掘阶段的分析

首先进行信息搜索，通常是基于文本的搜索，得到大约二百个网页，作为结构挖掘的基础，也称为网页的根集(Root Set of Page)。这些网页之间的链接不是特别紧密，甚至有可能没有包括与搜索词相关的权威网站，因为许多权威网站并没有把人们常常使用的搜索词作为主题词，但在搜索到的网页的根基中至少会有些链接可以找到用户所需要的页面。结构挖掘有以下三个不同的阶段。

(1) 用基于内容的搜索引擎形成文件的根集。首先要将搜索词中的虚词拿到，去掉复数和动词的变化形式，选定特定的搜索策略进行搜索。得到的结果按其与搜索词的关联程度打分排序，通常取排在前面的一定数量的页面。

(2) 在根集的基础上建立候选集。首先要将根集页面链出去的所有页面形成一个膨胀的集合,再从中剔出只起导航作用的链接,最后还要注意避免网页之间的欺骗链接。

(3) 根据网页在这些集合中的分量来划分哪些为中心页面,哪些为权威页面,并将其排序。这个阶段同时可以将网页分组。一个重要的中心网页常常链接许多重要的权威网页;反过来一个重要的权威网页也常常被链接到许多重要的中心网页上,而且它们还可以互相增强,互相调整其重要程度。

8.4.3 PageRank

1998年对Web搜索和Web链接分析来说是非常重要的一年,PageRank和HITS算法都是在这一年被提出来的。其中,PageRank算法在1998年4月举行的第七届国际万维网大会(WWW7)上由Stanford大学的Sergey Brin和Larry Page提出,基于这种算法他们创立了搜索引擎Google。而HITS算法在1998年1月举行的第九届年度ACM-SUAM离散算法研讨会(SODA)上由Jon Kleonberg提出。实际上这两种算法的主要思想非常相似,它们之间的不同之处在后来演变成了非常巨大的区别。从这一年开始,PageRank逐渐成了Web搜索届分析模型的统治者,这一部分要归功于它的非查询相关的网页分析方式和抵抗网页作弊的能力,另一部分则要归功于Google的商业成功。下面对这两个比较典型的算法逐一介绍。

PageRank算法依赖于Web的自然特性,它利用Web的庞大链接结构来作为单个网页质量的参考。本质上,PageRank算法将网页X指向网页Y的链接当作一种投票行为,由网页X投给网页Y。然而,PageRank算法并不只是考虑网页的得票数,也就是指向该网页的链接数,它也会分析那些投票的网站。那些重要网站投出的选票使得接收这些选票的网页更加重要。

1. PageRank 算法

PageRank是一种静态的网页评级算法,因为它为每个网页离线计算PageRank值而且该值与查询内容无关。既然PageRank算法基于社会网络中对于权威的度量,那么每个网页的PageRank值就可以作为该网页的权威值。我们现在将推导PageRank公式。首先解释一些Web领域的概念。

网页i的**链入链接**(In-links):从其他网页指向网页i的超链接。通常情况下,不考虑来自同一网站的链接。

网页i的**链出链接**(Out-links):从网页指向其他网页的超链接。通常情况下,不考虑指向同一网站内网页的链接。

从权威的视角,我们用下面的条件来推导出PageRank算法。

(1) 从一个网页指向另一个网页的超链接是一种对目标网站权威的隐含认可。这就是说,如果一个网页的链入链接越多则它的权威就越高。

(2) 指向网页i的网页本身也有权威值。一个拥有高权威值的网页指向i比一个拥有低权威值的网页指向i更加重要。也就是说,如果一个网页被其他重要网页所指向,那么该网页也很重要。

根据社会网络中的等级权威值,网页i的重要程度(它的PageRank值)由指向它的其他网页的PageRank值之和决定。由于一个网页可能指向许多其他网页,那么它的PageRank

值将被所有它所指向的网页共享。请注意这里与等级权威的区别,等级权威是不共享的。

为了将上面的思想公式化,我们将整个 Web 看作是一个有向图 $G=(V,E)$,其中,V 是所有结点(即网页)的集合,而 E 是所有有向边(即超链接)的集合。假设 Web 上所有网页的数为 n(即 $n=|V|$)。网页 i(用 $P(i)$ 表示)的 PageRank 值定义如下:

$$p(i) = \sum_{(j,i)\in E} \frac{p(j)}{O_j} \tag{8-3}$$

其中,O_j 是网页 j 的链出链接数目。根据数学方法,可以得到一个有 n 个线性等式和 n 个未知数的系统。我们可以用一个矩阵来表示所有的等式。用 P 代表表示 PageRank 值的 n 维列向量,如:

$$\bm{P} = (P(1), P(2), \cdots, P(n))^{\mathrm{T}} \tag{8-4}$$

而 A 是表示图的邻接矩阵,有:

$$A_{ij} = \begin{cases} \dfrac{1}{O_i}, & (i,j) \in E \\ 0, & \text{其他} \end{cases} \tag{8-5}$$

我们可以写出一个有 n 个等式的系统

$$\bm{P} = \bm{A}^{\mathrm{T}} \bm{P} \tag{8-6}$$

这是一个**特征系统**(Eigensystem)的特征等式,其中,P 的解是相应**特征值**(Eigenvalue)为 1 的**特征向量**(Eigenvector)。由于这是一个循环定义,因此需要一个迭代算法来解决它。在某些条件(后面将进行简单讨论)满足的情况下,1 是最大的特征值且 PageRank 向量 $\bm{P}$ 是**主特征向量**(Principal Eigenvector)。一个称为**幂迭代**(Power Iteration)的数学方法可以用来解出 $\bm{P}$。

然而,由于 Web 图并不一定能够满足这些条件,因此等式 $\bm{P}=\bm{A}^{\mathrm{T}}\bm{P}$ 并不一定有效。为了介绍这些条件以及改进这个等式,我们基于**马尔可夫链**(Markov Chain),重新推导该等式。

在马尔可夫链模型中,每个网页或者说网络图中的每个结点都被认为是一个状态。一个超链接就是从一个状态到另一个状态的带有一定概率的转移。也就是说,这种框架模型将网页浏览作为一个随机过程。它将一个网页浏览者随机浏览 Web 的行为作为马尔可夫链中的一个状态转移。我们用 O_i 来代表每个结点 i 的链出链接数。如果 Web 浏览者随机**单击**网页 i 中的链接,并且浏览者既不**单击**浏览器中的"后退"按钮也不直接在地址栏中输入地址,每个转移的概率是 $1/O_i$。如果用 A 来表示状态转移概率矩阵,可以得到如下的方阵

$$\bm{A} = \begin{bmatrix} A_{11} & A_{12} & \cdots & A_{1n} \\ A_{21} & A_{22} & \cdots & A_{2n} \\ \vdots & \vdots & \vdots & \vdots \\ A_{n1} & A_{n2} & \cdots & A_{nn} \end{bmatrix}$$

A_{ij} 代表在状态 i 的浏览者(正在浏览网页 i 的浏览者)转移到状态 j(浏览网页 j)的概率。A_{ij} 正如等式(8-5)中定义的一样。

如果给出一个浏览者在每个状态(网页)的**初始概率分布**(Initial Probability Distribution)向量 $\bm{P}_0 = (p_0(1), p_0(2), \cdots, p_0(H))^{\mathrm{T}}$ 以及一个 $n \times n$ 的**转移概率矩阵**

(**Transition Probability Matrix**)A，可以得到

$$\sum_{i=1}^{n} p_0(i) = 1 \tag{8-7}$$

$$\sum_{j=1}^{n} A_{ij} = 1 \tag{8-8}$$

等式(8-8)对于某些网页来说可能是不成立的，因为这些网页可能没有链出链接。如果矩阵 A 满足等式(8-8)，就可以称 A 是一个马尔可夫链的**随机矩阵**(**Stochastic Matrix**)。我们先假设 A 是一个随机矩阵，然后在后面再解决它不是随机矩阵等情况。

在一个马尔可夫链中，一个大家都很关注的问题是：如果一开始给出一个初始的概率分布 P_0，那么 n 步转移之后的马尔可夫链在每个状态 j 的概率是多少？我们可以用以下的公式表示在一步后(一个状态转移后)系统(或者随机浏览者)在状态 j 的概率：

$$P_1(j) = \sum_{i=1}^{n} A_{ij}(1) P_0(i) \tag{8-9}$$

其中，$A_{ij}(1)$ 是一步转移后从 i 到 j 的**概率**，且 $A_{ij}(1) = A_{ij}$。我们写出一个矩阵表示它：

$$P_1 = A^T P_0 \tag{8-10}$$

一般来说，在 k 步/k 次转移后的概率分布是：

$$P_k = A^T P_{k-1} \tag{8-11}$$

等式(8-11)与等式(8-6)非常类似。我们达到了预期的目标。

根据马尔可夫链的各定理，如果矩阵 A **不可约**(**Irreducible**)以及是**非周期**(**Aperiodic**)的，那么由**随机转移矩阵**(**Stochastic Transition Matrix**)A 定义的有限马尔可夫链具有唯一的**静态概率分布**(**Stationary Probability Distribution**)。我们将在接下来的推导中定义这些数学术语。

静态概率分布意味着经过一系列的状态转移之后，不管所选择的初始状态 P_0 是什么，P_k 都会收敛到一个稳定的状态概率向量 π，即

$$\lim_{x \to \infty} P_k = \pi \tag{8-12}$$

当到达稳定状态时，有 $P_k = P_{k+1} = \pi$，于是 $\pi = A^T \pi$，其中，π 是 A^T **特征值**(**Eigenvalue**)为 1 的**主特征向量**(**Principal Eigenvector**)。在 PageRank 算法中，π 被用作 PageRank 向量 P。于是，再次得到了等式(8-6)，在这里将其重写为等式(8-13)：

$$P = A^T P \tag{8-13}$$

将静态概率分布 π 作为 PageRank 向量是一种有道理并且相当直接的想法，因为它反映了一个随机浏览者访问网页的长期概率。如果一个网页被访问的概率高那么相应它的权威就应该高。

现在回到现实世界中的 Web 范畴来考虑上述条件是否成立，如矩阵 A 是否是随机矩阵以及它是否不可约和是否非周期。实际上，这些条件都不满足。因此，我们需要将理想情况下的等式(8-12)扩展，以便得到一个"实际的 PageRank 模型"。我们现在来分别考虑下面的每个条件。

首先，A 不是一个**随机（转移）矩阵**。随机矩阵是一个有限马尔可夫链的转移矩阵，它的每一行数据都是非负实数且该行数据之和应该为 1（如式(8-8)）。这要求每个 Web 网页都应该至少有一个链出链接。这在真实的 Web 网页上并不能够得到完全满足，因为有很多网页没有链出链接，反映到转移矩阵 A 上，表现为其某行数据全为 0。这种页面被称为**悬垂页**（Dangling Pages）（结点）。

【例 8-1】 图 8-5 展示了一个超链接图的例子。

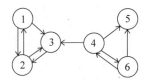

图 8-5 一个超链接图的例子

如果假设 Web 浏览者单击每个页面的概率是完全随机，能够得到下面的转移概率矩阵：

$$A = \begin{bmatrix} 0 & \frac{1}{2} & \frac{1}{2} & 0 & 0 & 0 \\ \frac{1}{2} & 0 & \frac{1}{2} & 0 & 0 & 0 \\ 0 & 1 & 0 & 0 & 0 & 0 \\ 0 & 0 & \frac{1}{3} & 0 & \frac{1}{3} & \frac{1}{3} \\ 0 & 0 & 0 & 0 & 0 & 0 \\ 0 & 0 & 0 & \frac{1}{2} & \frac{1}{2} & 0 \end{bmatrix} \quad (8\text{-}14)$$

举个例子 $A_{12} = A_{13} = 1/2$，因为结点 1 有两个链出链接。我们看出 A 并非是一个随机矩阵，因为它的第 5 行全为 0，也就是说，页面 5 是一个悬垂页。

我们可以用多种方法解决这个问题，以便将 A 转化为一个随机转移矩阵。这里只描述以下两种方法。

(1) 在 PageRank 计算中，将那些没有链出链接的页面从系统移除，因为它们不会直接影响到其他页面的评级。而那些从其他网页指向这些页面的链出链接也将被移除。当 PageRank 被计算出来后，这些网页和指向它们的链接就可以被重新加入进来。利用等式(8-13)，它们的 PageRank 值能够很容易被计算出来。注意，那些被移除链接的网页的转移概率只会受到轻微而非巨大的影响。

(2) 为每个没有链出链接的页面 i 增加一个指向所有其他 Web 网页的外链集。这样，假设是统一概率分布的情况下，网页 i 到任何其他网页的概率都是 $1/n$。于是，我们就可以将全 0 行替换为 e/n，其中，e 是一个全 1 的 n 维向量。

如果使用第二种方法，即给页面 5 加上一个指向所有其他页面的链接集，从而使 A 变为一个随机矩阵，那么就能得到：

$$\overline{A} = \begin{bmatrix} 0 & \frac{1}{2} & \frac{1}{2} & 0 & 0 & 0 \\ \frac{1}{2} & 0 & \frac{1}{2} & 0 & 0 & 0 \\ 0 & 1 & 0 & 0 & 0 & 0 \\ 0 & 0 & \frac{1}{3} & 0 & \frac{1}{3} & \frac{1}{3} \\ \frac{1}{6} & \frac{1}{6} & \frac{1}{6} & \frac{1}{6} & \frac{1}{6} & \frac{1}{6} \\ 0 & 0 & 0 & \frac{1}{2} & \frac{1}{2} & 0 \end{bmatrix} \qquad (8\text{-}15)$$

下面假设已经采取了任意一种办法使得 A 成为随机矩阵。

其次,A 不是不可约(ireducible)的。不可约意味着 Web 图 G 是强连通的。

定义 8-1 强连通　一个有向图 $G=(V,E)$ 是强连通的当且仅当对每一个 $u,v \in V$ 的结点对,都有一条从 u 到 v 的路径。

一个由矩阵 A 表示的一般意义上的 Web 图不是不可约的,因为对于某一个结点对 u 和 v 来说,可能没有一条从 u 到 v 的路径。例如,在图 8-5 中,从结点 3 到结点 4 就没有任何一条有向路径。而在式(8-15)中所做的调整也不能确保不可约性。这就是说,在等式(8-15)中,仍然没有从结点 3 指向结点 4 的有向路径。这个问题和接下来将要发生的问题可以使用同一种策略解决。

最后,A 不是**非周期**的。一个马尔可夫链中的周期状态 i 意味着该链的转移需要经过一个有向环。

定义 8-2 非周期　如果存在一个大于 1 的整数 k,使得所有从状态 i 出发且回到状态 i 的路径长度都是 k 的整数倍的话,则状态 i 就是周期的,且周期是 k。如果一个状态不是周期的,那么它就是**非周期**的。如果一个马尔可夫链中的所有状态都是非周期的,那么该链就是非周期的。

【例 8-2】　图 8-6 展示了一个周期 $K=3$ 的马尔可夫链。它的转移矩阵在左边给出。每个该链中的状态的周期都是 3。例如,如果从状态 1 出发,回到状态 1 的路径只能是 1-2-3-1 或者该路径的多次重复,假设重复了 h 次。于是任何回到状态 1 的路径都要经过 $3h$ 次转移。在 Web 上,有很多类似的情况。

$$A = \begin{bmatrix} 0 & 1 & 0 \\ 0 & 0 & 1 \\ 1 & 0 & 0 \end{bmatrix}$$

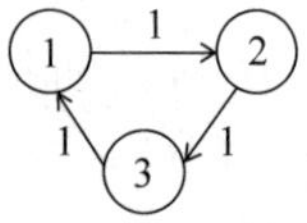

图 8-6　一个周期 $K=3$ 的马可夫链

用同一种策略来解决上面的两个问题非常简单。给每一个页面增加指向所有页面的链接,并且给予每个链接一个由参数 d 控制的转移概率。

这样转移矩阵变成了**不可约**的,因为原来的图显然已经变成强连通的了。图 8-6 中的情况也不存在了,因为现在从状态 i 出发再回到状态 i 有了各种可能长度的路径,于是它也就变成了非周期的。这就是说,一个随机浏览者为了到达一个状态,不再需要经过一个固定的环。在经过这个变化过程后，得到了一个改进的 PageRank 模型。在这个模型中，在任何一个网页上，一个随机的浏览者将有以下两种选择。

（1）他会随机选择一个链出链接继续浏览的概率是 d。

（2）他不通过单击链接，而是跳到另一个随机网页的概率是 $1-d$。

等式(8-16)给出了这个改进的模型，

$$P = ((1-d)E/n + dA^T)P \tag{8-16}$$

其中，E 是 ee^T（e 是全 1 的列向量），于是 E 是一个全为 1 的 $n \times n$ 方阵。跳到一个特定页面的概率是 $1/n$。其中，n 是整个 Web 图中的结点数量。请注意式(8-16)假设 A 已经被转化为一个随机矩阵。

【例 8-3】 如果依照图 8-5 中的例子和等式(8-15)（在这里将 $\overline{A}$ 用作 A），扩大后的转移矩阵是：

$$(1-d)E/n + dA^T = \begin{bmatrix} \frac{1}{60} & \frac{7}{15} & \frac{1}{60} & \frac{1}{60} & \frac{1}{6} & \frac{1}{100} \\ \frac{7}{15} & \frac{1}{60} & \frac{11}{12} & \frac{1}{60} & \frac{1}{6} & \frac{1}{60} \\ \frac{7}{15} & \frac{7}{15} & \frac{1}{60} & \frac{19}{60} & \frac{1}{6} & \frac{1}{60} \\ \frac{1}{60} & \frac{1}{60} & \frac{1}{60} & \frac{1}{60} & \frac{1}{6} & \frac{7}{15} \\ \frac{1}{60} & \frac{1}{60} & \frac{1}{60} & \frac{19}{60} & \frac{1}{6} & \frac{7}{15} \\ \frac{1}{60} & \frac{1}{60} & \frac{1}{60} & \frac{19}{60} & \frac{1}{6} & \frac{1}{60} \end{bmatrix} \tag{8-17}$$

其中，$(1-d)E/n + dA^T$ 是一个**随机矩阵**（Stochastic Matrix）（经过转置）。根据上面的讨论，它也是不可约的和非周期的。在这里取 $d=0.9$。

如果缩放等式(8-16)以使得 $e^T p = n$，就得到了

$$P = (1-d)e + dA^T P \tag{8-18}$$

在缩放等式之前，有 $e^T P = 1$（例如，如果我们回忆起 P 是马尔可夫链的静态概率向量 π，那么 $P(1) + P(2) + \cdots + P(n) = 1$）。缩放等效为给等式(8-13)两边同时乘以 n。

这就给出了计算每个页面的 PageRank 值的公式，如式(8-19)所示。

$$P(i) = (1-d) + d \sum_{j=1}^{n} A_{ji} P(j) \tag{8-19}$$

这个公式等同于式(8-20)：

$$P(i) = (1-d) + d \sum_{(j,i) \in E} \frac{P(j)}{O_j} \tag{8-20}$$

参数 d 称为**衰减系数**（Damping Factor），被设定在 0 和 1 之间，d 被设为 0.85。

PageRank 值的计算可以采用著名的**幂迭代方法**，它能够计算出特征值为 1 的主特征向量。该算法是比较简单的，在图 8-7 中给出。算法可以由任意指派的初始状态开始。该迭代在 PageRank 值不再明显变化或者收敛的时候结束。在图 8-7 中，当剩余向量的 1-norm 小于预设的阈值 ε 时，迭代停止。注意向量的 1-norm 就是其所有分量绝对值的和。

```
PageRank-Iterate(G)
    p_0 ← e/n
    k ← 1
    Repeat
        P_k ← (1-d)e + dA^T P_{k-1};
        k ← k+1;
    until ||p_k - p_{k-1}||_1 < ε
    Return P_k
```

图 8-7 PageRank 的幂迭代方法

因为我们只对网页的排序等级感兴趣,实际的收敛是不必要的。也就是说,实际上只需要更少数量的迭代。通过引用文献了解到,在一个拥有 3.22 亿个链接的数据库上,该算法只用了 52 个迭代便达到了一个可以接受的收敛程度。

2. PageRank 算法的优点和缺点

PageRank 算法最主要的优点便是它防止作弊的能力。一个网页之所以重要是因为指向它的网页重要。一个网页的拥有者很难将指向自己的链入链接强行添加到别人的重要网页中,因此想要影响 PageRank 的值是非常不易的。然而,仍然有相关报道显示,有方法能够影响 PageRank 的值。识别和打击作弊是 Web 搜索中非常重要的一项工作。

PageRank 算法的另一个优点是其是从全局出发的度量以及其非查询相关的特性。也就是说,所有网页的 PageRank 值是离线计算并被保存下来的,而并不是在用户查询的时候才进行计算的。在进行搜索的时候,只需要进行一个简单的查询,然后再结合其他策略就能够进行网页评级了。所以,在搜索的时候非常有效率。以上两个优点对 Google 的巨大成功做出了重大的贡献。

然而,非查询相关的特性也是 PageRank 算法遭受批评的主要原因之一。它不能分辨网页在广泛意义上是权威的还是仅仅在特定的查询话题上是权威的。Google 也许有其他的办法来解决这个问题,当然由于其封闭性我们无法知晓。另外一个遭受批评的特性是它没有考虑时间。最后需要重申的一点是,基于链接的排序算法并不是所用的唯一策略,搜索引擎会用许多其他策略,包括信息检索方法、启发式方法、经验参数等。然而它们的细节都没有发布过。另外也需要重申的是,PageRank 算法不是唯一的基于链接的静态全局排序算法,所有主要的搜索引擎,如 Bing 和 Yahoo!,也有它们自己的算法。研究人员也提出了一些其他不是基于链接的排序算法,例如 BrowseRank,它是基于从用户搜索日志建立的浏览图的。

8.4.4　HITS

HITS 即 Hypertext Induced Topic Search。与 PageRank 算法采用的静态分级算法不同,HITS 是查询相关的。当一个用户提交了一个查询请求以后,HITS 首先展开一个由搜索引擎返回的相关网页列表,然后给出两个扩展网页集合的评级,分别是权威等级(Authority Ranking)和中心等级(Hub Ranking)。超链和页面内容的关系如图 8-3 和图 8-4 所示。

HITS算法的关键思想是,一个优秀的中心页必然会指向很多优秀的权威页,一个优秀的权威页必然会被很多优秀的中心页指向。也就是说,权威页和中心页有一种互相促进的关系。图 8-8 展示了一个密集链接的中心网页和权威网页的集合(一个二分子图)。

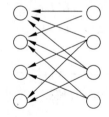

Authority网页　　Hub网页

图 8-8　一个权威网页和中心网页的密集链接的集合

下面首先给出 HITS 算法,同时,在 HITS 和文献计量学研究领域中的引文耦合与同引分析之间建立一种联系。这样就能讨论 HITS 的缺点和优点了,而且还能够讨论克服这些缺点的方法。

1. HITS 算法

在描述 HITS 算法之前,首先描述 HITS 算法是怎样收集待评级的页面的。给出一个宽泛的查询字段 q,HITS 将根据如下描述来搜集页面集合。

(1) 它将搜索字段 q 送至搜索引擎系统,然后收集 t(在多数文中采用 $t=200$)个排名最高的网页,这些网页都是与查询字段 q 高度相关的。这个集合称为**根集 W**。

(2) 然后它通过将指向 W 内部的网页或者 W 内部网页指向的外部网页加入 W 的方式来扩充 W。这将得到一个更大的集合,我们称之为 S。然而,这个集合可能相当大。算法通过限制每个 W 内部的网页,仅允许它们最多将 k(在多数文中采用 $k=50$)个指向自己的网页带入 S 来限制 S 的大小。集合 S 被称为基集。

接着 HITS 对 S 内部的每个网页进行处理,对每个 S 内部的网页指定一个**权威分值**和一个**中心分值**。假设待考察的网页数目为 n。我们再次使用 $G=(V,E)$ 来表示 S 的有向链接图。V 是网页集(结点)而 E 是有向边的集合(有向链接)。我们用 L 来表示图的邻接矩阵。

$$L_{ij} = \begin{cases} 1, & (i,j) \in E \\ 0, & 其他 \end{cases} \tag{8-21}$$

每个网页 i 的权威分值被表示为 $a(i)$,而中心分值被表示为 $h(i)$。两种分值的相互增益关系可以被表示为:

$$a(i) = \sum_{(j,i) \in E} h(j) \tag{8-22}$$

$$h(i) = \sum_{(i,j) \in E} a(j) \tag{8-23}$$

将它们写成矩阵形式,我们用 $\boldsymbol{a}$ 来表示所有权威分值的列向量,$a=(a(1),a(2),\cdots,a(n))^{\mathrm{T}}$,用 $\boldsymbol{h}$ 来表示所有中心分值的列向量,$\boldsymbol{h}=(h(1),h(2),\cdots,h(n))^{\mathrm{T}}$,

$$\boldsymbol{a} = \boldsymbol{L}^{\mathrm{T}}\boldsymbol{h} \tag{8-24}$$

$$\boldsymbol{h} = \boldsymbol{L}\boldsymbol{a} \tag{8-25}$$

计算权威分值和中心分值的方法基本上和计算 PageRank 分值所采用的幂迭代方法相同。如果使用 a_d 和 h_k 来表示第 k 次迭代中的权威分值和中心分值，那么得到最终解决方案的迭代公式是

$$a_k = L^T L\, a_{k-1} \tag{8-26}$$

$$h_k = LL^T h_{k-1} \tag{8-27}$$

初始情况为

$$a_0 = h_0 = (1,1,\cdots,1) \tag{8-28}$$

注意等式(8-26)(或者等式(8-27))没有使用中心向量(或者权威向量)，因为我们用公式(8-24)和式(8-25)进行了替换。

在每次迭代以后，数值都要经过归一化(保持它们足够小)处理，于是

$$\sum_{i=1}^{n} a(i) = 1 \tag{8-29}$$

$$\sum_{i=1}^{n} h(i) = 1 \tag{8-30}$$

图 8-9 给出了 HITS 的幂迭代算法。当剩余向量的 1-norm 小于某些向量 ε_a 和 ε_h 时迭代终止。因此，该算法在平衡时得到了主特征向量，这个和 PageRank 算法中一致。拥有更高权威值的和更高中心值的网页表明它们分别是好的权威页和好的中心页。HITS 将选择一些中心性和权威性评级最高的网页，将它们返回给用户。

```
HITS-Iterate(G)
a_0 ← h_0 ← (1,1,…,1);
k ← 1
Repeat
  a_k ← L^T L a_{k-1};
  h_k ← LL^T h_{k-1};
  a_k ← a_k / ||a_k||_1;
  h_k ← h_k / ||h_k||_1
  until ||a_k − a_{k-1}||_1 < ε_a and ||h_k − h_{k-1}||_1 < ε_h
Return a_k and h_k
```

图 8-9 基于幂迭代的 HITS 算法

虽然 HITS 总是收敛的，但是仍存在一个问题，即在限制(收敛)权威和中心向量时的单一性问题。现在有人已经发现在某些特定的图中，不同初始设置，在经过幂迭代后会得到不同的权威向量和中心向量。其中某些结果可能是不一致的或是错的。Farahat 等人给出了几个这样的例子。这个问题的关键是可能会有重复的主要向量(几个特征值相同而且都是主特征向量)出现，这是由 $L^T L$(相应的 LL^T)是可约的造成的。第一种 PageRank 的解决方法(等式(8-13))也存在这种问题。然而，PageRank 的发明者找到了避免这个问题的方法。相应地，PageRank 中的解决手段也可以被利用到 HITS 中来。

2. 寻找其他的特征向量

图 8-9 中给出的 HITS 算法计算出了主特征向量，该向量某种程度上表示了由搜索内

容定义的图 G 中,最密集连接在一起的权威结点和中心结点。然而,在某些情况下,我们可能对在相同页面基集之间寻找密集链接的权威结点和中心结点的集合感兴趣。每个这样的集合都可能和搜索话题有关,但在图 G 中它们又是完全分离的。例如:

(1) 搜索的字串可能拥有几种差别很大的含义使得查询变得模糊,例如,"jaguar"这个单词可能表示一种猫科动物或是一种轿车。

(2) 搜索的字符串可能在不同社区中被当作某个话题的术语,例如"classification"。

(3) 搜索的字符串可能代表一个高度分化的话题,从而牵扯到某些相互之间不大有可能有关联的组织,例如"abortion"。

在每个上述例子中,相关网页都能够自然地被分到几个簇中,或者叫作**社区**(**Communities**)。一般来说,排名最高的权威页和中心页代表了主要的簇(或者说是主要的社区)。稍小一点儿的簇(或者说是社区),在像图 8-8 这样的二分子图中也有表示,它们可以通过计算非主特征向量得到。计算非主特征向量所采用的方法为**正交迭代**(**Orthogonal Iteration**)或者 **QR 迭代**(**QR Iteration**),这两种方式与幂迭代类似。我们将不讨论这些方法的细节。

3. 寻同引分析和文献耦合的关系

权威页和中心页在计量引用领域有相对应的概念。一个权威页就像是一个有影响力的研究论文,将会被许多后继论文引用。一个中心页就像是一个调查论文一样,它将引用许多其他论文(包括很多有影响力的文章)。毫无疑问,权威性和中心性,以及同引分析和引文耦合之间存在某种关系。

回忆起前面提到的页面 i 和页面 j 的同引分析指数,我们用 C_{ij} 来表示,它可以通过如下的计算得到:

$$C_{ij} = \sum_{k=1}^{n} L_{ki} L_{kj} = (L^{\mathrm{T}} L)_{ij} \qquad (8\text{-}31)$$

这说明了 HITS 算法中的权威矩阵($L^{\mathrm{T}}L$)实际上就是 Web 范畴中的同引分析矩阵。

同样,前面提到的页面 i 和页面 j 的引文耦合程度,我们用 B_{ij} 表示,可以按如下公式计算

$$B_{ij} = \sum_{k=1}^{n} L_{ik} L_{jk} = (LL^{\mathrm{T}})_{ij} \qquad (8\text{-}32)$$

这说明了 HITS 中的中心矩阵(LL^{T})就是 Web 范畴中的引文耦合矩阵。

4. HITS 算法的优点和缺点

HITS 的主要优点是它根据搜索内容来为网页评级,这样它就能提供更加相关的权威页和中心页。这种评级方法也可以结合其他基于信息获取的评级方式。然而,HITS 也有几个缺点。

(1) 它没有像 PageRank 那样好的反作弊能力。在自己的网页上添加大量指向权威网页的链接能够很容易影响到 HITS 算法。这能够显著增加网页的中心性分值。因为中心性和权威性是互相关联的,于是这样做也能够影响到权威性分值。

(2) 另外一个问题是话题漂移问题。在扩充根集的过程中,该算法很容易将一些与所搜索话题无关的网页(包括中心页与权威页)加入到基集中去,即那些被根集中的页面所指

向,实际上却和搜索话题无关的页面,或者是指向根集中的页面,但是与话题无关的页面。造成这种情况的原因主要是,人们会出于各种原因添加链接,当然,作弊也是其中的原因之一。

(3) 搜索时计算也是一个主要的不足之处。寻找根集,扩展根集,然后计算特征向量都是非常花时间的操作。

多年来,众多研究者都在尝试解决上面的问题。我们将在下面进行简单介绍。一些研究者提出,对 Web 图的拓扑结构进行微小的改动能够明显改变最终得到的权威和中心向量。微小的扰动对于 PageRank 算法来说几乎没有影响,在这点上它比 HITS 要稳定。这要归功于 PageRank 的随机跳转步骤。Ng 等人提出将一种类似的随机跳转步骤(随机跳转到基集的概率为 d)加入到 HITS 算法中,并证明它能够显著地提高 HITS 的稳定性。Lempel 和 Moran 提出了 SALSA,即 a stochastic algorithm for link structure analysis(链接结构分析的随机算法)。SALSA 结合了 HITS 和 PageRank 算法的某些特征来改进对于中心性和权威性的计算。它将问题投影到两个马尔可夫链上,一个权威性马尔可夫链和一个中心性马尔可夫链。SALSA 对作弊的免疫性要好一些,因为权威性分值和中心性分值之间的耦合比以前宽松。

Bharat 和 Henzinger 提出了一个对付网站之间的偏袒链接关系的方法。所谓偏袒链接就是一个网站上很多网页都指向另一个网站上的单一网页。这种手段增加了第一个网站上网页的中心性和第二个网站上网页的权威性。同样,对中心性也可以采用相同的手段。这些链接可能都是由同一个人建立的,因此它们被称为"偏袒的(Nepotistic)"链接,它们被用来增加目标页的评级。指出了可以为链接增加权重来解决这个问题。也就是说,如果有 k 条边从第一个网站的网页中发出,指向第二个网站上的单一网页,我们就把每个边的权威权重赋为 $1/k$。如果有 L 条边从第一个网页上的单一页指向第二个网站上的一个网页集,我们就将每条边的中心权重设为 $1/L$。这些权重将被用在权威性和中心性的计算中。然而,现在又出现了多个网站之间(大于两个)的更加复杂的作弊手段。

在解决 HITS 的话题漂移问题时,现有的手段主要是基于在根集扩张时对网页内容进行相似性比较。正如这样的描述,如果一个扩展的网页在内容相似性(基于余弦相似性)上和根集合里的网页差别过大,它将被放弃。余下的链接仍然按照相似性赋予权重。曾有人提出,利用链接锚文本(Anchor Text)和搜索话题之间的相似性来度量链接的权重(不像在 HITS 中只是给每个链接权重)。另有人更进一步利用网页的 DOM(Document Object Model)树形结构来找出和话题联系更加紧密的块或者子树,而不是将网页作为一个整体来考察它和搜索内容之间的关系。这种方法对于处理互联网上日渐增加的多话题网页很有帮助。在这个领域的最新成果是基于块的链接分析(Block-based Link Analysis),它将一个 Web 页面分成若干个不同的块,根据每个块在页面中的位置和其他信息,赋予它一个权重。这些权重在 HITS 计算(也包括 PageRank 计算)中被用来度量链接的权重。这将显著减少那些非重要链接对分析结果造成的影响,正是这些非重要链接造成了话题漂移,有些链接的目的甚至是为了作弊。

8.4.5 两种算法的比较

通过理论分析和算法实际运行结果比较,可以得到两种算法的区别。

(1) PageRank 是对 WWW 的整体分析,通过模拟 WWW 上的随机游动对每一个网页计算其 PageRank 值。因此该算法是独立于用户查询的,可以对用户要求产生快速的响应。HITS 算法是对 WWW 的局部分析,是根据特定的查询产生不同的根集,然后计算网页的 Authority 值和 Hub 值。该算法是依赖于用户查询的,实时性差。

(2) HITS 算法存在"主题漂移"的现象,如用户在查询"有机化学"时,由于算法中需要对初次检索结果的根集扩充成基集,最终的检索结果总会包含大量的有关"化学"的站点。因此,HITS 适合于宽主题的查询,而 PageRank 则较好地克服了"主题漂移"的现象。

(3) 实际应用中,由 S 生成 T 的时间开销是很昂贵的,需要下载和分析 S 中每个网页的所有链接,并且排出重复的链接。一般 T 比 S 大很多,由 T 生成有向图也很费时,需要分别计算网页的 A/H 值,计算量 HITS 比 PageRank 算法大。

因而可以看出,PageRank 算法比 HITS 算法有一定的优势,也成为商业应用中最成功的一种算法。虽然 PageRank 算法已经成功地用于 Google 搜索引擎中,但是有一个问题仍然存在,那就是网页中的每个链接的重要性并非都是一样的,PageRank 算法并没有进行区分。

8.4.6　Web 结构挖掘应用

Web 结构挖掘主要应用于 WWW 上的信息检索领域,如前面所介绍的集中算法都是利用网页间超链接信息对搜索引擎的检索结果进行相关度排序,另外,在信息检索领域的应用还包括寻找个人主页和相似性网页等。

除此之外,Web 结构分析可以提高搜索蜘蛛在网上爬行的效率,其搜索策略是沿着超链接优先爬行具有最高 PageRank 值的网页,从而使其以最短的路径,最少的时间发现最多最新的文档信息。

Web 主机的镜像似的搜索引擎为镜像网页建立了大量重复的索引,不仅造成了存储空间的浪费,而且直接导致了检索结果的重复。由于近似镜像 Web 页的主机在链接结构上非常近似,因此 Bharat 等通过将 IP 地址分析、URL 模式分析和链接结构分析相结合的方法,可以检测大量的近似镜像 Web 页。近似镜像检测算法已经被成功地应用于消除"搜索引擎"系统的重复网页,成为提高搜索引擎服务质量的关键技术之一。

另外,Web 结构挖掘还可以对 Web 页进行分类,预测用户的链接使用及链接属性的可视化,对各个企业搜索引擎索引的 Web 页数量进行统计分析等。最后再介绍一些关于 Web 站点的超链结构信息的应用。

(1) 超链结构可以用于指导 Robot 的站点信息收集工作。Robot 是 WWW 搜索引擎收集文档索引信息的主要手段,它可以沿超链自动地浏览 Web 站点。根据前面的讨论,为了以最小的代价发现最多的文档,Robot 应该沿着正向超链浏览 Web 站点。

(2) 超链结构可以用于帮助站点识别站点内部的各个独立的信息(子)系统。大家知道,一个 Web 站点可以理解为一个由许多相对独立的(子)系统嵌套而成的信息系统,这些信息(子)系统的原始结构可以呈现出一种层次性,但是由于一个文档中可以包含指向任意已知文档的超链,而一个 Web 站点的资源通常是十分模糊的。正向超链体现了文档之间的层次结构关系,如果已知一个信息(子)系统的入口,那么就可以把(子)系统的范围理解为从入口沿正向超链可达的站点文档集。

(3)超链结构可以用于改善搜索引擎的查询质量,一般而言,搜索引擎的查询结果通常是比较庞大的,许多内容是与查询条件无关的信息。为了方便用户的理解和利用,查询结果的排列次序是十分重要的。根据前面的讨论,Web站点内的文档位于不同的层次上,层次越高的文档通常越重要。因此除了其他因素,如相关程度等,文档的层次也是查询结果排序的一个重要依据。在其他条件相同或相似的情况下,文档的层次越高,它的次序就应该越靠前。

8.5 Web 使用挖掘

Web使用挖掘一般有4个过程:数据预处理(Data Preprocessing)、模式发现(Pattern Discovery)、模式分析(Pattern Analysis)及模式应用(Pattern Application)。

8.5.1 Web 使用挖掘数据预处理

Web使用挖掘首先要对挖掘数据进行预处理,其目标是将包含在多种数据源中的信息转化为合适的数据挖掘和模式发现所必需的数据抽象概念,然后在事物数据库上实施挖掘算法,以期最终获得有价值的规律。预处理主要对用户访问日志进行数据清洗(Data Cleaning)、用户唯一性识别(User Identification)、用户会话识别(Identify User Session)、路径补充(Path Completion)和事务识别(Transaction Identification)等处理。

1. 数据源收集

Web用户访问数据可以从三方面收集:服务器端(Server)、客户端(Client)和代理端(Proxy),主要是服务器端的数据。网站服务器中一般有三种类型的日志文件用来记录用户的访问行为:Access Log、Refer Log 及 Agent Log,有的系统还记录有 Cookie Log,除此之外还有用户提交的查询信息、注册信息和站点的结构信息等。

(1)Access Log。访问日志文件,详细记录了每个用户的访问行为,是Web使用挖掘的主要数据源。

(2)Refer Log。记录了用户请求页面信息的情况,用户什么时间访问以及访问路径的形式,Refer Log可用于用户识别、路径补充等。

(3)Cookie Log。由Web Server产生的标记号,并由客户端持有,用于识别用户和用户会话。虽然通过用户的标记号,易于识别用户,但是由于HTTP的无序性和用户的隐私问题,跟踪用户依然不是一件易事。另外,使用Cookie Log要经用户同意。

这些数据大致可分为以下几类。

(1)内容数据。用户在网页上看到和使用的真实数据,主要是文本和图像。

(2)结构数据。描述网页内容如何组织的数据。页内的结构可用HTML、XML表示为树形结构,HTML标志称为树的根;页间结构可用链接不同网页的超链接来表示。

(3)使用数据。描述网页使用模式的数据,如IP地址、URL、网页引用、访问时间和日期等,表示了用户的行为模式。典型的使用数据来自服务器日志。

(4)用户资料(Profile)。有关Web站点用户的统计信息,包括用户注册信息和个人资料,如用户名、学历、职务、年龄、收入、个人爱好等。

2. 使用数据预处理

具体过程包括数据清理、用户识别、会话识别、路径补充(完善)和事务识别等。

(1) 实际系统中的数据一般都具有不完全性、冗余性和模糊性,要使挖掘内核更有效地挖掘出知识,就必须为它提供干净、准确、简洁的数据。数据清洗就是删除与事务数据库无关的数据,或者说删除 Web 服务器日志中与挖掘算法无关的数据。主要删除以下三类内容。

① 图片、框架等非用户请求逻辑单位。用户请求的是一个整体页面,而服务器记录的是下传到客户端的一个个文件流。因此需要结合网站结构图来过滤和抽取浏览页面。

② Web Robot 的浏览日志记录。因为 Web Robot 对网站的浏览不带任何感情色彩,许多 Web Robot 的代理值与通常的浏览器不一样,可通过检查日志代理清除这些记录,还可以通过对网站的定时重复请求来标注出 Web Robot。

③ 噪声和错误信息。虽然这些信息中可能包含着某些有用信息(如测定网站内容的完整性、链接的正确性等),但对浏览模式发现来说输入的信息必须是正确的。

(2) 识别用户遵循以下三条启发式原则。

① 如果用户的 IP 地址不同则认为是不同的用户。

② 如果 IP 地址相同但浏览器软件或操作系统不同,则认为是不同的用户。

③ 通过 Refer Log 和站点的拓扑结构图构建每个用户的访问路径,如果请求的页面和以前访问的所有页面不存在直接的超链接关系,则认为具有相同 IP 地址的用户是不同的用户。表 8-2 对识别用户的方法进行了归纳,并评价了其优缺点。

表 8-2 识别用户的方法

方法	描述	隐私涉及程度	优点	缺点
IP 地址和代理(Agent)	假定每一个 IP/代理地址对应一个用户	低	不需要特殊附加的技术,非常容易实施	不能保证用户与 IP 和代理一一对应
嵌入 SessionID	使用动态方法产生 ID 号,并嵌入用户访问请求中	较低	容易实行,与 IP 无关	没有考虑短时间内用户重复访问的情形,只有在动态网站下适用
注册	用户要注册并登录	中	可以精确跟踪一个用户的访问情况	用户不一定愿意注册,且每次访问都登录。另外,几个人可以用一个用户注册
Cookie 日志	要在客户端写入标志	较高	可以跟踪重复访问	用户如果打不开 Cookie 选项就无法收集信息
代理软件	在客户端浏览器上装一个特殊的程序,向服务器送回浏览的信息	高	可以得到对一个网站的精确访问情况	涉及用户隐私程度高,易引起用户的反感,且容易被黑客利用
修改浏览器	由浏览器记录用户访问的数据	非常高	可以获得用户对互联网的整体访问情况	需要用户愿意合作

(3) 会话识别。会话是指同一用户连续请求的页面,不同用户访问的页面属于不同的会话。用户识别出来之后,就要把每一个用户在一段时间内的点击流(所有的请求页面)分解为单个会话。最简单的方法就是利用时间戳(Timeout),如果用户访问的时间差超过Timeout则认为用户开始了一个新的会话。通常默认的时间阈值为30min,但Pitktow的实验证明,比较合理的时间阈值是25.5min。如果要在每个URL中嵌入会话标识,就需要由内容服务器来设定和划分会话。用户识别和会话识别都要受到本地浏览器缓存、代理服务器和防火墙等影响。

(4) 路径补充。由于客户存在客户端缓存,当用户使用浏览器的后退功能时会产生路径信息不完整的描述。解决这一类问题的方法类似于用户识别,如果一个页面请求信息与该用户上次请求的页面没有直接的链接关系,可以查看参考日志文件来决定这个页面来自于哪个页面的链接。

总体思路是判断两个相邻的页面之间是否存在参引关系,所谓参引关系就是指从一个页面上的链接可以访问到另一个页面。若没有参引关系,就需要推断。假定相邻页面中间,后一个页面为当前页面,这里就有两种可能性:①需要推理的页面在该用户访问会话期间以前面页面为参引页面的页面集中间;②需要推理的页面在前面页面的参引页面中间。因此,问题就转换为在以前面页面为参引页面的页面集与后一个页面的参引页面集之间的交集,或者前面页面的参引页面集和后一个页面的参引页面集中间寻找服务器日志中没有记载的用户访问页面,通过这种方法就可以补上用户从客户端缓存中访问的页面。

(5) 事务识别。其建立在对用户会话识别的基础上,目的是依据数据挖掘任务的需要将事务做分割或合并处理,使其适合于数据挖掘需求的分析,因此事务识别的方法主要有分割和合并两种。在Web日志挖掘中,用户会话是唯一具备自然事物特征的对象,但是它对于挖掘关联规则等方法来说粒度太粗,需要利用分割算法将其转化为更小的事务。

① 最大向前参引模型(Maximal Forward Reference Mode)。基于假设:用户访问过程中只有改变访问主题时,才会访问前面访问过的页面以跳转到另外的页面。所谓的向前,指的是某页面不在目前的访问服务器会话期间页面集里。向后指的是某页面已在目前的访问服务器会话期间集里。

② 引用长度(Reference Length)是用户浏览页面的时间,在不考虑网络延迟的情况下可以认为是当前页面请求和其下一次请求之间的时间间隔。引用长度事务识别算法是假设用户花在一个页面上的时间与该页面对用户是导航页还是内容页有关。假设已知日志中导航页面的百分比,通过计算可求出导航页和内容页的分界,然后对每一用户会话中的页面引用进行分类,得到用户会话中的内容页,也就得到了该用户会话所对应的事务。在高速的网络中,网络延迟较小,该算法可以得到较准确的结果,但是WWW的主要载体Internet的网络延迟时长普遍较大。

Web日志挖掘经过数据预处理和事务识别两个阶段后,生成事务数据库。事务数据库中包含用户的浏览路径,也就是最大向前引用路径。挖掘算法实施阶段(即模式发现)就是对事务识别阶段的结果实时挖掘算法产生规则和模式。

3. 内容与处理

内容预处理包含文件、图像、脚本以及其他文件(如多媒体)等转换为Web使用挖掘处理所需要的数据格式。这种处理常常包含诸如分类、聚类的内容挖掘。在Web使用挖掘中,网页视图可以用于过滤会话(Session),网站内容可以用于过滤模式发现得到输入或输出。例如,分类算法可以用来限制模式发现中只输出与某一主题或某类产品有关的网页视图。另外,基于主题可对网页视图进行分类聚类,也可根据网页视图的使用对其进行分类。网页视图可通过文本、图形、多媒体转化为信息,在网页视图上进行内容挖掘,这些信息须首先转换为特定的格式。静态网页的内容通过对 HTML、预定义格式数据的语义分析或用个性化技术的内容服务器或用数据库构造网页视图的技术有可能产生预处理程序没有能力处理的大量的网页视图。某一给定的服务器会话即可能只存在了大型动态网站中的一小部分网页视图。在用户浏览网页的同时,网页的内容可能正在不断地、有序地、有规律地变化。每个请求,或者把脚本、模板和数据库存取结合起来。如果只能预处理被存取的那部分视图,分类、聚类算法的结果可能有偏差。

4. 结构预处理

网站结构是由网页视图、网页框架、图像目标之间超文本链接生成的,以增加更详细的网页视图,站点结构可以用于识别潜在的有趣规则。有少数的使用预处理步骤不能用这种网页结构完成,网站结构可以用与网站内容相同的方法来获取和进行预处理。动态链接会比静态网页视图带来更多的问题,不同服务器会话也许会生成不同的网站结构。

8.5.2 Web 使用挖掘模式发现

模式发现阶段就是利用挖掘算法挖掘出有效的、新颖的、潜在的、有用的及最终可以理解的信息和知识。可用于 Web 使用挖掘的技术有统计分析、路径分析、关联规则、序列模式、分类、聚类以及依赖性建模等。

1. 统计分析法

统计分析方法是抽取有关网站访问者的知识的最常用的方法。通过分析会话文件或事物数据库,可对诸如网页视图、浏览时间、导航路径长度等做出不同种类的描述性统计分析。很多 Web Traffic 分析工具还提供定期的报告,其中包含最大频繁访问页面、平均浏览时间、通过站点的路径的平均长度等统计信息。此类报告还能提供有限的低层次的错误分析,比如检测未授权入口点、找出最常见不变的 URL 等。尽管这种分析缺乏深度,但是这类知识有助于改进系统性能、便于站点修改并能提供营销决策支持。

2. 路径分析法

一个 Web 站点拓扑结构就是一幅有向图,该图代表了定义在网站上的页面之间的联系,客户在一段时间内的访问模式为其子图。具有相似访问子图的客户为需求相似的客户,此即客户群体聚类。客户访问频繁的有向边则为频繁路径。使用路径分析技术进行 Web 使用挖掘,最常见的就是图,图的直接来源是网站结构图。站点页面定义为图的结点,页面之间的超级链接定义为图中的边。其他各式各样的图都是建立在页面和页面之间的联系或一定数量的用户浏览页面顺序基础之上的。基于 Web 使用挖掘的数据挖掘,就是要从图中确定最频繁的路径访问模式或大参引访问序列。路径分析可以用来确定网站上最频繁的访问路径,从而调整站点的结构。

路径分析中非常重要的一种方法"Footprints"的思想是:访问者在访问一个 Web 站点时,会留下"足迹",经过一段时间,最频繁访问的区域会形成路径,于是新的访问者会依据这些路径进行访问。"足迹"被自动地留下,并且访问者不需要提供自己的任何信息。蚁群算法可以看作路径分析的重要方法,蚁群优化(Ant Colony Optimization,ACO)是一种仿生算法,最早由 Dorigo、Maniezzo 等提出。Cheng-Fa Tasi 等将 ACO 应用于数据挖掘,提出了基于不同偏好的 ACO 聚类方法。Ajith Abraham 提出一个蚁群聚类算法来发现 Web 使用模式,并与线性的基因方法结合使用。

3. 关联规则

关联规则主要关注事务内的关系,它通过量化的数字,描述事务 A 的出现对事务 B 的出现有多大的影响。在 Web 使用挖掘中,关联规则挖掘就是挖掘出用户在一个访问期间(Session)从服务器上访问的页面/文件之间的关系,找出在某次服务器会话中最经常一起出现的相关页面。挖掘发现的关联规则往往是指支持度超过预设阈值的一组访问网页,这些网页之间可能并不存在直接的引用(Reference)关系。例如,用 Apriori 算法发现关联规则有可能发现访问包含电子产品的网页的用户和访问有关体育用品的网页的用户之间存在一定的联系。Apriori 算法是挖掘关联规则的常用技术,可从事务数据库中挖掘最大频繁访问项集,该项集就是关联规则挖掘出来的用户访问模式。除了商业和市场营销方面的应用之外,这类规则存在与否还有助于网站设计者重新组织和设计 Web 站点的结构。由于一般网站的用户访问序列数据库数据量都很大,目前的关联规则挖掘技术都是致力于降低搜索空间。

4. 序列模块

Web 使用挖掘中,Web 序列模式种类较多,其中比较重要的是访问路径模式。时序模式主要关注事务之间的关系,就是在时间戳有序的事务集中,找到那些"一些项跟随另一些项"的内部事务模式。序列模式挖掘就是挖掘出交易集之间有时间序列关系的模式,在 Web Log 是以一段时间为单位记载的。经过数据精简和事件交易确认以后是一个间断的时间序列。这些序列所反映的用户行为有助于商家印证其产品所处的生命周期阶段,根据关心其产品的访问者的浏览模式决定广告的放置,针对特定用户群制作广告,增加广告的针对性。

利用对 Web 日志进行序列模式挖掘所获得的知识,有助于网站管理人员:①改善网站的组织;②根据具有相同浏览模式的访问者所访问的内容来裁减用户与 Web 信息空间的交互,减少用户过滤信息的负担;③预测未来的访问模式,了解 Web 正在发生的变化,改进市场策略。相关序列模式的存取分析,可对服务器的缓存、预取和交换参数进行调整。另外,挖掘出来的一些暂时性的序列模式,可以分析企业战略实施或网站产品的促销效果。其他类型的空间序列模式分析可用于诸如趋势分析、转折点检测和相关性分析等序列模式的发现。

5. 分类

分类技术可以从个人信息或共同访问模式中得出访问某一服务器文件的用户特征。分类技术主要是根据用户群的特征挖掘用户群的访问特征(某些共同的特性),这些特征可用于把数据项映射到预先定义好的类中去,即对新添加到数据库里的数据进行分类。在 Web 数据挖掘中,分类技术可以根据访问这些用户而得到的个人信息或共同访问模式得出某一服务器的用户特征。另外,通过用户注册表和在线调查表也可以得到用户的一些特征。但根据用户注册信息对用户进行分类,需要抽取和选择出最好的描述类别属性特征的特征。分类方法有很多种,常使用有监督的归纳学习算法,如决策树、贝叶斯分类法、k-邻近分析法等。

6. 聚类

聚类技术是对符合某一访问规律特征的用户进行用户特征挖掘。聚类分析可以从Web访问信息数据中聚类出具有相似特征的那些用户,可实现自动给一个特定的顾客聚类发送销售邮件,为一个顾客聚类动态地改变一个特殊的站点等。在Web使用挖掘中,存在两种类型的聚类:使用聚类(用户聚类)和网页聚类。用户聚类主要是把所有用户划分为若干组,具有相似特性(或浏览模式)的用户分在一组。这类知识对电子商务和用户提供个性化的服务特别有用。网页聚类可以找出具有相关内容的网页组。这对网上搜索引擎及提供上网帮助的应用特别有用。上述两类应用都能根据用户的询问或过去所需信息的历史生成静态或动态HTML,从而向用户推荐相关的超链接。

7. 依赖性

依赖性建模是Web挖掘中另一种十分有用的模式发现方法。其目标是开发出一种能表达Web领域中各种变量之间的显著依赖性的模型。例如,在网上商店中,一个用户从访问的常客到潜在的购买者的行为选择过程,也许会经历几个不同的阶段。构造一种模型来表达这种过程是很有用的。有好几种概率学习方法可以用来为用户的浏览行为建模,比如:隐马尔可夫模型(Hidden Markov Models)、贝叶斯信念网络(Bayesian Belief NetWorks)模型等。Web使用模式的建模不仅能为用户行为提供理论框架,还具有预测Web资源消耗的潜力。这类信息对设计增加网上产品销售策略以及改进用户导航的便利性都很有用。

8.5.3 Web使用挖掘模式分析

挖掘出来的用户行为模式(集合),需要合适的工具和技术对其进行分析、解释和可视化,从中筛选出有趣(有用)的模式,使之成为人们可以理解的知识,否则挖掘出来的模式将得不到很好的应用。对于大量挖掘出来的模式,也需要一种技术使用户可以方便地查询其想要的模式,从而使解释和分析更具有针对性。实现这个功能也就是要实现在已经挖掘出来的知识上进行查询,精确的分析方法通常是由Web挖掘的具体应用来控制的。

最常见的模式分析方法有两种,一种是如SQL那样的知识查询机制,采用SQL查询语句进行分析,如Web Miner系统,就是一种类似于SQL的查询机制。另一种方法是将Web使用数据装入数据仓库,以便执行联机分析处理并提供可视化的输出结构。诸如图形化模式或为不同的值赋予不同颜色的可视化技术,可以使得数据中的总体模式或趋势变得很突出。比较典型的模式分析工具有Pitkow等开发的WebViz系统,可对挖掘的访问模式进行可视化。该系统可以过滤无关的Web网页,使人们只分析有意义的部分,最终形成一个有向无环图(可视化的结果)。图中结点是页面,其边是页面之间的超级链接。可视化技术可以有效地帮助人们理解不同现象。另外,内容、结构信息也可以用来滤除特定的模式,比如包含特定使用数据类、内容类或包含特定超链结构的网页。模式分析有很多种方法,其中最主要的是可视化技术、OLAP和数据查询。

8.5.4 Web使用挖掘模式应用

Web使用挖掘的作用是根据挖掘应用的不同,可以将Web挖掘分为两种主要倾向:一般访问模式跟踪和定制使用跟踪。Web使用挖掘的用户模式主要应用在以下几个方面。

1. 个性化服务与定制

对客户的个性化服务与定制目前主要有以下三个方面。

(1) 个性化网站。强调信息个性化,亦即识别、建立、调整客户的喜好,使客户能以自己的方式来访问。人们越来越希望网页的内容能够从原来的以"网站"为中心转变成以"用户"为中心,尽可能地自动调整以迎合每个用户的浏览兴趣。个性化网站建设在现在研究和作为目的的应用中都是一个具有挑战性的领域。

(2) 个性化广告。当打开一个网站时,就会弹出不需要的广告,这使消费者心烦意乱,而且浪费他们宝贵的时间和精力。个性化广告就不同,它针对用户需要提供广告,使用户减少搜索的时间,得到想要的东西。有针对性地提供个性化广告条,对那些要通过WWW发送广告的企业,提供个性化的广告服务要比泛泛的、随意的广告有价值得多。

(3) 在线推荐(Online Recommendation)产品或网页。是根据网络访问者的偏好和导航行为个性化营销。把活动用户的短期访问历史与前面挖掘的模式进行匹配,为活动用户预测下一步最有可能访问的页面,并根据得分对页面进行排序后,附在现行用户请求访问页面后推荐给用户。

2. 商务智能

Web使用挖掘对大量用户使用记录的分析,能够为服务商分析用户行为提供商业智能,使服务商更方便地实施客户关系管理。Web使用挖掘对商务智能的研究主要有以下几个方面。

(1) 分析潜在的目标市场,优化电子商务网站的经营模型。根据客户的历史资料不仅可以预测需求趋势,还可以评估需求倾向,有助于提高企业的竞争力。

(2) 聚类客户。在电子商务中客户聚类是一个重要的方面。通过分组具有相似浏览行为的客户,并分析组中客户的共同特征,可以帮助电子商务的组织者更好地了解自己的客户,向客户提供更适合、面向客户的服务。销售商根据分析出来的聚类信息及时调整页面及页面内容,使商务活动能够在一定程度上满足客户的要求,使商务活动对客户和销售商来说都更有意义。

(3) 确定消费者消费的生命周期,针对不同的产品定制相应的营销策略。

(4) 了解客户,针对不同客户提供"量身定做"的产品。电子销售商可以获取消费者的个人爱好,更加充分地了解客户的需要,给每一位消费者的独特需要提供个性化的产品,有利于提高消费者的满意度,使消费者成为长久的客户。

(5) 延长客户的驻留时间。对客户来说,传统客户与销售商之间的空间距离在电子商务中已经不存在了,Internet上每一个销售商对于客户来说都是一样的。通过对客户访问信息的挖掘,就能知道客户的浏览行为,从而了解客户的兴趣及需求。在Internet上的电子商务中的一个典型序列,恰好就代表了一个消费者以页面形式在站点的导航行为,所以可运用数据挖掘中的序列模式来发现技术。

(6) 发现潜在用户。对一个电子商务网站来说，了解、关注在册客户全体非常重要，但从众多的访问者中发现潜在客户群体也同样非常关键。如果发现某些客户为潜在客户群体，就可以对这类客户实施一定策略，使他们尽快成为在册客户群体。对一个电子商务网站来说，也许就意味着订单数的增多、效益的增加。

3. 改善站点性能

对 Web 站点的链接结构的优化可从两个方面来考虑：①通过对 Web Log 的挖掘，发现用户访问页面的相关性，从而对密切联系的网页之间增加链接，方便用户使用；②通过对 Web Log 的挖掘，发现用户的期望位置。如果在期望位置的访问频率高于对实际位置的访问频率，可以考虑在期望位置和实际位置之间建立导航链接，从而实现对 Web 站点的优化。可以找到用户返回点，这个位置可能是期望位置，也可能是目标页面，可以通过确定时间阈值来解决这个问题。当用户在返回点停留的时间较长，超过指定的阈值时，则认为该页面是目标页面；否则可以认为该页面是期望位置。

Mike Perkowitz 和 Oren Etzioni 最早对自适应网站进行了研究，另外，Ihor Kuz、Wen-Syan Li 等对自适应网站进行了一定的研究。自适应 Web 站点是指 Web 服务器能通过学习用户的访问模式，自动地改进 Web 站点信息的组织（Organization）与显示（Presentation）。不同职业的人群，访问同一站点的目的是不一样的，但相同职业的人，往往具有共性。在间接 URL 聚类中，先对用户的访问行为聚类，由此获得相应的 URL 类。可以看出，每类 URL 代表了某类职业人员访问站点的共同目的，因而可以把每一类 URL 集中放在新的 Web 页面中，由站点管理者分析新 Web 页面的特点，赋予相关的标题，不同职业的人群可以只访问与自己有关的主题页面。

另外，利用 Web 使用挖掘提高搜索引擎的性能是 Web 使用挖掘比较重要的研究领域。如 Dell Zhang 等对利用 Web 使用挖掘提高搜索引擎的性能进行了研究。

小结

Web 挖掘起因于 Internet 的迅速发展和广泛应用，使得 Web 的信息量以惊人的速度增加，产生一系列的问题：难以准确获得所需要的信息，难以获得信息之间潜在的知识，个性化的信息服务的欠缺等。为了解决这些问题，人们把传统的数据挖掘技术和 Web 结合起来，从而产生了 Web 挖掘。利用网络提供优质的产品及优良的服务是今天电子商务发展的核心与重点。如何在电子商务活动中通过技术手段来与顾客沟通，了解其消费偏好、习惯以及潜在的消费意识，进而设计出满足不同客户群体的个性化网站，以完成对每一个客户的优质个性化服务，这些已成为电子商务活动中迫切需要解决的问题。利用 Web 数据挖掘技术就可以有效解决以上问题。

习题

1. 简述 Web 数据挖掘的概念。
2. 简述 Web 数据挖掘面临的主要问题及 Web 挖掘的流程。

3. 简述 Web 内容挖掘、结构挖掘和使用挖掘。
4. 简述 Web 使用挖掘的流程及数据预处理的注意事项。
5. 有哪些方法可以用于 Web 使用挖掘模式发现?
6. 简述 Web 使用挖掘模式分析及其具体应用。
7. 简述 Web 结构挖掘,如何处理超链接和页面内容的关系?
8. 了解 PageRank 算法和 HITS 算法,并做对比。
9. Web 结构挖掘有哪些典型应用?
10. 简述 Web 内容挖掘及其流程。

第9章

数据挖掘在电子商务中的应用

随着Internet技术的不断发展与成熟,电子商务这一现代商业模式以其高效率、低成本和不受时空限制的特点成为企业商务活动发展的大趋势。电子商务的迅速发展导致诸多问题也随之出现。如今所有企业面临的一个共同问题就是尽管电子商务系统收集了大量的数据,然而真正有价值的信息却非常少。如何对这些信息进行有效的组织与利用,从海量数据中获得有利于商业运作、提高竞争力的信息是企业亟待解决的焦点问题。

数据挖掘技术的出现为电子商务活动系统提供了数据分析强大的技术支持。数据挖掘是面向应用的,也只有将数据挖掘技术应用于大量的、复杂的数据中,对数据挖掘技术研究的价值才能得到最佳体现。电子商务的发展使得越来越多的企业开始网上交易,电子商务网站的服务器日志、后台数据库中客户相关的数据以及大量的交易记录等数据资源中所蕴含的大量的有益信息有待于充分的挖掘和利用,无疑电子商务是数据挖掘应用的最佳对象。下面将举例说明数据挖掘在几个电子商务领域的应用。

9.1 网站结构优化

在网站结构优化领域,国内外的学者做出了不少努力。1997年,Mike Perkowitz和Oren Etzioni提出了自适应网站(Adaptive Web Sites)的概念,即网站通过对用户访问模式的学习,自动地改变其组织结构和展示内容。文献同时提出了PageGather算法,从服务器日志(也称访问日志或Web日志)中提取用户访问信息并构造关联图,通过页面的聚类生成反映用户感兴趣的索引页面,并以此来提高用户浏览体验。但该算法生成聚类后,需要管理员手动选取,只有选中的聚类才会成为索引页面候选集。此外,两个页面间的相似性仅限于是否有链接相连,没有考虑页面内容,也可能会破坏网站固有结构。

2001年,香港大学的Yen等人将网页可达性和知名度用于网页链接,用无权有向图来描述网站，通过对网页进行分层，结合网页期望链接数和访问率，对网站结构做出调整。文献简单地用网页的期望链接数来表示可达性，用访问率来表示知名度，并认为可达性和访问率应该成正比。然而从现实来讲，网页的知名度并不单纯体现在访问率上，还有访问用户数等其他因素。若考虑极端情况，某用户频繁单击某网页，则会使该网页的知名度迅速上升，从而导致网站结构出现错误调整。

2007年，Hamed Qahri Saremi等人利用图论定义网站模型，将二次分配问题（Quadratic Assignment Problem）扩展应用到网站链接结构分析中。文献采用启发式蚁群算法求解二次分配问题，旨在对网页进行定位分配，从而为用户提供导航服务，提高网站可用性。在定义网页间距离的时候，主要考虑了访问次数、连通度和页面深度，这在一定程度上严重依赖现有网站结构，且同样没有考虑页面内容的相关性。

2008年，黄艳欢等人提出了基于协作反馈的蚁群算法，并使用该算法对网页进行关联性分析，同时根据用户访问日志做出系统推荐。文献针对传统蚁群算法中蚂蚁间相互信息交换的不足，提出适合网站结构优化的改进，加强了蚂蚁之间的协作性和反馈性。文献提出的方法是一种协同过滤机制的变体，因此存在协同过滤本身固有的不足，比如在冷启动问题上的疲软；另一方面，文献未考虑页面之间的相互作用，单纯从用户的角度出发，忽略了网站结构的自身特征。

2009年，王洪伟等人提出将Web挖掘与站点拓扑结构相结合的方式，利用结点连通度、结点深度、结点偏好度以及地标系数等指标筛选出网站中的重要结点，并采用高亮显示、动态地图和缓冲预取的策略为用户提供自适应服务。然而，文献中的多个参数需要手动设置，使得主观因素对结果的影响较大。同时，选取访问路径长度及结点的减少率作为评价指标并不能很好地体现该方法的实际效果。

2009年，程舒通等人将网站结构优化模型归纳为4个部分，分别是数据的采集、预处理、模式的发现和分析。文献论述了这4个部分所涉及的主要算法和相关技术，并对该领域未来的发展方向做了展望。

2010年，Shian-Hua Lin等人将网页HTML文件按照内容、超链接等分割到不同的块，通过对块聚类，得到一系列具有内容、链接相关性的网页集合，再对这些集合进行分级，最终形成网站地图生成器。文献在网站地图生成方面，形成了一套完善的方案，但由于没有将用户的访问行为考虑在内，无法从用户角度吸收知识和经验，导致生成的网站地图难免有失偏颇。

2012年，M. R Martinez-Tores等人提出了一种基于渐进式因子分析估算的网站结构挖掘方法。该方法将网站结构分解成域网（Domain Net）和页面网（Page Net）两个连通图，并将其作为社交网络，通过分析该网络中的多个因子，采用渐进式遗传算法，挖掘出最佳站点结构。该方法虽然考虑了页面内容和链接两方面，但相关因子数太多，且选取过程较为烦琐，在计算上复杂度较高。

2013年，中国台湾的Peng-Yeng等人通过改进禁忌搜索（Tabu Search）算法增加自适应禁忌列表，提出了ETS(Enhanced Tabu Search)算法，用来解决多约束条件下的网站结构优化问题，并在商业实践中予以应用。文献将连通度、出度、基本链接、页面聚类、账户安全、站点深度等多个条件作为约束，对页面的访问进行分析，利用ETS算法搜寻最佳路径。然而ETS算法对网站的规模有比较严格的限制，一旦网站规模较大，页面数量增加，会导致算法的运行时间急剧上升,因此并不适合大型网站。

除此之外,Corinl、Lempel 和 Rafiei 等人提出了基于马尔可夫链的站点链接或网页知名度分析方法;王有为等人利用改进的 PrefixSpan 算法来寻找访问序列中的频繁模式,从而生成推荐网页集合;Asllani 和杜华等人通过分析总结多约束条件,利用遗传算法对网站结构进行优化,降低网页平均负载。

目前在网站结构优化领域,研究人员基本上都是从 Web 日志中获取数据,通过对 Web 日志进行数据挖掘,从而对页面或访问序列进行分析。

一方面,人们对页面的关注度要高于访问序列;另一方面,在对页面进行分析时,除了 Lin 等人以外,人们更多地关注其链接所带来的关联关系,很少考虑页面内容之间的相关性,这在一定程度上削弱了分析结果的可靠性。当然,也有学者将网站结构优化分为两类:①基于用户行为评估站点结构存在的问题;②基于站点模型的方法,而不考虑用户行为的影响。

网站结构优化能够提高用户的使用体验,增加网站流量进而创造经济价值。随着互联网逐步深入国民经济的各个领域,网站类型及数量不断增多,该技术的应用场景将越来越多。

9.2 智能搜索引擎

搜索引擎由信息抽取系统和用户界面组成。在信息抽取系统中,由网络机器人获取互联网页面,经文本分析处理(通常为提取索引项、自动摘要、自动文档分类等)后建立索引库;系统利用文档相似性算法来完成相关文档的查找。搜索引擎通过用户界面接收用户的查询要求,按照特定的算法在事先建立的索引库中查找出满足用户要求的数据集合,经排序后返回给用户搜索结果,通常包含所查找出的文章的标题、简介(可以是摘要、文档开头部分的文字、出现所查关键字的句子等)、文档创建日期、文档所在网站的链接等信息。

按照习惯上的分类方法,搜索引擎可以分为索引搜索和网站目录搜索两种。前者为互联网页面建立索引以进行搜索,如 Google;后者提供网站的主题分类目录进行搜索,如 Yahoo 提供了 14 个主题类别。目前大多数引擎实现了两者的结合,既可以进行网页级的搜索,也可以按照某一类别进行搜索。同时,也出现了多种新的搜索服务,比如产品搜索、新闻搜索、多媒体信息搜索等。下面分别介绍一下搜索引擎的相关技术。

9.2.1 网络机器人

网络机器人(通常也称为网络蜘蛛、爬行者等)可以用在针对互联网的数据统计、数据搜索、链接维护等方面。搜索引擎中的网络机器人主要完成两个功能,即分析、获取互联网的链接和读取各链接所对应的网页内容。

网络机器人为完成任务必须具备一定的智能,可以概括为以下几方面。

(1) 提取网页中的有效链接,剔除广告等无意义链接,处理文档中链接的书写错误;

(2) 判断某一页面所含链接的重要性;

(3) 对无效的死链接、黑洞式链接等具有分析处理能力;

(4) 识别访问过的链接;

(5) 具有链接内容发生变化时,迅速、及时的更新机制;

(6) 控制向服务器目标发送请求的频率或速度。

当网络机器人被用于特定领域的信息搜索时,应能够对文档的相关性进行判断,滤去不适宜的文档,降低索引的混乱程度,使搜寻结果更加纯净。

当网络机器人被用于特定范围(比如某一网站)信息搜索时,还应能够滤去超出范围的链接。

上面所列举的这些要求中,最为突出的是信息的更新。互联网站点和页面数量的激增给索引库的及时更新带来了极大的困难,搜索引擎能够查询的网页数量占互联网的全部网页数量的比例正逐渐减小。所以,建立一种有效的内容更新机制和变化控制机制是一个极其现实而又重大的问题。另一个不容忽视的事实是网络机器人非常消耗服务器的资源,同时占用可观的带宽,所以在运行中需要加以控制和监视。随着互联网服务器性能的提高和带宽的增加,这个矛盾有所缓解。但无论如何,设计高智能的、对服务器影响小的网络机器人仍是开发人员需要解决的一个技术难题。

关于网络机器人的搜索算法设计,最基本的宽度优先算法能够较好地解决搜索面的问题,但往往会在一处停留过久;深度优先算法更便于发现新的站点,但信息面的增长相对要慢一些。两种方法各有其优缺点,需要根据具体情况进行权衡和折中。一个好的算法需要经得起长时间的实践检验。

9.2.2 文本分析

互联网上存在着多种格式的文档,包括文本、图像、音频、视频。人们使用搜索引擎时基本上都是进行文本搜索。一些搜索引擎提供多媒体文件(例如图像、MP3 等)的搜索,但这些搜索还是依赖于超文本文件中的标记和文本信息进行处理。对于视频文件的基本内容的搜索技术已经有了一些积累,但距离在互联网上的实际应用还有很大的差距。所以当前在网络数据挖掘领域所进行的研究主要集中在文本分析上。

文本分析所研究的内容包括提取索引项、自动摘要、自动分类器、文本聚类等。文本分析所依据的主要是文本中所包含的词汇、超文本标记和超链接。

索引项是数据搜索时的主要依据,也是计算机能够进行搜索的必要条件。通常用网页中出现的词汇作为索引项,根据文档所包含的概念来确定索引项是另外一种更复杂的技术。对于中文来说词汇切分是一个关系到查询效率和准确率的重要因素。很多搜索引擎实现了对网页的全文检索,即索引了文本中的所有词汇,所以索引的更新和检索速度是一个很难解决的问题。设计良好的数据结构会极大地有利于索引的更新、快速执行搜索以及节省存储空间。

文本的分类和聚类,其结果都是将文档分类,只不过前者在分类前已经有了明确的标准或概念类别,后者是根据实际文档间的相似性来完成分类归组工作。常用的分类算法包括后向反馈神经网络、模式识别、贝叶斯分类器、k 最近邻居法和各种统计技术;常用的基本聚类算法是层次凝聚法和平面划分法。人们经常采用这些方法的组合以获取满意的效果。

文本分析技术不仅是搜索引擎的核心技术,同时也是数字图书馆的核心技术,只不过通常数字图书馆的文档相对规范,数据的结构化程度要高一些。

9.2.3 搜索条件的获取和分析

当前的搜索引擎往往注重易用性,而在用户查询请求的获取和分析上投入较少。通常搜索引擎支持最多的是关键词搜索及在此基础上的逻辑运算、在初步搜索结果中再搜索和限制条件较为复杂的高级搜索。个别搜索引擎宣称支持自然语言查询,但实际上还是以关键词为核心的简单句查询。它们提供给用户的只是一个输入框和一个 GO 按钮。在有关算法还不是很有效的情况下,这种简单的用户信息获取方式势必直接影响着搜索结果的准确性、相关性。

搜索引擎对查询条件的预处理主要包括下面两种,以将其转换为系统所能够识别的查询条件。

(1) 提取查询条件中的有效成分,包括词汇和逻辑关系;
(2) 根据知识库来获取关键词的同义词、近义词及相关词。

可以看到,这些分析主要是针对词汇的。当用户需要进行一个逻辑关系比较复杂的搜索时,比较难于用关键词组合出搜索条件;当用自然语言描述查询要求时,又为搜索引擎的分析带来了很大的困难。所以说搜索条件的获取和分析是搜索引擎从处理一开始就面对的难题。

9.2.4 信息的搜索和排序

获取最相关的信息是所有查询的要求,又是一个最难以满足的要求。即使是在现实生活中,在办公室仔细阅读自己从图书馆查到的资料时,也往往会发现不是所有的资料都有用。判断哪个文档满足特定用户的查询要求往往需要专家的经验,类似于中医开药方。目前搜索引擎所实现的只是通常意义上的相关信息搜索。

常用的相关信息查找方法有相似性函数法、归类(组)法等。与文档相似性有关的因素通常包括索引项在文档内出现的频率、位置、相应的 HTML 标记(如字体、链接)等,这些数据的统计在为文档建立索引的时候就已经完成。为避免单一因素对搜索结果产生过大的影响,需要对各因素进行适当的加权处理。各因素的权重需要反复地调整以获得一个较好的结果。

通常采用召回率和精度作为查找效果的评价指标。召回率是被抽取的相关文档占实际的相关文档的比例,反映的是查全率;后者是被抽取的相关文档占抽取文档的比例,反映的是查准率。通常召回率增加,精度也会增加。

在这一研究领域有两种比较有影响的方法,就是 PageRank 方法和 Kleinberg 所提出的 Authority and Hub 方法。这两种方法都是利用页面中的链接来对文档的重要性进行判断。前者将整个网络看作由超链接所联系起来的有向图,链接具有民主投票的意味,即某一网页向被引用的网页投了赞成票,从而使 PageRank 成为基于网页链接的页面重要性评判依据。Google 搜索引擎正是凭借这一技术迅速成为行业的先锋,后者在 IBM 的 CLEVER 系统中得到应用。将搜索与特定的查询要求结合起来,被众多查询相关的页面所引用的页面称为权威(Authority),包含多个权威网页链接的页面称为中心(Hub),权威页面和中心页面当然是用户最想要得到的查询结果。

应该注意到,这些方法基本上没有涉及文本的语义分析,所以还不能从根本上解决相关性的问题。

通常,搜索引擎的用户希望尽快得到分门别类、按重要性(相关性)顺序排列的搜索结果。作者认为网站分类目录远不如搜索结果的分类目录更能满足人们的需求。而目前的搜索引擎都没有提供搜索结果的分类,于是导致新闻报道、公司介绍、技术文章混杂在一处,给用户带来了很大的不便。实际上,对于文档类别的判断还是有很多线索的,比如文档名、网页标题、文档所在文件夹、文档中所含的链接等。另一方面,每一篇文档都有多种属性,比如一篇用于超精密加工设备的电路板的新闻报道。所以文档的分类方法也是多种多样的。一种比较符合人们认知习惯的方法是按照学科、知识(概念)层次来进行分类。毫无疑问,类别明确、层次清晰的搜索结果是绝大多数用户所需要的。

9.3 移动商务智能

面向移动商务环境的数据挖掘研究是一个数据驱动(Data Driven)以及应用驱动(Application Driven)型的研究方向。目前的相关研究工作主要集中在用户的移动行为数据(User Mobility Data)分析以及地理信息数据(Geographic Information Data)分析等两个方面。具体来说,用户的移动行为数据主要包括来自于移动设备的 GPS 轨迹数据、蜂窝基站(Cell Tower)数据以及社交平台的签到(Check-in)数据等。基于这类数据,研究者开展了面向计程车场景的移动商务系统、面向旅游场景的商务系统以及面向基于位置社交网络场景的商务系统等应用研究。举例来说,Ge 等人通过对来自于计程车的车载 GPS 轨迹数据进行分析,寻找具有最大收益的载客点(Pick-up Points)序列推荐给计程车司机。基于该工作,Qu 等人进一步设计了一种时效感知(Cost-Efficient)的移动推荐系统,旨在为计程车司机推荐具有单位时间最大收益的行驶路线。类似地,Yuan 等人根据计程车司机以及乘客的不同需求设计了一系列商务推荐方法,例如推荐最佳的等车地点等。Liu 等人根据旅游景点的特色以及游客的偏好设计了一种情境感知的旅游套餐推荐方法,能够为游客推荐一组最优的旅游景点组合。Ge 等人则分析了游客对于费用、距离等因素的不同偏好,并设计了一种开销感知(Cost-Aware)的旅游景点推荐方法。Lian 等人结合移动用户的签到数据,分析了位置社交网络的各种特性,从而设计了地理位置的自动化语义命名方法,以及全新的位置推荐算法。

另一方面,地理信息数据主要包括城市路网数据、公共交通数据,以及兴趣点(Point-of-interest,POI)数据等。基于这类数据,研究者开展了面向城市计算(Urban Computing)的商务系统、面向兴趣点推荐的商务系统等应用研究。举例来说,Yuan 等人研究了如何结合移动用户的轨迹数据以及城市兴趣点数据,对城市的功能区域进行自动化的识别。Zheng 等人则结合公共交通数据以及城市空气监控数据设计了一种自动化的空气污染预测方法,可以对缺乏检测站点的城市区域进行空气质量预测。Fu 等人通过结合城市交通数据、兴趣点信息等多元信息,对城市房地产小区进行建模,从而能够精确地预测最具有投资价值的房地产小区。Liu 等人通过分析移动用户在不同兴趣点的访问记录,提出了一种全新的方法学习用户对于不同地理位置的偏好,从而进行更加精确的兴趣点推荐。

与上面的两类数据不同,来自于移动 App 的商务数据则具有更加丰富的语义信息。这是因为目前绝大多数智能移动应用和服务都是通过移动设备平台上的移动 App 实现的，因此这些数据能够帮助人们对移动用户和应用服务进行更加精确的理解。近年来，一些研究者针对来自于移动 App 的商务数据开展了探索性研究，例如，移动 App 的推荐系统、移动 App 的安全隐私分析等。举例来说，Yan 等人开发了一个名为 Appjoy 的移动 App 推荐系统，它基于用户的 App 实际使用记录来构建用户偏好矩阵。为了进一步解决 App 使用记录的稀疏性问题，Shi 等人研究了许多推荐模型并提出了一种基于内容的协同过滤模型 Eigenapp，并用此来为其网站 Getjar 提供推荐服务。Enck 等人提出了一个面向移动 App 的恶意代码检测系统 TaintDroid，可以通过监视第三方 App 的数据访问行为来进行实时的安全分析。Luo 等人讨论了在 Android 系统里针对 WebView 攻击的问题，并通过一些基础性的分析提出了相应的解决方案。为了检测可能会存在信息窃取风险的移动 App，Zhou 等人基于 Android 系统提出了一种全新的安全隐私模型。同时，他们开发了一个称作 TISSA 的系统来支撑所提出的模型。Enck 等人开发了一种基于规则的验证模型 Kirin 来实现移动 App 安装时的轻量级安全检测。但是，以上这些工作通常都是基于已有问题的扩展，缺乏对新型移动商务问题的研究。例如，现有的移动 App 的推荐系统均是基于 App 的流行度信息（例如，评分、使用频率等），因而与传统的音乐、电影推荐相比缺乏本质上的创新。同时，部分相关研究具有很强的领域驱动型（例如安全领域），缺乏对于移动商业应用的主题敏感性。

9.4 客户关系管理

对于客户关系管理中的客户价值管理而言，客户关系管理关注的是客户整个生命周期与企业之间的交互关系。客户数量越多，单个客户与企业交易或是接触次数越频繁，客户的生命周期越长，最终企业所收集形成的客户数据量越大。对于海量的客户数据，需要用到数据挖掘技术来分析和处理，发现其中有价值的客户信息，支持企业的市场影响、销售或客户服务决策等。客户关系管理中的数据挖掘应用模型如图 9-1 所示。

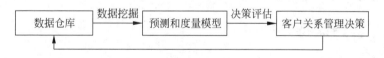

图 9-1　数据挖掘应用模型

数据挖掘在客户关系管理中的具体应用可以用如下几个方面来进行分析。

9.4.1　营销

企业的市场营销战略的成功很大程度上需要以充分的市场调研和消费者信息分析为基础，这些信息用来支持目标市场的细分和目标客户群的定位，制定有针对性的营销措施，提高客户响应率，降低营销成本，还提供客户需求的趋势分析，使得企业能够对稍纵即逝的市场机遇做出灵敏的反应。

计算机、网络、通信技术的迅速发展，以及这些技术的联合应用，对企业的营销产生了重要的影响。企业与客户通过 Web、E-mail、电话等渠道进行交互和沟通已经相当普遍。这些类型的营销活动给潜在客户提供了更好的客户体验,使得潜在客户以自己的方式,在方便的时间获取所需的信息。为了获得更大的价值,通过对数据与信息的分析与挖掘,企业营销人员可以对这些商业获得进行跟踪,使潜在消费尽可能地成为现实消费。

目前在营销方面应用最为成熟的是数据库营销(Database Marketing)。数据库营销的任务是通过交互式查询、数据分割和模型预测等方法来选择潜在的客户以便向他们推销产品。通过对已有的客户数据的分析,可以将用户分为不同的级别,级别越高,其购买可能性越大。在进行营销分析时,首先对已有的用户信息进行手工分类,分类的依据通常由专家根据用户的实际边线给出,这样得到训练数据后,由数据挖掘进行学习得出用户分类模式。当新用户到来时,可以由已经学习的系统给出其购买可能性的预测结果,从而可以根据预测结果对不同客户采取有针对性的营销措施。

9.4.2 销售

销售力量自动化(Sale Force Automation,SFA)是当前客户关系管理中应用最为成熟的部分。销售人员与潜在客户互动,将潜在客户发展为企业真正的客户并保持其忠诚度,是企业盈利的核心因素。数据挖掘可以对多种市场活动的有效性进行实时跟踪和分析。在此过程中,数据挖掘可以使销售人员能够及时把握销售机遇,缩短销售周期,极大地提高工作效率。例如,超市的购物篮分析(Basket Analysis)通过分析事物数据库来发现在购物活动中频繁出现的商品组合,以此识别客户的购买行为模式。目前购物篮分析已经在改善交叉销售比、楼层和货架安排、货物布置以及Web页面的目录层次安排等方面取得了显著效果。

9.4.3 客户服务

客户服务是客户关系管理中最为关键的因素,优质的客户服务是吸引新客户、保留老客户、提高客户满意度和忠诚度的关键。通过对于客户人口统计数据以及历史消费信息的数据挖掘分析,归纳出客户的个人偏好、消费习惯、需求特征等,企业就可以有的放矢地为客户提供快捷、准确的一对一定制服务。

9.4.4 客户保持

现在各个行业的竞争越来越激烈,企业获得新客户的成本也不断地上升,因此保持原有客户对所有企业来说就显得越来越重要。比如在美国,移动通信公司每获得一个新用户的成本平均是300美元,而挽留住一个老客户的成本可能仅仅是通一个电话。成本上的差异在各行业可能会不同,在金融服务业、通信业、高科技产品销售业,这个数字是非常惊人的,但无论什么行业,6~8倍以上的差距是业界公认的,而且,与新客户相比,老客户能够贡献更多的利润。

近几年,国内一对一(One To One)营销正在被越来越多的企业和媒体宣传。一对一营销是指了解企业的每一个客户,并与之建立起长期持久的关系。这个看似很新的概念却一直采用很陈旧的方法执行,甚至一些公司理解的一对一营销就是每逢客户生日或纪念日寄一张卡片。在科技发展的今天,的确每个人都可以有一些自己独特的商品或服务。比如按照自己的尺寸做一套很合身的衣服,但实际上营销不是裁衣服,企业可以知道什么样的衣服适合企业的客户,但永远不会知道什么股票适合企业的客户。一对一营销是一个很理想化的概念,大多数行业在实际操作中是很难做到的。

数据挖掘可以把企业大量的客户分成不同的类,在每个类里的客户拥有相似的属性,而不同类里的客户的属性也不同。企业完全可以做到给不同类的客户提供完全不同的服务来提高客户的满意度。客户分类的好处显而易见,即使很简单的分类也可以给企业带来令人满意的结果。比如说如果企业知道客户中有85%是老年人,或者只有20%是女性,相信企业的市场策略都会随之而不同。数据挖掘同样也可以帮助企业进行客户分类,细致而切实可行的客户分类对企业的经营策略有很大益处。

9.4.5 风险评估和欺诈识别

金融领域、通信公司或者其他商业上经常发生欺诈行为,如信用卡的恶性透支、保险欺诈、盗打电话等,这些给商业单位带来了巨大的损失。对这类欺诈行为进行预测,尽管可能的预测准确率很低,但也会减少发生诈骗的机会,从而减少损失。进行欺诈识别和风险评估主要是通过总结正常行为和欺诈或异常行为之间的关系,得到非正常行为的特性模式,一旦某项业务符合这些特征时,就可以向决策人员提出警告。

我们将数据挖掘的方法运用到风险评估和欺诈识别中去,可以从以下几个方面加以分析。

(1) 异常数据:相对于自身的异常数据,相对于其他群体的异常数据。

(2) 无法解释的关系:检测具有不正常值的记录,相同或者相近的记录等。

(3) 通常意义下的欺诈行为:已被证实的欺诈行为可以用于帮助确定其他可能的欺诈行为。

基于这些历史数据找到检测欺诈行为的规则和评估风险的标准,定义记录下可能或者类似欺诈的事物。

通过数据挖掘回归技术、决策树、神经元网络等进行欺诈的预测和识别,将有用的预测合并加入到历史数据库中,并用来帮助寻找相近而未被发现的案例。随着数据库中知识的积累,预测系统的质量和可信度都会大大增强。

9.5 客户分类

企业运营的前提是确定"谁是你的客户"和对客户进行科学有效的细分。通过客户分类,企业可以更好地识别不同的客户群体,采取差异化营销策略,从而有效地降低成本,同时获得更强、更有利可图的市场渗透。

客户是企业最重要的资源之一。现代企业之间的竞争主要表现为对客户的全面争夺,而是否拥有客户取决于企业与客户之间的状况。企业要改善与客户之间的关系,就必须进行客户关系管理。客户分析是客户关系管理的基础,而客户分析的一些重要内容是客户细分,但目前还没有有效的客户细分方法。

客户让渡价值(Customer Delivered Value)理论和客户生命周期价值理论从不同的角度对客户与企业的交易过程中产生的价值感受提供了研究基础。客户让渡价值是从客户角度出发的感知效用,衡量的是客户感知收益(产品价值、服务价值、人员价值和形象价值)与感知付出(货币成本、时间成本、精力成本、体力成本)之间的比例。这种价值理论容易导致企业只考虑占有率,盲目追求客户让渡价值,而忽略企业利润。另外,这种价值理论是一种感知理论,会涉及大量主观成分,需要采用问卷调查、直觉判断等获得,难以付诸实践,度量也很难做到客观准确。客户生命周期价值(Customer Lifetime Value,CLV)从企业的角度出发,是客户在整个生命周期中各个交易时段为企业带来的利润净现值之和。客户生命周期价值分为客户当前价值(Customer Current Value,CCV)和客户潜在价值(Customer Potential Value,CPV)两部分,既反映了收益流对企业利润的贡献,又明确地扣除了企业为取得该收益流所付出的代价,同时更重要的是客户生命周期价值充分考虑了客户将来对企业的长期增值潜力,因此能客观、全面地度量客户将来对企业的总体价值。

9.5.1 传统的客户分类理论

传统的客户分类理论主要是指基于客户统计学特征的客户分类和基于客户让渡价值理论的客户分类。基于客户统计学特征(年龄、性别、收入、职业、地区等)的客户分类方法已为大家所熟悉,该方法虽然简单易行,但缺乏有效性,难以反映客户需求、客户价值和客户关系阶段,难以指导企业如何去吸引客户、保持客户,难以适应客户关系管理的需要。基于客户让渡价值理论的客户分类虽然比较全面地概括了客户对于企业的所有可感知的价值,但该细分方法容易导致企业只考虑市场占有率,盲目追求客户让渡价值,而忽略企业利润。另外,这种细分方法因为涉及大量主观感知成分,也导致了在实践中难以操作实施、度量难以做到客观准确等问题。

9.5.2 基于客户行为的客户分类

这种细分方法充分利用了企业大量存储的客户数据资源,其操作与实施简单易行,但该方法也存在难以反映客户价值和客户关系阶段的问题。

9.5.3 基于客户生命周期的客户分类

前面介绍的基于客户生命周期的客户分类理论把客户关系划分为开拓期、形成期、稳定期和衰退期等几个阶段,可以清晰地洞察客户关系的动态特征和不同的阶段客户的行为特征,使企业针对客户所处阶段进行有针对性的营销,促使客户向稳定期发展,或者延长稳定期。

不过该方法也存在不足,该方法难以识别相同生命周期阶段的客户差异。同是形成期的客户,客户价值存在差异,无法识别。如果平均用力,将难以避开不良客户。

9.5.4 基于客户生命周期价值的客户分类

基于客户生命周期价值(Customer Lifetime Value,CLV)的细分理论能从狭义上把CLV定义为客户在将来为企业带来的利润流的总现值,即未来利润,并认为客户当前价值(Customer Current Value,CCV)和客户潜在价值(Customer Potential Value,CPV)从不同侧面反映了客户的这种未来利润,CCV和CPV两项之和就是客户在未来可为企业带来的总利润,即CLV=CCV+CPV。

该细分理论在全面衡量了客户当前价值(CCV)和潜在价值(CPV)后,对其中当前价值和潜在价值都高的客户认定为最有价值的客户,重点投入,不遗余力地保持;相反,两项取值都较低的客户价值较小,可少投入或不投入任何资源。

该细分理论的不足在于,它没有考虑到客户忠诚度对 CLV 的影响。一个忠诚度低的客户,即使他拥有高的当前价值及潜在价值,他的 CLV 值也相对较低,企业如果对其进行重点投入就会带来损失,因为高的客户转换率会使企业的营销努力付之东流,因此仅利用客户当前价值和客户潜在价值两个维度对 CLV 进行预测并进行客户价值细分也存在一定的局限性。

小结

电子商务是商业领域的一种新兴商务模式,它是以网络为平台,以现代信息技术为手段,以经济效益为中心的现代化商业运转模式,其最终目标是实现商务活动的网络化、自动化与智能化。电子商务的产生改变了企业的经营理念、管理方式和支付手段,给社会的各个领域带来了巨大的变革。随着网络技术的迅猛发展和社会信息化水平的提高,电子商务显示出巨大的市场价值和发展潜力。当电子商务在企业中得到应用时,企业信息系统将产生大量数据,并且迫切需要将这些数据转换成有用的信息和知识,为企业创造更多潜在的利润,数据挖掘概念就是从这样的商业角度开发出来的。数据挖掘是一种新的商业信息处理技术,其主要特点是对商业数据库中的大量业务数据进行抽取、转换、分析和其他模型化处理,从中提取辅助商业决策的关键性数据。利用功能强大的数据挖掘技术,可以使企业把数据转化为有用的信息帮助决策,从而在市场竞争中获得优势地位。

习题

1. 举例说明数据挖掘在电子商务中有哪些方面的应用。
2. 总结数据挖掘在客户关系管理中的应用,并举例说明。
3. 找一个利用数据挖掘给网店推荐商品的例子。

参 考 文 献

[1] 王苗,顾洁.三位一体的商务智能[M].北京:电子工业出版社,2004.

[2] 圣杰·马瑟,伯桔·萨."4步法"搭建洞察力系统 商务智能帮助企业先知先觉[J].IT时代周刊,2007,2:76-77.

[3] 博纳德·利奥托德(Bernard Liautaud),马克·哈蒙德(Mark Hammond).商务智能[M].郑晓舟,胡睿,胡云超,译.北京:电子工业出版社,2005.

[4] 谢邦昌.商务智能与数据挖掘[M].北京:机械工业出版社,2008.

[5] 安小米.知识管理技术研究[J].情报科学,2004(7):893-896.

[6] Willam H Inmon.数据仓库[M].汪志海,等译.北京:机械工业出版社,2006.

[7] Jiawei Han,Micheline Kamber.数据挖掘——概念与技术[M].范明,孟小峰,等译.北京:机械工业出版社,2005.

[8] 陈安,陈宁,周龙骧.数据挖掘技术及应用[M].北京:科学出版社,2006.

[9] 胡可云,田凤占,黄厚宽.数据挖掘理论与应用[M].北京:清华大学出版社,2008.

[10] 焦李成,刘芳,候水平.智能数据挖掘与知识发现[M].西安:西安电子科技大学出版社,2006.

[11] 李志刚,马刚.数据仓库与数据挖掘的原理及应用[M].北京:高等教育出版社,2008.

[12] 刘克强.电子商务平台建设[M].北京:人民邮电出版社,2007.

[13] 马超群,兰秋军,陈为民.金融数据挖掘[M].北京:科学出版社,2007.

[14] 毛国君,段立娟,王实,等.数据挖掘原理与算法[M].北京:清华大学出版社,2007.

[15] 倪志伟,李锋刚,毛雪岷.智能管理技术与方法[M].北京:科学出版社,2007.

[16] 史忠植.高级人工智能[M].北京:科学出版社,2006.

[17] 谭学清,陆泉,谭永丽,等.商务智能[M].武汉:武汉大学出版社,2006.

[18] 托马斯·H·达文波特,劳伦斯·普鲁萨克.营运知识——工商企业的知识管理[M].王者,译.南昌:江西教育出版社,1999.

[19] 张公让,李建洋,贾瑞玉.商务智能与数据挖掘[M].北京:北京大学出版社,2010.

[20] 赵卫东.商务智能(第三版)[M].北京:清华大学出版社,2014.

[21] Pang-Ning Tan,Michael Steinbach,Vipin Kumar.数据挖掘导论.范明,范宏建,等译.北京:人民邮电出版社,2014.

[22] 王苗,顾洁.三位一体的商务智能——BI管理技术与应用[M].北京:电子工业出版社,2004.

[23] 杨炳儒.基于内在机理的知识发现理论及其应用[M].北京:电子工业出版社,2004.

[24] 张维明.数据仓库原理与应用[M].北京:电子工业出版社,2002.

[25] 张云涛,龚玲.数据挖掘——原理与技术[M].北京:电子工业出版社,2004.

[26] 曾子明,余小鹏.电子商务推荐系统与智能谈判技术[M].武汉:武汉大学出版社,2008.

[27] Jiawei Han,Micheline Kamber.数据挖掘概念与技术[M].范明,孟小峰,等译.北京:机械工业出版社,2001.

[28] 李雄飞,董元方,李军,等.数据挖掘与知识发现[M].北京:高等教育出版社,2010.

[29] 杨淑莹.模式识别与智能计算——Matlab技术实现[M].北京:电子工业出版社,2008.

[30] 李长河.人工智能及其应用[M].北京:机械工业出版社,2006.

[31] 张文宇,贾嵘.数据挖掘与粗糙集方法[M].西安:西安电子科技大学出版社,2007.

[32] 罗森林,马俊,潘丽敏.数据挖掘理论与技术[M].北京:电子工业出版社,2013.

[33] 毛国君,段立娟,王实,等.数据挖掘原理与算法(第二版)[M].北京:清华大学出版社,2007.

[34] 朱明.数据挖掘导论[M].合肥:中国科学技术大学出版社,2012.

[35] 张莉,班晓娟.商务智能基础及应用[M].北京:化学工业出版社,2013.

[36] 马刚.商务智能[M].大连：东北财经大学出版社,2010.
[37] 栗辉,唐萌,陈豪.基于用户行为分析的网站结构优化研究综述[J].计算机科学,2016(43,6A)：384-386,394.
[38] 祝恒书.面向移动商务的数据挖掘方法及应用研究[D].中国科学技术大学,2014.
[39] 郭丽丽,丁世飞.深度学习研究进展[J].计算机科学,2015(42,5)：28-33.
[40] 刘建伟,刘媛,罗雄麟.深度学习研究进展[J].计算机应用研究,2014(31,7)：1921-1930,1942.
[41] 孙志军,薛磊,许阳明,等.深度学习研究综述[J].计算机应用研究,2012(29,8)：2806-2810.
[42] 尹宝才,王文通,王立春.深度学习研究综述[J].北京工业大学学报,2015(41,1)：48-59.

图书资源支持

感谢您一直以来对清华版图书的支持和爱护。为了配合本书的使用,本书提供配套的资源,有需求的读者请扫描下方的"书圈"微信公众号二维码,在图书专区下载,也可以拨打电话或发送电子邮件咨询。

如果您在使用本书的过程中遇到了什么问题,或者有相关图书出版计划,也请您发邮件告诉我们,以便我们更好地为您服务。

我们的联系方式:

地　　址: 北京海淀区双清路学研大厦 A 座 707

邮　　编: 100084

电　　话: 010-62770175-4604

资源下载: http://www.tup.com.cn

电子邮件: weijj@tup.tsinghua.edu.cn

QQ: 883604(请写明您的单位和姓名)

用微信扫一扫右边的二维码,即可关注清华大学出版社公众号"书圈"。

资源下载、样书申请

书圈